重庆社会科学院基础研究课题

"农产品电商发展的福利效应研究"（项目编号：2016jc-2）

新常态下农产品电商发展的理论与实证研究

廖杉杉 ● 著

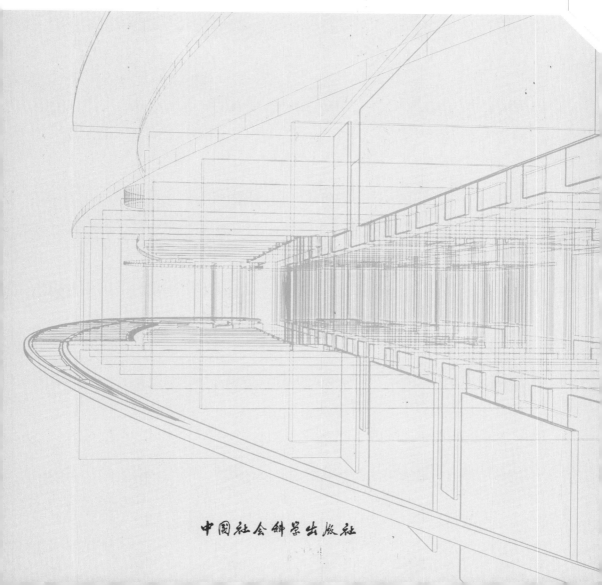

中国社会科学出版社

图书在版编目（CIP）数据

新常态下农产品电商发展的理论与实证研究／廖杉杉著 . —北京：中国社会
科学出版社，2016.9

ISBN 978 - 7 - 5161 - 8914 - 6

Ⅰ . ①新… Ⅱ . ①廖… Ⅲ . ①农产品—电子商务—研究—中国
Ⅳ . ①F724.72

中国版本图书馆 CIP 数据核字（2016）第 221742 号

出 版 人	赵剑英	
责任编辑	周晓慧	
责任校对	无 介	
责任印制	戴 宽	

出 版	中国社会科学出版社	
社 址	北京鼓楼西大街甲 158 号	
邮 编	100720	
网 址	http://www.csspw.cn	
发 行 部	010 - 84083685	
门 市 部	010 - 84029450	
经 销	新华书店及其他书店	

印 刷	北京明恒达印务有限公司	
装 订	廊坊市广阳区广增装订厂	
版 次	2016 年 9 月第 1 版	
印 次	2016 年 9 月第 1 次印刷	

开 本	710×1000 1/16	
印 张	16	
插 页	2	
字 数	243 千字	
定 价	59.00 元	

凡购买中国社会科学出版社图书，如有质量问题请与本社营销中心联系调换
电话：010 - 84083683

目　　录

第一章 绪论

作为典型的发展中农业大国，农业在中国国民经济中占据着举足轻重的地位，"无农不稳"的理念深入人心。对国民经济的健康稳定可持续发展和社会的稳定来说，农产品的有效均衡稳定供给与快速有效流通至关重要。在高度集中的计划经济时代，农产品的产销直接由国家控制；在市场经济条件下，农产品的产销虽然还会受到政府及其主管部门的宏观调控，但是，农产品的流通受市场经济的影响更为明显。在"互联网＋"时代，市场经济发展更为迅速，农产品的流通也不再仅仅是通过传统的钱货两清的交易方式进行，借助互联网平台的农产品电子商务交易日趋活跃。本章研究将重点从研究问题及背景、研究思路及方法、研究内容及框架、研究特色及创新四个大的方面来进行。

第一节 研究问题及背景

一 研究的问题

要研究新常态背景下农产品电商发展的理论与实证问题，需要围绕新常态背景下农产品电商发展的系列问题展开论述。结合国内外学者的现有研究成果，对新常态下农产品电商的理论与实证研究应该包括五个方面的问题，即农产品电商发展的理论基础、农产品电商发展与农村经济发展的关系原理、农产品电商发展的历史与现实、农产品电商发展的影响因素与影响效应以及农产品电商发展的机制、模式与对策。

第一，农产品电商发展的理论基础。从实际来看，脱离现实和前人基础的研究，很少具有较强的理论意义和现实意义，对农产品电商发展的研究也不例外，无法脱离对前人科研成果的收集整理。不仅如此，虽然国内外学者对农产品电商进行了多方面的研究，但是，这些研究并没有就农产品电商发展的基础理论进行梳理总结。因此，对于农产品电商发展的理论基础还有进一步剖析的必要。在农产品电商发展理论基础的研究中，将对什么是新常态、什么是农产品、什么是电子商务、什么是农产品电子商务、什么是农产品电商等系列基础问题进行研究，对与农产品电商发展相关的理论进行归纳总结，对相关的农产品电商发展经验进行分析。通过对农产品电商发展的理论基础进行分析，为新常态背景下农产品电商发展的理论与实证研究的开展夯实理论基础。

第二，农产品电商发展与农村经济发展的关系原理。近些年来，从国家到各地政府，为促进农产品电商的健康稳定可持续发展，均先后出台了一系列政策文件。为什么这些政策文件会出台？或者是，这些文件出台的最根本目的是什么？对此进行深入研究，必须探究农产品电商发展与农村经济发展之间的关系原则。因为从本质上来看，这一系列政策文件的出台，最根本的还是为了促进农村经济的发展。进一步讲，农产品电商发展是促进新常态下农村经济发展的重要举措。在农村经济体内，既包括农村第一产业，又包括农村第二产业和农村第三产业，农产品电商发展对农村经济发展的促进作用，相应地也就体现在促进农村第一产业、第二产业和第三产业的发展方面。

第三，农产品电商发展的历史与现实。基于农产品电商自身概念内涵的复杂性，全面剖析农产品电商发展的历史与现实也存在着较强的复杂性。要真正在紧密结合现实的基础上，弄清楚农产品电商发展的历史，需要对电子商务发展的历史、农产品流通的历史、农产品电子商务发展的历史进行归纳总结。从农产品电子商务发展的历史来看，它可以划分为 1994—1998 年、1998—2004 年、2005—2012 年、2012—2013 年、2013—2014 年、2014 年以及 2015 年至今等不同的阶段；对于每一个历史发展阶段，农产品电商具有什么样的特点，农产品电商发展的趋势是什么，对此都必须进行科学分析。至于农产品电商发展的现实，必须基于实实在在的数据，才能够进行科学分析。

第四，农产品电商发展的影响因素与影响效应。从哲学的观点来看，任何事物的发展都是有联系的，农产品电商的发展也会受到多方面因素的影响和制约。在问卷调查数据的基础上，实证农产品电商发展的影响因素。考虑到农产品电商的发展会对农产品产—供—销一体化各利益链条上的相关利益主体产生多方面的影响，因此，有必要对农产品电商发展的影响效应进行分析。基于研究的实际需要和实际数据资料的可得性，重点分析农产品电商发展对区域创业和农民增收的影响，认为农产品电商发展的就业增收效应是显著的。从现实来看，农产品电商发展可能还存在其他方面的影响效应，但是受实际研究数据可得性的影响，不对此进行研究。与目前国内外学者的成果相比，还鲜有学者直接涉及此方面的研究，研究农产品电商发展的就业增收效应具有重要的意义。

第五，农产品电商发展的机制、模式与对策。要促进农产品电商的健康、稳定、可持续发展，必须深入研究农产品电商发展的机制、模式与对策。基于理论和现实的角度考量，新常态下农产品电商发展的机制包括基础设施投入机制、特色产业培育机制、专业人才培养机制、高效激励补偿机制、法律法规保障机制，而新常态下农产品电商发展的模式则包括政府驱动模式、服务商驱动模式、网商驱动模式、产业驱动模式和业务推动模式。在新常态背景下，农产品电商的健康、稳定、可持续发展，需要坚持因地制宜的原则、与时俱进的原则、科学引导的原则、精心培育的原则和依法办事的原则。在此基础上，农产品电商的健康、稳定、可持续发展，需要从强化农村基础设施建设、夯实农村特色产业基础、实施农村专业技术人才引进计划、高度重视农村社会治安和完善农村其他体制机制等方面做出努力。

二　研究的背景

如果没有特定的背景，任何研究成果的实际成效均会大打折扣，对新常态下农产品电商发展的理论与实证研究也不例外。从农产品电商发展的历程来看，1994 年以来，农产品电商的发展就已经开始，但是，对前期农产品电商发展的研究不可能成为本书研究的重点；尽管如此，要对农产品电商发展进行全面系统的研究，离不开对前期农产品电商发展状况的了解。基于研究的实际需要，新常态下农产品电商发展的理论与实证研究包括四个方面的背景，分别是时间背景、理论背景、现实背景。

第一，时间背景。从国内外农产品电子商务发展的历程来看，虽然农产品电子商务发展的历史较短，但是发展速度却较快，可以划分为不同的发展阶段。大体上来说，可以划分为七个阶段，分别是 1994—1998 年、1998—2004 年、2005—2012 年、2012—2013 年、2013—2014 年、2014 年以及 2015 年至今。洪涛（2015）则认为，农产品电子商务发展阶段可以划分为 1998—2005 年、2005—2012 年、2012—2013 年、2013—2014 年、2014 年至今五个大的发展阶段。① 基于研究的实际需要，本书将农产品电子商务的发展按照七个阶段来进行分析。当然，研究农产品电商发展的历史是为了更好地研究现实问题，因此，对前期农产品电商发展历史的梳理不是主要研究的内容，重点是对新常态下与农产品电商发展现实相关问题的具体深入研究。

第二，理论背景。从现有的图书资料来看，有关农产品电商发展方面的典型书籍有淘宝大学和阿里研究院 2016 年出版的《互联网＋县域：一本书读懂县域电商》、魏延安 2016 年出版的《农村电商：互联网＋三农案例与模式》、文丹枫和徐小波 2016 年出版的《再战农村电商："互联网＋"时代的下一个战场》、黄道新 2016 年出版的《中国农村电子商务案例精选》、张夏然和梁雪峰 2015 年出版的《农产品电子商务》、高武国等 2015 年出版的《农产品电子商务与网络营销》、张思光 2015 年出版的《生鲜农产品电子商务研究》。总体上来看，现有的著作或偏重于科普类知识的讲解，或偏重于某特定类型农产品电子商务的研究，从总体上研究中国农产品电商的书籍极为少见。从公开发表的论文来看，代表性的作者分别是北京工商大学洪涛教授有关农产品流通与农产品电商发展的系列研究、西南政法大学鲁钊阳副教授和重庆社会科学院廖杉杉助理研究员有关农产品电商发展的相关系列实证研究。从这些研究成果来看，全面系统地构建农产品电商发展的理论框架，并以此开展深入研究的成果相对来说较为少见。在此大的背景下，本书将重点研究新常态下中国农产品电商发展的理论与实证问题。

第三，现实背景。从目前的实际情况来看，最近三年国家为支持农产品电商的发展出台了一系列政策。比如，商务部《关于促进电子商

---

① 具体参见洪涛《农产品电商模式创新研究》，《农村金融研究》2015 年第 8 期。

务应用的实施意见》《国家新型城镇化（2014—2020）》、国务院办公厅《关于促进内贸流通健康发展的若干意见》以及中共中央、国务院《关于加大改革创新力度，加快农业现代化建设的若干意见》等，在这些政策文件中，国家都高度重视农产品电商的发展。地方政府如何卓有成效地吸收国家政策，将国家政策转化为地方政府支持、鼓励和引导农产品电商发展的实际行动，需要紧密结合地方经济社会发展的实际。事实上，为促进新常态下农产品电商的发展，各地政府也出台了相关的政策。在对这一系列政策文件梳理的前提条件下，重点研究新常态下农产品电商发展的理论与实证问题。

三　研究的意义

在新常态背景下，分析农产品电商发展的理论与实证问题，构建促进农产品电商健康稳定可持续发展的机制与模式，无论是从理论上还是从实践上来看，无疑都具有很强的理论意义和现实意义。具体来说，即是：

第一，研究具有很强的理论意义。一是基于中国经济新常态背景，全面收集整理国内外学者的研究成果，弄清楚农产品电商的相关系列基础概念内涵，构建农产品电商发展的理论框架基础，这可以为学者开展此方面的理论研究提供借鉴，有利于丰富农产品流通、农产品贸易以及电子商务交易方面的理论。特别需要说明的是，虽然中国农产品电子商务发展如火如荼，国家和各级地方政府也都出台了大力支持农产品电商发展的相关政策，但是，目前国内在此方面的研究成果较为薄弱，非常有必要对此进行深入研究。二是通过对农产品电商发展的历史与现实进行研究，归纳、总结中国农产品电商发展的特点和趋势，分析影响农产品电商发展的因素，实证农产品电商发展的影响，在此基础上构建农产品电商健康稳定可持续发展的长效机制，创新当前农产品电商发展的模式，最后提出扶持农产品电商发展的对策建议，这在一定程度上可以为国家和各级地方政府加大农产品电商发展提供理论支持。

第二，研究具有很强的现实意义。一是农产品电商的健康稳定可持续发展，直接关系到农民就业和农民增收，关系到农业经济增长和农村经济发展，关系到"三农"问题的破解和中国国民经济的长治久安。

在借鉴前人研究成果的基础上，多层面、多维度地对中国农产品电商发展问题进行剖析，构建农产品电商发展的长效机制，创新农产品电商发展的模式，对中国农产品电商发展进行科学合理的制度化顶层设计，具有很强的现实意义。二是在当前经济新常态背景下，通过本课题的研究为政府部门的相关决策提供理论支撑，可以有效地确保农产品电商的健康稳定可持续发展，这对于国民经济的发展具有重要的促进作用。

第二节　研究思路及方法

一　研究的思路

本书属于典型的问题导向型研究，从整体上来看研究遵循的是"问题—原因—对策"的基本套路。

首先在借鉴国内外学者研究成果的基础上，从理论上弄清楚农产品、电子商务、农产品电子商务和农产品电商等基本概念内涵，构建农产品电商发展的理论框架。其次从历史和现实的角度对中国农产品电商发展的相关问题进行全面梳理，对于历史层面的农产品电商发展主要侧重于从农产品流通的角度来剖析，而对于现实层面的农产品电商发展则主要侧重于从问卷调查数据的角度来进行分析，在此基础上，对中国农产品电子商务发展的趋势进行科学预测。再次运用实证分析方法，研究农产品电商发展的影响因素与农产品电商发展的影响（从就业和增收两个维度来考察农产品电商发展的影响）。最后构建促进农产品电商健康稳定可持续发展的机制与模式，并提出相应的对策建议。

二　研究的方法

本书是基于现实背景和实证分析基础上的应用型理论研究。在实际研究过程中，以中国农产品电商如火如荼的发展为出发点，以促进农产品电商健康稳定可持续发展为目的，将规范研究和实证研究相结合。

第一，文献研究。通过对国内外农产品电商发展相关研究成果的收集整理，吸收、借鉴前人的科学研究成果，夯实农产品电商发展的理论基础。在本研究中，从史学的角度来看，由于农产品电商的发展更多的是属于农产品流通范畴，且对于新中国成立之前农产品流通的研究相对来说比较缺乏，因此，本书重点对新中国成立后农产品流通体制进行分析；同时，考虑到对现实中农产品电商发展的把握，不同地区的发展态势不同，不同地区政府支持农产品电商发展的政策也不相同，分地区研究农产品电商的发展现状并不现实，因此，除实证分析部分外，其他部分对农产品电商发展现状的研究更多的是从大区域范围进行的。

第二，实证分析。要研究到底哪些因素会直接影响农产品电商的发展，研究农产品电商发展对于区域就业和农民增收的影响，虽然理论分析可能会说明部分问题，但是要精确地分析这些问题，就必须采用计量经济学的实证分析方法。在研究新常态下农产品电商发展问题时，笔者在课题组的支持下进行了问卷调查，基于问卷调查数据，将对影响农产品电商发展的因素和农产品电商发展的效应进行实证研究。

第三，综合分析。在对中国农产品电商发展的历史与现实进行科学把握的基础上，构建促进新常态下农产品电商健康稳定可持续发展的机制与模式，提出促进农产品电商发展的对策建议，这本身就是综合分析。因为这一部分内容既会直接涉及有关机制设计等基础理论知识的运用，又会涉及对当前国家和各地方政府相关文件政策的吸收借鉴，并在此基础上进行理论创新。

第三节　研究内容及框架

一　研究的内容

本书的主要内容是：第一，农产品电商发展的理论框架，这一部分内容主要包括农产品电商发展的典型理论借鉴、农产品电商发展的代表性文献综述、农产品电商发展的经验借鉴；第二，农产品电商发展的理论框架，这一部分内容主要包括基本概念界定（新常态的概念内涵、农产品的概念内涵、电子商务的概念内涵、农村电子商务的概念内涵、农产品电商的概念内涵）、农产品电商发展与农村经济发展的关系原理、农产品电商发展的综合评价指标体系；第三，农产品电商发展的历史与现实考察，这一部分内容分为农产品电商发展的历史考察、农产品电商发展的现实考察和农产品电商发展的未来趋势；第四，农产品电商发展的融资困境分析；第五，农产品电商发展的影响效应分析；第六，农产品电商发展的机制与模式，农产品电商发展的机制包括基础设施投入机制、特色产业培育机制、专业人才培养机制、高效激励补偿机制和法律法规保障机制，农产品电商发展的模式包括政府驱动模式、服务商驱动模式、网商驱动模式、产业驱动模式和业务驱动模式；第七，农产品电商发展的对策建议。

二　研究的框架

本书是基于中国农产品电商发展现实基础上的应用型研究。在研究新常态下农产品电商发展相关系列问题时，将严格遵循"问题—原因—对策"的基本思路。在分析问题的过程中，将不仅仅拘泥于问题，就事论事，而是将农产品电商发展纳入经济新常态这一大的宏观背景中；在分析原因的过程中，将注重定性分析方法与定量分析方法的有机结合；在分析对策的过程中，也不仅仅是就对策论对策，而是在提出对策前，构建促进新常态下农产品电商健康稳定可持续发展的机制与模式，并最终提出促进新常态下农产品电商健康稳定可持续发展的对策建议。本书的技术路线可以概括为：绪论→农产品电商发展的理论基础→农产品电商发展的理论框架→农产品电商发展的历史与现实考察→农产品电商发展的融资困境分析→农产品电商发展的影响效应→农产品电商发展的构建与模式→农产品电商发展的对策建议。

第四节　研究特色及创新

本书的研究特色主要体现在两个大的方面。概括地讲，即是：一方面，在对国内外学者有关农产品电商发展相关系列文献梳理回顾的基础上，科学界定农产品电商的相关概念，明晰农产品电商发展的测度指标，并以此为基础，对中国农产品电商发展的历史与现实进行剖析，总结、归纳其特征及现实启示；另一方面，将定性分析方法与定量分析方法有机结合起来，剖析农产品电商发展的融资困境，并就农产品电商发展的影响效应进行分析，对农产品电商发展的机制与模式问题进行研究。具体来说，创新之处主要体现在以下三个方面：

　　第一，农产品电商发展的历史与现实考察，并对农产品电商发展的趋势进行分析。从农产品流通贸易历史改革的视角出发，全面深入研究了农产品电商产生之前中国农产品流通贸易的历史及其启示。基于问卷调查数据，全面剖析了户主禀赋、家庭禀赋和区域禀赋视角下中国东、中、西部地区农产品电商发展的基本情况。在此基础上，深入分析中国农产品电商发展的未来趋势。

　　第二，农产品电商发展的融资困境与影响效应。在融资困境方面，基于问卷调查数据，实证分析了农产品电商发展的融资困境，探讨了农产品电商到底是更偏爱正规金融还是非正规金融问题，也分析了 P2P 网络借贷对农产品电商发展的影响；在影响效应研究方面，重点分析了农产品电商发展的区域就业效应和对农民增收的影响效应，认为农产品电商发展的就业增收效应都是显著的，这也为国家和各地政府加大支持农产品电商发展的力度提供了一定的理论支持。

　　第三，农产品电商发展的构建与模式。农产品电商发展的机制包括基础设施投入机制、特色产业培育机制、专业人才培养机制、高效激励补偿机制和法律法规保障机制，农产品电商发展的模式包括政府驱动模式、服务商驱动模式、网商驱动模式、产业驱动模式和业务驱动模式。

第二章　新常态下农产品电商
发展的理论基础

从理论上来说，农产品电商的发展极其复杂，涉及不同学科不同理论知识的综合运用。基于研究的实际需要，新常态下农产品电商发展的典型理论借鉴包括新常态理论、比较优势理论、交易成本理论、物流与供应链管理理论、市场营销与网络营销理论等，这些内容都是本章所需要重点介绍的；很显然，新常态是本书研究的重要时代背景，比较优势理论和交易成本理论是农产品电商能够存在的原因，可以科学地解释农产品为什么可以通过电子商务平台出售，物流与供应链管理理论、市场营销与网络营销理论则可以在很大程度上直接解释农产品怎样从产地到消费者手中。除此之外，本书还将介绍新常态、电子商务、农产品电商发展等相关领域的最新研究进展，对国外典型的农产品电商发展经验也进行归纳和总结。通过本章知识的介绍，夯实后文研究的基础。

第一节　典型理论借鉴

一　新常态理论

2014 年 5 月，习近平同志在河南考察时明确提出："中国发展仍处于重要战略机遇期，我们要增强信心，从当前中国经济发展的阶段性特征出发，适应新常态，保持战略上的平常心态。"① 在 2014 年 11 月 9

---

① 参见新华网的新闻报道，http://news. xinhuanet. com/world/2014 - 11/09/c_111317 5964. htm。

日亚太经合组织（APEC）工商领导人峰会上，习近平同志作了"谋求持久发展，共筑亚太梦想"的专题演讲。在这次演讲中，习近平同志阐述了什么是经济新常态、新常态的机遇体现在哪里、如何适应新常态等有关新常态的关键问题。从新常态理论的发展脉络看，习近平同志"河南讲话"可以看作是新常态理论的萌芽，而习近平同志在亚太经合组织工商领导人峰会上的讲话则可以看作是新常态理论的正式形成。

在亚太经合组织工商领导人峰会上，习近平同志明确表示：2014年，中国第一、二、三季度经济增长率为7.4%，与以往相比，经济增长速度显著减缓，由此引发了外界对中国经济下行的担忧，甚至唱空论调也开始出现。实际上，在经济发展过程中，经济增长的速度不可能一直保持持续高速增长，改革开放以来，中国经济已经经历了数十年的持续高速增长，经济增长速度减缓是正常的，而且目前中国经济的主要指标均在合理范围内。进一步讲，中国经济开始步入新常态，经济增长速度将由高速增长转为中高速增长，经济结构将不断优化升级，经济增长的动力将由要素驱动、投资驱动向创新驱动转变。习近平同志认为，新常态将给中国带来新的发展机遇。比如，经济增长速度虽然减缓，但是考虑到中国经济总的体量，实际经济的增量仍然是可观的；即便是经济增长速度保持在7%左右，无论是速度还是体量，中国经济仍然是全球重要的经济体，仍然在全球名列前茅。比如，经济增长速度减缓，增长动力将更加多元化，目前中国协同推进的新型工业化、信息化、城镇化、农业现代化有利于化解各种"成长的烦恼"，中国经济将更多地依赖国内的消费需求，可以有效避免依赖出口所带来的外部风险。再比如，经济结构的优化升级，发展前景将更为稳定；政府大力简政放权，市场经济的活力将会进一步释放。

二　比较优势理论

早在《政治经济学及赋税原理》一书中，大卫·李嘉图就明确提出了比较成本贸易理论（也经常被称作"比较优势贸易理论"）。该理论认为，国际贸易的基础是生产技术的相对差别，而非绝对差别，以及由此产生的相对成本的差别。按照这一理论，每一个国家只可能是严格按照"两利相权取其重，两弊相权取其轻"的原则来集中生产并出口具有"比较优势"的产品，进口自身具有"比较劣势"的产品。当然，上述观点的成立是需要假设相关条件的；只有满足这些相关的假设条件，上述结论才可能成立。根据大卫·李嘉图的观点，这些假设条件可以概述为如下 11 个方面：（1）假定贸易中只有两个国家（A 和 B）和两种商品（X 与 Y 商品）。（2）A 和 B 在生产中使用不同的技术。之所以如此，主要是因为技术的不同将导致劳动生产率的不同，进而导致成本的不同。（3）假定贸易将在物物交换的条件下进行。（4）在 A 和 B 两个国家中，商品与要素市场都是完全竞争的。（5）在 A 和 B 任何一个国家范围内要素可以自由流动，但是在国际上不流动。（6）分工前后生产成本不变。（7）不考虑交易费用和运输费用，没有关税或影响国际贸易自由进行的其他壁垒。（8）价值规律在市场上得到完全贯彻，自由竞争，自由贸易。（9）假定国际经济处于静态之中，不发生其他影响分工和经济变化的事情。（10）A 和 B 两国的资源都得到了充分利用，均不存在未被利用的资源和要素。（11）A 和 B 两国的贸易是平衡的，即总的进口额等于总的出口额。①

　　大卫·李嘉图的理论是建立在挑战亚当·斯密绝对优势学说基础之上的，具有显著的积极意义，但也有其局限性。从上文的分析就不难看出，大卫·李嘉图的理论能够成立，完全取决于 A、B 两国间两种商品 X、Y 生产成本对比上"度"的差异。但是，如果只是考察经过高度抽象的"2×2 贸易模型"，势必存在着这样一种情况，即两国间在两种商品生产成本对比上不存在"度"的差异。以大卫·李嘉图的理论为基础，20 世纪初，瑞典经济学家赫克歇尔（Heckscher）及其学生俄林（Ohlin）提出了资源禀赋理论（Factor Endowments Theory），又叫 H - O 理论、H - O 模型。与大卫·李嘉图的理论相比，H - O 模型假定两种商品 X、Y，且 X 是劳动密集型商品，Y 是资本密集型商品。要素密集是通过对两种商品生产中投入的资本—劳动比率进行比较而确定的，资

---

　　① 具体参见崔秀红《对现代比较优势理论的三点质疑》，《当代经济研究》2008 年第 4 期；王诺贝、段愿《比较优势理论及其政策应用争论述评》，《华东经济管理》2009 年第 6 期；刘钻石、张娟《比较优势理论研究述评》，《经济学家》2009 年第 8 期；郭界秀《比较优势理论研究新进展》，《国际贸易问题》2013 年第 3 期；［英］大卫·李嘉图《政治经济学及赋税原理》，周洁译，华夏出版社 2005 年版。

本—劳动比率（K/L）高的为资本密集型商品，资本—劳动比率低的为劳动密集型商品。同时，H－O模型还假定只有两个国家A、B，且B国资本充裕，A国劳动力充裕。要素充裕是通过对两国生产要素相对价格或生产要素总量相对比例进行比较而确定的，B国的资本价格与劳动力价格之比小于A国，则B国资本充裕，A国劳动力充裕；或者B国的资本总量与劳动力总量之比大于A国，则B国资本充裕，A国劳动力充裕。两国具有相同的偏好，有同一组社会无差异曲线。H－O定理表明，资本充裕的国家在资本密集型商品上具有相对优势，劳动力充裕的国家在劳动力密集型商品上具有相对优势，一个国家在进行国际贸易时应出口密集使用其相对充裕和便宜的生产要素的商品，而应进口密集使用其相对缺乏和昂贵的生产要素的商品。①

三　交易成本理论

诺贝尔经济学奖得主科斯（Coase，R. H.，1937）提出了交易成本理论，并对企业的本质进行了解释。按照科斯的观点，所谓的交易成本是为了获得市场信息所产生的费用，以及相关的谈判和经常性契约费用。进一步讲，交易成本是由信息搜寻成本、谈判成本、缔约成本、监督履约情况的成本、可能发生的处理违约行为的成本所构成的。对于企业的本质，科斯认为，通过建立一种无限期的、半永久性的层级性关系，或者说，通过将资源结合起来形成像企业那样的组织，可以减少在市场中转包某些投入的成本。一种多少具有持久性的组织关系，如一个雇员与企业的关系，对企业来说，能节省每天去市场上招聘雇员的成本；对于雇员来说，能减少每天去市场应聘的成本和失业风险成本。这种"持久性的组织关系"就是制度，包括契约，也包括政策等。因此，依靠体制组织、契约及其上的政策等制度，采纳和利用标准化的度量

---

　　①　具体参见崔浩《比较优势理论研究新进展》，《经济学动态》2003年第12期；隋丹丹《比较优势理论新解》，《学海》2005年第5期；朱鸿伟《当代比较优势理论的发展及其启示》，《暨南学报》（哲学社会科学版）2001年第2期；博京燕《环境规制、要素禀赋与贸易模式：理论与实证研究》，经济科学出版社2010年版；王俊宜、李权《国际贸易》，中国发展出版社2011年版；［美］保罗·R. 克鲁格曼（Paul R. Krugman）、茅瑞斯·奥伯斯法尔德（Maurice Obstfeld）《国际经济学理论与政策：国际贸易部分》上册，黄卫平等译，中国人民大学出版社2011年版。

衡，能降低交易成本的水平。①

在科斯研究成果的基础上，威廉姆斯（1975，1985）做出了进一步的补充和完善。比如，1975年，威廉姆斯对交易成本进行了进一步的划分，认为交易成本可以分为搜寻成本（商品信息与交易对象信息的搜集）、信息成本（取得交易对象信息和与交易对象进行信息交换所需的成本）、议价成本（针对契约、价格、品质讨价还价的成本）、决策成本（进行相关决策与签订契约所需的内部成本）、监督成本（监督交易对象是否依照契约内容进行交易的成本，例如追踪产品、监督、验货等）、违约成本（违约时所需付出的事后成本）。与此同时，威廉姆斯还提出了六项交易成本的来源：（1）有限理性（Bounded Rationality），指参与交易的人，因为身心、智能、情绪等限制，在追求效益极大化时所产生的限制约束。（2）投机主义（Opportunism），指参与交易的各方，为寻求自我利益而采取的欺诈手法，同时增加彼此不信任与怀疑，因而导致交易过程监督成本的增加而降低经济效率。（3）不确定性与复杂性（Uncertainty and Complexity），由于环境因素中充满着不可预期性和各种变化，交易双方均将未来的不确定性及复杂性纳入契约中，使得交易过程增加了不少订立契约时的议价成本，并使交易困难度上升。（4）专用性投资（Specific Investment），某些交易过程过于专属性（Proprietary），或因为异质性（Idiosyncratic）信息与资源无法流通，使得交易对象减少及造成市场被少数人把持，使得市场运作失灵。（5）信息不对称（Information Asymmetric），因为环境的不确定性和自利行为产生了机会主义，交易双方往往握有不同程度的信息，使得市场的先占者（First Mover）拥有较多的有利信息而获益，并形成少数交易。（6）气氛（Atmosphere），指交易双方若互不信任，且又处于对立立场，无法营造一个令人满意的交易关系，将使得交易过程过于重视形式，徒增不必要的交易困难及成本。1985年，威廉姆斯进一步将交易成本加以整理区分为事前与事后两大类，即事前的交易成本（签约、谈判、

---

① 具体参见［英］罗纳德·H. 科斯《财产权利与制度变迁：产权学派与新制度学派译文集》，刘守英译，格致出版社、上海三联书店2014年版；［英］罗纳德·H. 科斯《论经济学和经济学家》，陈昕编，罗君丽、茹玉骢译，格致出版社、上海三联书店2014年版；［英］罗纳德·H. 科斯《企业、市场与法律》，盛洪等译，格致出版社、上海三联书店2014年版。

保障契约等成本）、事后的交易成本（契约不能适应所导致的成本；讨价还价的成本，指两方调整以适应不良的谈判成本；建构及营运的成本；为解决双方的纠纷与争执而必须设置的相关成本；约束成本，指为取信于对方所需之成本）。①

四　物流与供应链管理理论

从现有文献资料来看，学者们对物流与供应链管理理论进行了多方面的研究。按照张思光（2015）的归纳和总结，可以把物流与供应链管理理论划分为三个不同的阶段。在每一个不同的阶段，都有相应的代表性理论或观点。②

第一，物流配送阶段理论。从物流配送发展的历史脉络来看，物流配送理论最早起源于美国。19 世纪末 20 世纪初，美国开始由农业国向工业国逐步过渡，随着工业化进程的稳步推进，"农产品进城"与"工业品下乡"两者联系日益紧密，随之而来的是物流配送服务的快速发展。一方面，快速发展的物流服务和日益健全的物流服务网络体系，极大地畅通了"农产品进城"与"工业品下乡"的渠道，有利于商品的流通；另一方面，随着物流配送服务的发展，相关产业也得到了快速发展，产业发展的关联效应明显。在此过程中，学术界逐步把物流配送纳入市场商品流通的范畴。随着经济的快速发展，20 世纪五六十年代，美国工业化进程进一步加快，市场上商品的种类和数量极其丰富。对于商品生产者而言，面对不断扩大的消费需求，他们根本无暇顾及商品的运输配送，物流配送服务得到了更为快速的发展。在物流配送服务得到快速发展的同时，如何科学高效地销售商品、如何快捷地配送商品以及如何规范市场上杂乱无章的物流公司的发展等日益引起理论界和实务界的重视，在解决这些现实问题的过程中，物流配送阶段的理论产生并得到快速的发展。

第二，综合物流管理理论。20 世纪 70 年代的两次石油危机，对美

① 具体参见［美］科斯、诺斯、威廉姆斯等著，［法］克劳德·美纳尔编《制度、契约和组织：从新制度经济学视角的透视》，经济科学出版社 2003 年版。

② 具体参见张思光《生鲜农产品电子商务研究》，清华大学出版社 2015 年版。

国整个物流行业产生了深远的影响。1973 年，美国石油每桶的价格约为 3 美元；而到了 1980 年，每桶石油的价格则高达 40 美元。石油价格的暴涨，最直接的后果表现在两个方面：一是石油价格的暴涨直接导致了物流运输行业整体生产成本的快速攀升，考虑到价格转移的因素，石油价格暴涨必然会导致企业生产成本的上涨，这必然会逼迫企业千方百计地降低物流成本；二是商品价格的大幅度上涨，影响了消费，大量商品滞销，企业不得不考虑商品的库存问题。在此大的背景下，美国物流企业开始兼并、破产，部分物流企业在此过程中得到了快速发展。与过去相比，指导物流企业快速发展的相关理论开始大量出现，如 MRP、MRPII、MRPIII、DRP、DRPII、DRPIII 以及 JIT 等。这些集成化的管理逐步使人们认识到配送物流理论难以适应时代发展的需要，迫切需要从流通生产的全过程来把握物流管理，物流开始被提升到国家战略发展的高度。20 世纪 80 年代中期以来，随着信息化和网络化的发展，物流理论得到了进一步的充实和发展。与此同时，世界各国也开始越来越重视物流问题。20 世纪 90 年代，美国企业为了能够在快速销售商品的同时进一步降低物流成本，开始尝试对商品产—供—销一体化链条进行整合，物流活动更加系统化、整合化，出现了从 Logistics 到供应链管理（Supply Chain Management，SCM）的重大变化。1998 年，美国物流管理协会（CLM）开始将 Logistics 定义为供应链活动的一部分；2001 年，CLM 明确将 Logistics 纳入 SCM 的范畴内；2005 年，CLM 更名为美国供应链管理协会（Council of Supply Chain Management Professionals，CSC-MP），标志着 SCM 理论已完全取代并吸收了 Logistics 物流理论。[①]

第三，供应链管理理论。供应链管理的思想最早源于 Michael Eugene Porter 1980 年出版的《竞争战略》一书中的"价值链"概念。1982 年，Keith. R. Oliver 和 Michael Webber 在《观察》杂志发表的论文首次采用"供应链管理"的概念，随后供应链管理的相关理论在美国迅速发展。[②] 与一般的物流管理相比，供应链管理具有以下几个方面

---

① 具体参见张思光《生鲜农产品电子商务研究》，清华大学出版社 2015 年版，第 17 页。

② 同上书，第 17—18 页。

的显著特点，具体来说，即是：（1）供应链物流是一个完整的系统，是一个大的系统物流。从商品产—供—销一体化的角度来看，供应链系统会涉及生产领域、运输领域和销售领域不同类型、不同层级、不同规模的形形色色的企业。（2）供应链物流是以核心企业为中心的物流。因为在这个物流体系中，任何企业都有可能是上游企业的下游企业、下游企业的上游企业，都是通过物流紧密联系在一起的；如果不站在核心企业的立场上、以为核心企业服务的观点，供应链物流是松散的。（3）由于供应链物流是一个大的物流系统，因此，供应链物流管理需要高度重视在更广泛的范围内进行资源配置，比如，可以充分利用供应链各个企业的各种资源来追求供应链物流的优化。（4）充分考虑供应链物流中各企业之间的紧密关系，某一家企业的故意不合作极有可能带来直接的连锁反应，因此，供应链企业之间必须维持一种相互信任、相互支持、共生共荣、利益相关的紧密伙伴关系。（5）供应链本身具有信息共享的特点，供应链企业之间通常都会建立起计算机信息网络，相互之间进行信息传输，实现销售信息、库存信息等的共享。

五　市场营销与网络营销理论

市场营销理论是企业把市场营销活动作为研究对象的一门应用科学。它是研究把适当的产品（Product），以适当的价格（Price），在适当的时间和地点（Place），用适当的方法销售给尽可能多的顾客（Promotion），以最大限度地满足市场需要。营销管理的实质就是公司创造性地制定适应环境变化的市场营销战略。[①]

在国外，市场营销理论的发展经过了四个不同的发展阶段：（1）第一阶段：初创阶段。从市场营销发展的历史脉络来看，19世纪末至20世纪20年代，市场营销开始在美国创立。市场营销的创立是与美国工业的快速发展紧密相关的。在起始阶段，市场营销研究的领域较为狭窄，主要研究广告和商业网点的设置，并在伊利诺伊等州的大学开设专

---

① 具体参见吴健安、郭国庆、钟育赣《市场营销学》，高等教育出版社2007年版；晁钢令、楼尊《市场营销学》，上海财经大学出版社2014年版；菲利普·科特勒、加里·阿姆斯特朗《市场营销》，楼尊译，中国人民大学出版社2015年版。

门的课程。从总体上看，这一时期市场营销学研究的特点表现在两个方面：一是着重推销术和广告术，对现代意义上的市场营销概念并未开始进行研究；二是研究基本上局限于大学的教学课程中，市场营销的实际运用并未得到社会和企业界的重视。（2）第二阶段：应用阶段。从 20世纪 20 年代到第二次世界大战结束，这一阶段为市场营销的应用阶段。这一阶段，作为龙头老大，美国企业界高度重视市场营销，并在国内外综合运用现代化的市场营销手段来推销商品，成效显著，欧洲国家纷纷仿效。这一时期，市场营销的特点表现在四个方面：一是仍然没有真正脱离产品推销的概念；二是理论界和实务界开始高度重视市场营销；三是开始研究如何在企业内部构建科学的架构来强化市场营销的实际成效；四是市场营销理论研究逐步走向社会，被更多人所接受。（3）第三阶段：形成发展时期。20 世纪 50—80 年代为市场营销的进一步发展阶段。这一时期，美国军工经济开始转向民生经济，社会商品供给显著增多，社会生产力得到了快速提升，但遗憾的是，与此同时，美国民众的实际消费能力却没有得到显著提升，市场上商品的供大于求表现得非常明显。因此，有学者提出，市场营销学应该关注生产者与潜在消费者之间的关系。（4）第四阶段：成熟阶段。20 世纪 80 年代至今，市场营销学开始走向成熟。市场营销学学科体系日益完善，也开始与经济学、数学、心理学等多学科融合。

第二节　代表性文献综述

一　新常态的代表性文献综述

从现有文献资料来看，学者们对新常态进行了多方面的研究；不仅研究了新常态的理论内涵，还研究了新常态下中国经济的发展趋势；不仅研究了新常态下中国财政金融问题，还研究了新常态下经济结构的具体调整问题。基于研究的实际需要，对代表性文献综述如下：

第一，在新常态基本内涵及其产生的现实必然性研究方面。袁长军（2014）认为，从经济发展规律的角度来看，中国经济增长速度必须减速换挡；从加快经济结构战略性调整角度来看，经济结构战略性调整是应对经济形势深刻变化的迫切需要；同时，消费前期的刺激政策是维护国家经济金融安全的必然要求。[1] 张燕生（2014）认为，旧的发展结构之所以不可以持续，主要是因为：一是外向型经济结构不能再继续下去了，下一步要构建开放型经济结构；二是不平衡战略不能再继续下去了，下一步要构建五位一体、统筹协调的新发展结构；三是以低成本优势参与国际分工的产业结构不能再继续下去了，下一步要培育国际合作和竞争优势。新一轮结构调整之所以迫在眉睫，是因为：一是要建立与新一轮高标准改革相一致的新制度结构；二是要建立与新一轮高水平开放相一致的新的结构；三是要建立与新一轮高质量发展相一致的新发展结构。[2] 洪银兴（2014）认为，中高速增长的新常态需要与以下三个方面的新常态相互支撑。一是发展战略新常态，涉及结构再平衡战略和创新驱动发展战略。二是宏观调控新常态，涉及市场决定资源配置和明确宏观经济的合理区间。三是发展动力新常态，涉及以改善民生为着力点的消费需求拉动并与投资拉动相协调。[3] 李佐军（2015）认为，目前中国经济并非已处于新常态，而是处于向新常态过渡中。经济新常态是我们要努力实现的目标状态，是指 2016 年或者 2017 年往后的 5 年或 10 年甚至更长时期。从短期看，引领新常态、实现向新常态平稳过渡的对策有：顺增长，控风险；去产能，挤泡沫；守底线，稳社会。引领新常态的长期对策包括：一是推进"五位一体"的全面改革。二是推进生产要素投入结构、排放结构、产业结构、区域结构、经济增长动力结构、财富分配结构转型与发展目标结构转型。三是包括推进观念创新、技术创新、管理创新、模式创新等在内的全面创新。[4] 田秋生（2016）认为，中国经济发展中高速增长的新常态，具有丰富而深刻的内涵。它意味着中国经济发展的一系列新变化：整体进入中高收入阶段，并开始向高收入阶段转换过渡；基本消费大致饱和，开始向以发展享受性消费为主阶段转换；短缺经济转为过剩经济，产能和供给过剩成为常态化现

---

① 　具体参见袁长军《新常态是中国经济发展的必然过程》，《红旗文稿》2014 年第 24 期。

② 　具体参见张燕生《结构调整新常态的特征和前景》，《中国金融》2014 年第 14 期。

③ 　具体参见洪银兴《论中高速增长新常态及其支撑常态》，《经济学动态》2014 年第 11 期。

④ 　具体参见李佐军《引领经济新常态，走向好的新常态》，《国家行政学院学报》2015 年第 1 期。

象；传统产业规模扩张阶段基本结束，新产业、新业态孕育成长；产品数量和价格竞争阶段基本结束，差异化竞争成为重点；传统领域固定投资高峰期大致结束，新领域、新方向投资成为未来投资重点；以"引进来"单向开放为主阶段结束，"引进来"与"走出去"双向并重阶段全面开启。新阶段、新变化意味着新矛盾、新问题、新机遇、新挑战，引领新常态，需要新理念、新思路、新举措。[①]

　　第二，在新常态的表现及其特征研究方面。刘伟（2014）认为，新常态下的中国经济失衡具有新的特点。诸如，"滞胀"出现的可能性增大，通货膨胀和经济"下行"双重风险并存将成为较长时期的现象；国民经济对于经济"下行"的承受力相对提高，但结构性失衡加深，克服和缓解结构性矛盾在相当长的时期里会成为中国经济实现均衡和可持续增长的根本。这些新的特点要求宏观调控方式必须发生根本性的转变，在注重需求管理的同时，侧重供给管理；要求宏观经济政策导向发生变化，要更精确和科学地实施松紧搭配的政策组合。[②] 刘伟和苏剑（2014）认为，生产成本上升、技术进步方式变化、投资收益率下降、出口导向型增长不可持续，这几个因素使得中国经济进入了一个"新常态"。这个新常态的表现就是经济增长率下降、"滞胀"隐患出现、就业压力减小、消费占比提高、产业结构从劳动密集型向资金密集型和知识密集型转换，以及对自主研发的需求增加。在"新常态"下，中国应该适度降低经济增长目标，深化改革，加快产业结构调整和自主创新，实行供给和需求双扩张的政策组合；在需求管理方面，实行货币稳健或小量紧缩、财政扩张的政策组合。就目前而言，我们不建议采取大规模的扩张性政策，而是建议采取以供给管理为主、需求管理为辅的定向"微刺激"政策体系，既保证经济增长和就业，又尽可能地促进结构调整。供给管理应以改革为主；需求管理应以财政政策为主，主要体现为政府的产业政策、区域经济目标等，货币政策以定向降准为主，在需求管理中起到辅助作

---

　　① 具体参见田秋生《中国经济发展新常态的深刻内涵》，《广东社会科学》2016 年第 1 期。

　　② 具体参见刘伟《经济"新常态"对宏观调控的新要求》，《上海行政学院学报》2014 年第 5 期。

用。① 贾康（2014）归纳总结了新常态的九大特征、五大任务。这九大特征分别是：（1）模仿型排浪式消费阶段基本结束，个性化、多样化消费渐成主流；（2）基础设施互联互通和一些新技术、新产品、新业态、新商业模式的投资机会大量涌现；（3）中国低成本比较优势发生了转化，高水平引进来、大规模走出去，正在同步发生；（4）新兴产业、服务业、小微企业作用更为凸显，生产小型化、智能化、专业化将成为产业组织新特征；（5）人口老龄化日趋发展，农业富余人口减少，要素规模驱动力减弱，经济增长将更多地依靠人力资本质量和技术进步；（6）市场竞争逐步转向以质量型、差异化为主；（7）环境承载能力已达到或接近上限，必须推动形成绿色低碳循环发展新方式；（8）经济风险总体可控，但化解以高杠杆和泡沫化为主要特征的各类风险将持续一段时间；（9）既要全面化解产能过剩，又要通过发挥市场机制作用来探索未来产业的发展方向。五大任务分别是继续稳增长、培育新的增长点、加快转变农业发展方式、优化经济发展空间格局、加强保障和改善民生工作。②

　　第三，在新常态其他相关问题的研究方面。贾康（2014）认为，走向新常态中的宏观调控亮点体现在四个方面：一是要一以贯之地体现"让市场充分起作用"、加快发展方式转变、打造经济升级版的调控理念。二是要在维持积极财政政策和稳健货币政策框架不变的同时，成功地贯彻宏观调控的"相机抉择"原则，以所谓"微刺激"有效推进"稳增长"，提振市场信心。三是在宏观调控中运用"供给管理"方式和手段，注重区别对待，突出重点，强调结构化，兼顾一般。四是把宏观调控与深化改革有机结合，把短期与中长期目标有效衔接。同时，在新常态下，财政、货币政策的优化还须注意以下几点：一是两大政策协调搭配的框架要坚定不移地贯彻"使市场充分起作用"的调控哲理。二是两大政策在总量调控与结构调控、需求管理与供给管理互有侧重、优势互补的同时，总体上需要更多地考虑强化与优化"供给侧管理"。三是两大政策的设计与运作必须积极有效地服务于、配合于推进财税、

---

① 具体参见刘伟、苏剑《"新常态"下的中国宏观调控》，《经济科学》2014 年第 4 期。

② 具体参见贾康《把握经济发展"新常态"，打造中国经济升级版》，《国家行政学院学报》2015 年第 1 期。

金融等方面改革的展开和深化。① 何晴和张斌（2014）认为，要保持税收收入的稳定增长，实现宏观税负的基本稳定，除经济结构优化所带来的服务业和所得类税收的自然增长外，应加快推进消费税、资源税、环境保护税、综合与分类相结合的个人所得税改革。其中，从收入规模看，重点是提高个人所得税等直接税的增速及其对税收增长的贡献率，及时填补房地产业税收和工业增值税贡献率下滑的影响。随着直接税对税收增长贡献率的持续提高，直接税的比重也会逐步增加。也就是说，经济新常态下税收增长趋势与结构变化所带来的最大影响是在稳定税负的前提下推进直接税改革和提高直接税比重的压力。而推进直接税改革要求建立针对自然人的税收征管体系，这将对税收征管改革提出新的要求。② 马晓河（2015）认为，新常态下中国经济面临需求结构调整难，投资可能会回升，消费却难以加快增长，产能过剩矛盾还将加剧，实体经济经营困难依然较大，债务迅速增加和金融风险上升，房地产市场风险增加等问题。要解决这些问题，财政政策应向积极宽松方面转化，做好加减法；货币政策应向真正的中性转化，保持信贷资金适度增长，支持实体经济发展；经济体制应加快改革，为稳增长创造良好的制度环境；产业结构调整既要搞好化解产能过剩，又要加快传统产业转型升级，培育扶持新兴产业的发展。③ 鲁钊阳和郑中伟（2016）认为，在经济新常态下，培育新的消费增长点，是确保经济保持中高速增长的必然选择，是促使经济结构不断转型升级的必然选择，更是促成创新驱动经济发展的必然选择。但是，产业结构自身的不合理、收入差距的不断扩大、基础设施建设的滞后、消费理念的不成熟以及相关法制建设的滞后等严重制约着新消费增长点的培育。为此，要培育新消费增长点，就需要强化产业结构转型升级，竭力缩小各种收入差距，加大基础设施建设投入，倡导健康积极的消费理念，完善相关的法律制度建设。④

---

① 具体参见贾康《新常态下的财政政策思路与方向》，《中国财政》2014 年第 21 期。

② 具体参见何晴、张斌《经济新常态下的税收增长：趋势、结构与影响》，《税务研究》2014 年第 12 期。

③ 具体参见马晓河《新常态下的经济形势研判和宏观政策建议》，《国家行政学院学报》2015 年第 1 期。

④ 具体参见鲁钊阳、郑中伟《经济新常态下新消费增长点培育的逻辑起点、约束条件与路径选择》，《经济问题探索》2016 年第 1 期。

二　电子商务的代表性文献综述

在电子商务发展创新及其趋势研究方面。黄鑫和周永刚（2015）认为，在信息化和个性化的浪潮下，中国电子商务获得了良好的发展势头，目前正处在十字路口上：一方面，移动化、社区化、互联网金融化等为电商企业的二次创业创造了新的契机，但另一方面，货品调配失准、精细化管理失真，分销与物流配送失位以及小微型电商、工业4.0等新型交易模式都会给电子商务的发展带来冲击，电子商务发展趋势并不确定。① 张夏恒（2015）认为，移动趋势将成为电子商务发展与创新的方向之一，虽然移动智能终端、移动网络与移动技术为移动电子商务的发展提供了机遇，但移动电子商务作为新事物，在发展道路上会面临一系列挑战；通过推动线上与线下的融合、挖掘大数据红利、建立科学高效的监管体系，都将促进电子商务移动的发展。② 林小兰（2015）认为，未来电子商务商业模式的创新将会更加丰富多彩，跨界、组合，把用户的需求、体验提升到极致，这是商业模式发展的方向。③ 李京文（2016）认为，中国电子商务发展的两大新趋势分别是农村电商和跨境电商。农村电商之所以是新趋势，主要是因为自2014年始，国内电商巨头纷纷打出了各自的"上山下乡"战略。进入2015年后，阿里和京东更是全速推进"农村电商"战略落地。此外，其他中国电商巨头也纷纷施展"招数"进军农村市场。在多种因素的综合作用下，农村电商必将取得迅速发展。与之相类似的是，为了促进跨境电商的快速发展，阿里巴巴启动了"地球村"模式，越来越多的国家进驻天猫，这将导致跨境电商的进一步发展。④

在电子商务发展中知识产权保护研究方面。杨文清和杨和义（2014）

---

① 具体参见黄鑫、周永刚《从阿里巴巴上市看中国电子商务的历史、现状与发展》，《商业研究》2015年第12期。

② 具体参见张夏恒《流通新常态下我国电子商务移动趋势研究》，《北京工业大学学报》（社会科学版）2015年第6期。

③ 具体参见林小兰《电子商务商业模式创新及其发展》，《现代经济探讨》2015年第6期。

④ 具体参见李京文《中国电子商务的发展现状与未来趋势》，《河北学刊》2016年第1期。

认为，中国电子商务交易中知识产权保护方面还存在诸多问题，比如，中国现行的商标法缺少有关电子商务中商标权的专项规定、中国对商标权的保护水平高于有关国际公约和条约的要求、对电子商务中侵犯商标权的独特形态关注不够、有关侵权的损害赔偿额略显偏高等；要解决这些问题，就要进一步明晰著作权人的信息网络传播权和网络服务提供商责任之间的相互关联，要正确处理好经济发展的创新驱动战略与著作权保护之间的辩证关系，应将电子商务中商标权的专项规定纳入商标法，应特别关注电子商务中侵犯商标权的独特表现形态，依法严厉打击电子商务中恶意侵犯商标权的违法犯罪行为。① 徐楠轩（2015）以对阿里巴巴集团的调研为例，研究了电子商务领域专利保护协作机制的构建问题，认为中国电子商务专利侵权面临的困境主要表现为：电子商务领域专利侵权责任的规定不明，专利侵权纠纷行政处理的行政执法权限不足，对电子商务领域专利侵权纠纷的重视不够；要解决这些问题，就需要修改相关法律规定，以遏制电子商务领域专利侵权，借鉴浙江省网络专利侵权处理联动机制的经验，探索建立电子商务领域专利保护协作机制。② 此外，薛源（2014）、赵博（2014）、谢勇（2015）、李红升（2015）、吐火加与乌拉尔·沙开赛开（2015）、刘凯湘和罗男（2015）、孟兆平（2016）还对电子商务相关的法律问题进行了多方面的研究。③

在电子商务的定量分析研究方面。崔丽丽等（2014）从社会创新的视角出发，基于对浙江丽水市 275 位"淘宝村"商户的调查数据，运用分层回归分析方法，就营销因素、个体自发创新因素和外部社会

---

① 具体参见杨文清、杨和义《电子商务中的知识产权法律保护》，《上海师范大学学报》（哲学社会科学版）2014 年第 5 期。

② 具体参见徐楠轩《电子商务领域专利保护协作机制的构建：基于对阿里巴巴集团的调研》，《科技管理研究》2015 年第 2 期。

③ 具体参见薛源《跨境电子商务交易全球性网上争议解决体系的构建》，《国际商务（对外经济贸易大学学报）》2014 年第 4 期；赵博《中国电子商务信用法律体系的完善》，《学习与探索》2014 年第 3 期；谢勇《论电子商务立法的理念、框架和重点内容》，《法律适用》2015 年第 6 期；李红升《我国电子商务立法面临的挑战：关于两极之间的抉择》，《中国流通经济》2015 年第 8 期；吐火加、乌拉尔·沙开赛开《电子商务市场交易规则的法理分析》，《财经理论与实践》2015 年第 2 期；刘凯湘、罗男《论电子商务合同中的消费者反悔权：以〈消费者权益保护法〉第 25 条的理解与司法适用为重点》，《法律适用》2015 年第 6 期；孟兆平《中国电子商务法立法基本问题研究》，《学习与实践》2016 年第 5 期。

创新因素对"淘宝村"电子商务发展的影响进行了实证分析。研究发现，邻里示范、社交示范、网商协会组织等社会创新因素及其相互作用，能对"淘宝村"商户网络销售业绩增长产生显著的促进作用，而对一般电子商务业绩增长作用比较突出的营销因素对"淘宝村"商户网络销售业绩的影响则表现得不太显著。[①] 朱小栋等（2015）基于整合的 TAM 模型，探究影响电商企业接受并使用云服务平台的关键因素，构建基于电子商务企业的云服务平台的用户接受模型，并对其进行实证研究。结果表明，感知有用性、感知易用性、客户感知价值和感知风险是影响电商企业使用云服务平台的关键因素。[②] 林家宝等（2015）以代表性生鲜农产品水果为例，从产品特性、服务质量和消费者特征三个方面考虑，构建了水果电子商务消费者信任影响因素模型，采用 SPSS 和 PLS – Graph 软件进行实证分析，实证研究结果发现，水果质量、感知的价值、物流服务质量、网站设计质量、沟通和信任倾向对消费者信任都有显著的影响，其中水果质量和感知的价值作用最为突出。[③] 徐超等（2016）基于 2012 年中国民营企业调查数据，实证研究电子商务对民营企业绩效的影响，结果发现：电子商务对民营企业绩效具有显著的正面影响，并且规模较小的企业从中获益更大。进一步的工具变量估计结果表明，这种正面影响是因果性的。更为重要的是，电子商务通过帮助民营企业以更低价格购买投入品以及获得更大规模银行贷款等渠道提升企业绩效。也就是说，大力发展电子商务对于缓解民营企业的发展困境是至关重要的。[④] 王领和胡晓涛（2016）通过对新经济地理学中的线性模型加以修改，在跨区域交易的商品种类中增加了服务，修改冰山运输成本为更合理的单位可变成本，最后建立大—小城市模型，使用区域间相对吸引力来描

---

① 具体参见崔丽丽、王骊静、王井泉《社会创新因素促进"淘宝村"电子商务发展的实证分析：以浙江丽水为例》，《中国农村经济》2014 年第 12 期。

② 具体参见朱小栋、陈洁、顾骏涛《基于电子商务企业的云服务平台使用意愿实证研究》，《现代情报》2015 年第 5 期。

③ 具体参见林家宝、万俊毅、鲁耀斌《生鲜农产品电子商务消费者信任影响因素分析：以水果为例》，《商业经济与管理》2015 年第 5 期。

④ 具体参见徐超、吴一平、王健《电子商务、资源获取与中国民营企业绩效》，《经济社会体制比较》2016 年第 1 期。

述人口流动的方向与强度。通过数值模拟分析，得出结论：电子商务的发展使得服务提供方式多样化，加上电子商务带来的跨地区交易成本降低，有利于增强中小城市对人口的吸引力。[①] 罗汉洋等（2016）将消费者行为发展划分为购前准备、购后交互与关系承诺三阶段，对应于消费者初始信任、一般信任与持续信任三阶段，在此框架基础上，构建了消费者信任演化的三阶段动态模型。采用实验室实验或在线实践后进行问卷调查的方法收集数据，并用结构方程模型软件进行模型验证与假设检验。跨阶段动态跟踪研究的结果表明：（1）消费者信任、满意与忠诚存在跨阶段的作用路径，其中网站使用程度部分抵消了信任对满意的影响，而关系承诺程度则完全抵消了满意对忠诚的影响。（2）在消费者信任动态演化的过程中，消费者的诚实、能力与善意信任不仅受前一阶段相应信任信念的影响，而且受到消费者满意与忠诚的积极影响。与先前的信任信念相比，消费者满意与忠诚对信任的影响更大。（3）在购后交互阶段，消费者满意对信任各维度的积极影响中存在显著的性别差异，相比男性而言，女性消费者满意对其一般信任的积极影响较大；而在关系承诺阶段，消费者忠诚对其持续信任各维度的积极影响中并不存在显著的性别差异。[②]

在电子商务交易中消费者安全权保护、信用评价及相关问题研究方面。温蕾（2016）认为，要保护电子商务中消费者安全权，需要制定电子商务消费者权益保护法，给予网络消费者合理的冷却期，赋予网络消费者以反悔权和撤销权，对不良商家进行惩罚性赔偿；需要健全电子商务监管体制，建立网络交易经营者市场准入制度；需要建立电子商务保障金制度，对电子商务商家的资质、信誉、规模和经营状况进行评估，按比例提取一定的电子商务保障金；需要明确诉讼管辖权，如采取约定管辖原则、被告人所在地管辖原则、电子合同履行地管辖原则等，保护消费者通过司法渠道维权；需要健全和发展在线投诉、在线纠纷解决、在线网络信任评估、在线网络信息共享等机构，拓宽消费者安全权

---

① 具体参见王领、胡晓涛《新经济地理学视角下电子商务对人口流动的影响》，《当代经济科学》2016 年第 3 期。

② 具体参见罗汉洋、马利军、任际范、陆强《B2C 电子商务中消费者信任演化及其性别差异的跨阶段实证研究》，《系统管理学报》2016 年第 3 期。

法律救济途径。① 刘章发（2016）认为，为更好地改善贸易环境，降低贸易风险，提高贸易效率，提升中国企业跨境电子商务水平及在国际贸易中的地位，可基于大数据征信构建跨境电商信用评价指标体系，运用与大数据相匹配的指标赋权方法、模糊层次分析法为各指标赋予权重，并在此基础上构建与大数据相匹配的信用评价模型，结合先进机器学习工具进行训练和预测，从而最终可以在互联网界面准确、实时传输评价结果，构建出完整、动态的跨境电商信用评价体系。② 邵建利等（2014）、邬建平（2016）还分别对电子商务交易中的诈骗行为、电子商务信用风险评估模型进行了深入研究。③

　　在跨境电子商务的研究方面。张夏恒和马天山（2015）认为，在全球跨境电子商务迅速发展的大背景下，澳大利亚的跨境电子商务备受关注，它所面临的障碍既包括跨境电子商务共同面对的问题，也有澳大利亚自身的问题。前者包括跨境物流、网络风险、支付风险、专业人才缺乏以及语言文化障碍等，而澳大利亚独有的烦冗法律体系、严密的税收监管、地理位置决定的特殊物流运输方式以及用户消费习惯等则构成了后者的主要内容。④ 戴芳和任宇（2015）认为，为最大限度地维护中国的税收利益，针对跨国直接电子商务环境下中国流转税与所得税税收管辖权制度设计所存在的缺陷，需要重新界定货物来源地判定标准，扩大劳务来源地内涵，将支付地作为来源地的判定标准，适当调整居民身份的认定标准，用"常设机构"取代"场所、机构"，拓展"常设机构"概念的内涵和外延等。⑤ 彭赞文（2015）以中国—东盟电子商务发展为例，认为电子商务法律法规不健全、跨国物流体系建设滞后、网络

---

① 具体参见温蕾《电子商务中的消费者安全权保护》，《中国流通经济》2016 年第 2 期。

② 具体参见刘章发《大数据背景下跨境电子商务信用评价体系构建》，《中国流通经济》2016 年第 6 期。

③ 具体参见邵建利、宋宁、张滟《电子商务中第三方支付平台欺诈风险识别研究》，《商业研究》2014 年第 11 期；邬建平《电子商务信用风险评估模型》，《统计与决策》2016 年第 11 期。

④ 具体参见张夏恒、马天山《澳大利亚跨境电子商务发展的机遇与困扰》，《中国流通经济》2015 年第 9 期。

⑤ 具体参见戴芳、任宇《论跨国直接电子商务对我国税收管辖权制度的冲击与对策》，《税务研究》2015 年第 10 期。

交易电子支付不畅、电子商务安全性问题突出等直接影响了中国—东盟自由贸易区电子商务的发展，要促进中国—东盟自由贸易区电子商务的发展就需要完善制度和服务，夯实发展基础；需要降低跨国物流成本，升级跨境电商；需要统一技术标准建设，加快人才培养，构建第三方支付系统，以实现自贸区跨境电子支付。① 薛源（2014）、李海莲和陈荣红（2015），冯然（2015）、冀芳和张夏恒（2015）还分别就跨境电子商务交易全球性网上争议解决体系问题、跨境电子商务通关制度问题、跨境电子商务关税问题、跨境电子商务物流问题进行了深入研究。②

三　农产品电商发展的代表性文献综述

从现有文献资料来看，学者们对农产品电商发展问题也进行了多方面的研究。从学者的研究成果来看，可以将研究划分为以下几个方面：

第一，在农产品电商发展的趋势研究方面。关海玲等（2010）认为，随着农产品生产专业化、商品化、规模化程度的不断提高，B2C、C2C 交易模式会迎来深入发展的契机。政府应积极引导发展农产品电子商务，并为之创造良好的发展环境；加强信息化基础设施建设，完善农产品信息系统；引导农产品企业和农户因地制宜地开展电子商务活动，选择适当的业务模式。在电子商务运用过程中，要着眼于未来发展不断推陈出新。③ 陈亮（2015）认为，电子商务发展呈现无线化、全球化、娱乐化、线上线下一体化、农村发力、大数据作用凸显等趋势，在此大的背景下，农产品电商发展具有更为鲜明的发展趋势，具体来说，一是通过互联网用心做农业的"新农人"崛起；二是原产地农产品直销成为热点；三是越来越多的海外农产品涌进中国；四是生鲜农产品电子商

---

① 具体参见彭赞文《中国—东盟自由贸易区电子商务发展对策研究》，《学术论坛》2015 年第 2 期。

② 具体参见薛源《跨境电子商务交易全球性网上争议解决体系的构建》，《国际商务》2014 年第 4 期；李海莲、陈荣红《跨境电子商务通关制度的国际比较及其完善路径研究》，《国际商务》2015 年第 3 期；冯然《我国跨境电子商务关税监管问题的研究》，《国际经贸探索》2015 年第 2 期；冀芳、张夏恒《跨境电子商务物流模式创新与发展趋势》，《中国流通经济》2015 年第 6 期。

③ 具体参见关海玲、陈建成、钱一武《电子商务环境下农产品交易模式及发展研究》，《中国流通经济》2010 年第 1 期。

务快速发展；五是非标准化农产品探索新标准；六是农产品成为县域电子商务的关键抓手，一些特点明显的县域电子商务模式不断涌现。①

第二，在农产品电商发展模式研究方面。洪涛（2015）认为，农产品电商交易的模式主要有政府农产品网站、农产品期货市场网络交易平台、大宗商品电子交易平台、专业性农产品批发交易网站、农产品零售网站等；农产品电子商务支付的模式主要有互联网支付、移动支付、货到付款 POS 机支付、卡基支付、礼券支付，也有货到现金付款等，也就是说，现代付款方式、传统付款方式、传统 + 现代付款方式都同时存在；农产品电子商务物流模式主要有自营物流配送、自营物流 + 第三方物流配送模式、自营物流 + 消费者自提/自营配送、第三方物流 + 消费者自提/第三方配送、联盟物流配送、"O－S－O"物流模式、物流一体化模式、第四方物流模式以及第五方物流。② 刘一江等（2015）认为，生鲜农产品传统流通模式主要有"农户 + 消费者"模式、"农户 + 批发商（多级） + 零售商 + 消费者"模式、"合作社 + 零售商 + 消费者"模式、"基地 + 零售商 + 消费者"模式，这些模式每一种都有自身的优缺点，并不能够很好地适应当前"互联网 +"的时代背景，需要构建 B2B 模式、B2C 模式。③

第三，在农产品电商及其分类的影响因素研究方面。何德华等（2014）在构建中国消费者生鲜农产品电子商务购买意愿影响因素模型基础上，通过在线和线下两种途径所收集的问卷调查数据，实证分析发现消费者的产品安全和质量预期与网站信息丰富度显著地影响了消费者农产品电子商务购买意愿，而价格折扣、包装及物流服务预期等因素的影响不显著。④ 林家宝等（2015）以代表性生鲜农产品水果为例，从产品特性、服务质量和消费者特征三个方面考虑，构建了水果电子商务消费者信任影响因素模型，采用 SPSS 和 PLS－Graph 软件进行实证分析，

---

① 具体参见陈亮《从阿里平台看农产品电子商务发展趋势》，《中国流通经济》2015 年第 6 期。

② 具体参见洪涛《农产品电商模式创新研究》，《农村金融研究》2015 年第 8 期。

③ 具体参见刘一江、王录安、冯璐、石密艳《降低农产品价格的新探索：构建生鲜农产品电子商务模式》，《现代管理科学》2015 年第 3 期。

④ 具体参见何德华、韩晓宇、李优柱《生鲜农产品电子商务消费者购买意愿研究》，《西北农林科技大学》（社会科学版）2014 年第 4 期。

实证研究结果发现，水果质量、感知的价值、物流服务质量、网站设计质量、沟通和信任倾向对消费者信任都有显著的影响，其中水果质量和感知价值的作用最为突出。①

第四，在农产品电商发展的其他研究方面。盛革（2010）认为，现行农产品流通体系存在系统运作的主体层次多、农产品批发市场功能受限、流通的组织化程度低、系统节点信息处理功能薄弱以及"四流"（商流、物流、资金流、信息流）协同效应缺乏等问题，构建新的农产品流通体系，需要完善批发市场功能，提高流通组织化程度，整合网络资源，构建虚拟批发市场，重塑价值链系统。② 郭海霞（2010）认为，中国涉农网站不断增多，但中国农产品电子商务的发展现状却不容乐观，主要表现在农产品电子商务业务层次总体水平不高，农民上网比例低，上网设备少，农产品电子商务网络安全存在隐患以及农民电子网络营销观念落后等方面。为解决农产品电子商务发展过程中所出现的问题，实现新农村建设目标，增加农民收入，扩大农业企业经营规模和促进中国农业经济发展的全球化进程，必须对农产品电子商务的发展进行法律保障。为此，应该通过完善维护农民经济权利、教育权利、网络安全的法律制度和相应配套的法律制度体系，转变农民农产品交易网络化的观念等方式，保证农产品电子商务的健康发展。③ 赵苹和骆毅（2011）以上海"菜管家"以及纽约 Freshdirect 两家农产品电子商务公司为例，从服务定位、采购加工与配送流程、品牌建设等方面进行了分析，在此基础上总结出中国开展农产品电子商务的启示，认为中国发展农产品电子商务，需要做好以下五个方面的工作：一是农产品电子商务落脚点应放在"提高农民收益、服务消费者"两个方面；二是农产品电子商务的形式可以是多样的，但最终应形成从生产、采购到交易、配送整个流程的闭环运作，真正实现产供销对接；三是开展农产品电子商务要注意区域化发展；四是在开展农产品电子商务的过程中要"以点

---

① 具体参见林家宝、万俊毅、鲁耀斌《生鲜农产品电子商务消费者信任影响因素分析：以水果为例》，《商业经济与管理》2015 年第 5 期。

② 具体参见盛革《农产品虚拟批发市场协同电子商务平台构建》，《商业研究》2010 年第 3 期。

③ 具体参见郭海霞《农产品电子商务发展的法律保障》，《学术交流》2010 年第 5 期。

带面",先占有一定的市场,再谋求进一步的发展;五是供应链整合要注意各节点的信息共享。[1] 王静(2012)认为,农产品物流电子商务供应链网络结构能够降低中国农产品物流成本,防范农产品价格巨幅波动,实现农产品快速调配和优化;通过正确把握最终消费者的需求、创新和管理价值关系组合的能力、处理复杂事务的能力、具备标准化与柔性化的能力等合理的运行机制,可以达到农产品供应链整体利益最大化的目的。[2] 骆毅(2012)认为,要更好地推动中国农产品电子商务发展,从政府的角度而言,一要肯定农产品电子商务发展的前景;二要根据各地的实际情况,有选择地扶持农产品电子商务企业的发展;三要注意扶持的方式和扶持的关键点;四要为农产品电子商务的实施制定规范和标准;五要加强企业自身对优势农产品质量的管理,促进优质优价环境的形成。[3] 王娟娟(2014)认为,农产品云物流有利于降低农产品损耗率,满足消费者多样化需求,创建新型就业平台。推进农产品云物流的发展,应加快农产品信息系统建设,加大政府支持力度,培养现代化物流人才,加速物流专业化进程。[4]

四 代表性文献述评

通过对代表性文献资料的述评,不难看出,虽然学者们已经对新常态、电子商务、农产品电子商务的相关问题进行了全面深入的研究,但是,这些研究更多地偏重于理论。以对新常态的研究为例,学者们进一步拓展了习近平总书记关于新常态理论的外延,丰富了习近平总书记关于新常态理论的内容,特别是引用新常态理论分析当前的宏观经济形势,具有很强的理论性。从习近平总书记关于新常态的论述来看,新常态所涵盖的内容是极其丰富的,新常态下相关的政策调整也是极其庞杂

---

[1]　具体参见赵苹、骆毅《发展农产品电子商务的案例分析与启示:以"菜管家"和 Freshdirect 为例》,《商业经济与管理》2011 年第 7 期。

[2]　具体参见王静《我国农产品物流电子商务供应链网络结构与运行机制》,《学术论坛》2012 年第 2 期。

[3]　具体参见骆毅《我国发展农产品电子商务的若干思考:基于一组多案例的研究》,《中国流通经济》2012 年第 9 期。

[4]　具体参见王娟娟《基于电子商务平台的农产品云物流发展》,《中国流通经济》2014 年第 11 期。

的；要全面、系统地研究这些问题，就需要更为具体的研究视角。以对电子商务的研究为例，电子商务的概念内涵也是极其丰富的，既涉及理论层面的知识，又涉及技术层面的知识，如何将理论与技术有机结合以科学、合理地指导电子商务的实践是比较困难的。进一步来看，作为互联网＋时代的必然产物，农产品电商的发展具有重要的理论意义和现实意义。但是，遗憾的是，从目前学者们的研究成果来看，整体研究都是较为零散的，全面、系统地研究新常态下农产品电商发展问题的成果极为少见；不仅如此，受多方面原因的限制，有关农产品电商的实证类研究，很少有直接采用问卷调查数据进行研究的。在前人研究的成果基础上，本书将以问卷调查数据为基础，综合运用不同的研究方法，全面、系统地研究新常态下农产品电商发展的理论与实践问题。不仅要研究农产品电商发展的理论，还要研究促进农产品电商健康稳定可持续发展的对策建议。

第三节　实践经验考察

一　美国农产品电商发展的经验

作为当今世界上最发达的资本主义国家，美国信息化程度极高，也最早开展了农产品电子商务交易，一直是该领域的领头羊。截至目前，美国大型农产品电子商务交易网站超过 400 家，除大型的农产品交易网站外，美国特大农产品企业也都建立了自己的电子商务交易网站。美国农产品电子商务的快速发展，具有成功的经验可以借鉴。具体来说，即是：

第一，完善的物流基础设施建设，为农产品电子商务的发展夯实了基础。从美国发展的历史来看，在殖民地时代和 19 世纪初，美国是典型的农业国家，工业发展非常落后，非农产业主要是面向地方市场的小手工业者和家庭制造业。随着美国工业化的开始，美国工农业取得了迅速发展。按照目前学术界的普遍观点，美国工业化是从 1807 年 "禁运" 或 1812—1814 年英美战争结束后才开始的。1807 年，为了避免卷入欧洲战争，美国颁布了《禁运令》，虽然避免了美国直接参与欧洲战争，但这一方面重创了美国自身的外贸出口，另一方面却促进了美国国内制造业的发展。1812—1814 年，随着英美战争的结束，为了全面抵制来自英国的商品，保护本国的市场，美国政府颁布了《关税法》，对来自英国的棉纺织品征收 25％ 的关税，这直接促进了美国棉纺工业的迅速发展。在工业化进程中，美国产业结构得到显著优化，物流等基础设施建设得到了飞速发展。以铁路建设为例，在工业化后的 50 年里，美国铁路大动脉建设发展迅速，不同城市之间基本上都有铁路相联系；即便是在偏远地区，铁路网络体系也是非常发达的。铁路的快速发展，不仅有效地拉近了不同城市之间的距离，也有利于商品的贸易。从当前美国来看，农业现代化、机械化程度极高，农产品在完善的物流网络体系下能够快速有效地流通，这也为美国当前农产品电子商务交易的快速发展奠定了坚实的基础，促进了农产品电子商务交易的快速发展。

第二，便捷的信息服务综合能力，为农产品电子商务的发展提供了保障。进入新世纪，世界各国纷纷抢占信息化发展的制高点。作为老牌资本主义发达国家，美国从战略层次方面制定了国家信息化发展的规划，并取得了显著成效。在信息化基础建设方面，1993 年克林顿政府时期就推出了"国家信息基础设施行动计划"（NII），明确表示要把建设"信息高速公路"作为政府的施政纲领；其后又在 1996 年通过了新的电信法，以开放市场推动网络基础设施建设。在信息技术方面，美国在 20 世纪末制定了"新一代互联网计划""21 世纪的信息技术：对美国未来的一项大胆投资计划"等具有前瞻性的战略计划，来支持信息技术的研究与开发，确保美国在信息科技领域的优势。当前，在以大数据为代表的新一代信息技术应用形态成为信息化发展新引擎的背景下，为推进信息技术示范应用，2012 年奥巴马政府发布"数字政府：建立一个面向 21 世纪的平台更好地服务美国人民"的行政指令，确定以大数据应用支撑政务活动开展的政策导向，以此提升社会和公共事业领域的信息化水平。[①] 在此基础上，美国网络信息服务能力迅速提升，网络使用成本迅速下降，这不仅为农产品电子商务交易的达成夯实了基础，

---

① 求是理论网，http://www.qstheory.cn/wz/hlw/201404/t20140409_338512.htm。

也有力地促进了美国网络经济的繁荣发展。① 从目前的实际情况来看，美国境内几乎是所有的家庭农场都能够与互联网相连，网络有关农产品产—供—销一体化的信息对家庭农场来说都是公开的，获取这些信息的成本极低，这对于农产品电子商务的发展意义重大。

第三，雄厚的财政金融服务支持，为农产品电子商务的发展创造了条件。作为电子商务发展的先行者，美国雄厚的财政金融服务支持，有力地促进了农产品电子商务的快速发展。围绕着电子商务的发展，美国在要不要对电子商务征税方面进行了激烈的争论，最终美国政府决定：要尽可能少地对电子商务征税，要在合理合法的基础上，尽量减轻电子商务类企业的税收；同时，联邦政府也支持、鼓励和引导各州政府采取符合各州自身特色的税收政策，加强电子商务类企业的发展。当然，在此过程中，农产品电子商务类企业得到的优惠更多。美国政府明确表示：任何电子商务税收的征收不能改变或妨碍商务本身，税收制度必须简单透明，而且要涵盖大多数合法人的收入，税务制度应该与其他贸易伙伴相兼容等。很显然，充分考虑到农产品电子商务交易的特殊性及其限定条件，包括买卖双方极有可能均为匿名，多笔小金额交易的能力，在线活动很难与物理上的位置相联系等，政府不可能从农产品电子商务交易中得到多少实际税收。很显然，政府的税收越少，更多的利润将被从事农产品电子商务交易的企业攫取，这有利于进一步激发更多的企业从事农产品电子商务交易。不仅如此，在金融方面，政府雄厚的经济实力也为农产品电子商务交易创造了条件。比如，联邦政府投入巨资强化在线支付交易的安全，并不断改善在线支付网络系统。

第四，健全的消费者权益法律制度，为农产品电子商务的发展提供了动力。作为法制极其健全的国家，美国在消费者权益保护方面也有成功的经验可以借鉴。从现有文献资料来看，美国消费者权益保护法主要包括三个方面的内容，分别是交易达成前的消费者保护、交易内容中的消费者保护以及交易完成后的消费者保护。② 在三个不同的阶段，重心

---

① 具体参见马晓丽《国外农产品市场信息服务建设研究及启示》，《农村经济》2010 年第 2 期。

② 具体参见张为华《美国消费者保护法》，中国法制出版社 2000 年版。

只有一个，即保护消费者的合法权益。因为在现实的博弈中，消费者往往是弱势群体，如果不对其合法权益进行保护的话，必将在交易过程中处于不利地位。农产品电子商务交易与传统意义上钱货两清的交易存在显著的不同，前者带有很强的隐蔽性，如果农产品电子商务交易的主体在交易的过程中刻意隐瞒农产品自身的详细信息，消费者由于没有看到实实在在的农产品，可能会做出错误的判断，进而购买可能会给自身带来损失的农产品，这对于消费者来说是极其不利的。从美国当前的具体实践来看，农产品电子商务交易主体有责任和义务详细描述农产品的具体情况，不允许刻意隐瞒农产品的不良信息，要在交易前将具体情况告知消费者；不仅如此，农产品电子商务交易主体还有责任和义务对出售的农产品负责。即便是对于生鲜农产品，如果无法满足法律出售的要求，也不能够以其他理由和借口来损害消费者的合法权益。如果出现违法乱纪行为，美国政府及其相关主管部门会从消费者这一弱势群体的立场出发，对农产品电子商务交易主体予以极其严厉的处罚。很显然，这是有利于促进美国农产品电子商务交易发展的。

二　欧洲农产品电商发展的经验

以英、法、德为代表的欧洲，农产品电子商务交易也极为活跃；不仅农产品电子商务交易额逐年上升，而且农产品电子商务交易也逐步呈现出新的发展趋势。以英国为例，1966 年成立的 Farming Online 是第一个提供农产品电子商务交易的网站，随后各种农产品电子商务交易网站开始大量出现。从总体上来看，欧洲农产品电子商务之所以发展成功主要是因为：

第一，高度重视电子商务基础设施建设。作为农产品电子商务开展的重要基础设施，欧盟高度重视电子商务基础设施建设，绝大多数国家将宽带建设纳入国家发展战略，将信息基础设施建设放在国家经济长期增长的战略高度予以考虑。从总体上来看，2000 年，欧盟委员会系统提出"欧洲网络指导框架"的构想，并投资建设信息基础设施和联通全球的网络。2010 年，欧盟委员会发布了《欧洲 2020 战略》，进一步明确表示，将会把信息技术产业和具体应用作为欧洲 2020 年发展战略最重要的计划之一。2012 年 12 月，欧洲全面、系统地评估了"欧洲数字议程"，提出宽带网络是数字经济的基础，将扩大宽带服务作为 ICT 领域在今后最优先的工作。2013 年，欧盟在《电子商务行动计划执行进展报告》中表示，要进一步加快发展一体化进程，将会在今后出台并实施云计算方略、无线电频率共享文件等。① 从个体来看，英国、法国、德国等基于国家战略发展的考虑，在 2000 年欧盟提出相关网络发展计划之前，都已经投入巨资强化信息化建设，互联网发展所需要的硬件基础设施极其完备；不仅如此，这些国家还与时俱进，不断采取措施推动互联网基础设施建设的更新换代。以英国为例，考虑到互联网技术的更新换代速度，英国还成立了专门的政府电子专员办公室，每半年全面、系统地总结、归纳一次英国信息化进程报告（包括电子商务、电子政府和全民上网三个主要方面），针对每一次的报告，查漏补缺，积极推动电子商务的基础设施建设。

第二，建立并完善网络交易的标准体系。网络交易的标准体系建设，对于农产品电子商务的发展具有重要意义。网络交易不等于现实生活中钱货两清的交易方式，网络交易带有很强的隐蔽性。具体来说，在交易发生前，消费者对商品的具体情况是不了解的，或者说，消费者对商品的了解仅限于商品销售者自己的介绍，到底商品会存在哪些方面的缺陷，这是消费者无法了解的。在某些情况下，基于理性经济人的考虑，商品销售者不可能把商品某些方面的、消费者可能无法接受的细节展示出来，也就是说，信息不对称不利于消费者自身合法权益的保护。而标准化的网络交易，则可以在很大程度上避免这种情况的出现。因为通过事先规定商品的名称、种类、数量、质量、价格、运费、配送方式、支付方式、退货方式等细节，严格按照标准化的流程来进行操作，商品产—供—销一体化各环节上各主体的责、权、利是极其清晰的，这可以在很大程度上切实维护各利益主体的切身利益，有利于促进农产品电商的健康稳定可持续发展。从欧盟整体来看，欧盟范围内对于农产品网络交易有极其严格的规定，具体体现在对农产品产—供—销一体化的各个环节上。比如，用于出售的农产品，在生产环节不能使用欧盟内部

---

① 具体参见来有为、戴建军、田杰棠《中国电子商务的发展趋势与政策创新》，中国发展出版社 2014 年版，第 18 页。

明文禁止使用的化肥、农药，尤其是对农药的要求极其严格，对违规使用农药生产出来的农产品严禁出售；在运输环节，欧盟对农产品的具体形状（大小）也有严格的规定，一般用于销售的农产品形状要求尽可能标准，这有利于对农产品进行装箱处理，有利于农产品的运输，对促进农产品电子商务交易也有显著的促进作用；在具体的销售环节，要求对农产品方方面面的情况进行具体介绍，严禁刻意隐瞒农产品质量等方面的信息。

第三，高度重视网络支付的法律法规。从理论和现实来看，网络支付系统的安全可靠性，对于农产品电子商务交易有着举足轻重的作用；安全高效的网络支付系统，能够切实保障农产品电子商务交易双方的合法权益，杜绝因为支付漏洞而导致的不必要损失。从世界上其他国家和地区农产品电子商务发展的具体实践来看，因为网络支付系统存在漏洞，导致交易双方利益受损的现象极为常见，网络诈骗也屡见不鲜，这对于农产品电子商务交易的长期发展来说是极为不利的。而安全、快捷、高效的网络支付系统，不仅有利于提振交易双方的信心，保障交易双方的权益，还可以为农产品电子商务交易的健康稳定可持续发展夯实基础。为了保证网络交易资金的安全，切实防范可能出现的金融风险，欧盟制定的相关政策法规包括 1997/489/EC "电子支付建议"、第 1999/93/EC 号 "电子签名规则"、第 2002/58/EC 号 "电子通信行业个人数据处理与个人隐私保护指令"、第 2000/46/EC 号和第 2009/110/EC 号 "电子货币指令" 等，这些规定对于促进欧盟农产品电子商务交易的发展具有重要的保障作用。特别是对于电子货币的相关规定，有力地规避了金融市场风险，保障了农产品电子商务交易双方的合法权益。比如，欧盟规定电子货币机构最低限额的初始资本金为 35 万欧元，低于 35 万欧元的一律不准涉足电子货币领域的业务。

第四，高度重视线上与线下的有机衔接。从农业现代化发展的趋势来看，线上与线下的有机结合对于农产品电商的发展具有重要的促进作用。线上的农产品售卖，商品售卖者和消费者之间的信任是极其重要的，任何一方缺乏对另一方的信任，交易往往是难以达成的。如果商品售卖者担心商品消费者可能在很大程度上会选择退货，或者说会对货物不满意，商品售卖者可能会选择不出售商品，以免遭受不必要的损失，带来不必要的麻烦。而如果商品消费者担心商品售卖者所出售的货物可能存在这方面或者是那方面的缺陷，购买商品随时可能被欺骗的话，商品消费者也不会选择从网络购买商品，转而会寻求从实体店购买商品。线下的现场考察和现场体验，可以让商品消费者实实在在地感受到商品自身的品质，了解商品的具体生产过程，甚至直接了解商品生产者本人的现实情况，这对于增强商品消费者购买商品的信心是具有重要促进作用的。欧盟各国在农产品电子商务发展过程中，高度重视线上与线下的有机衔接，支持、鼓励和引导消费者直接到商品产地进行体验，真正感受商品的产—供—销一体化过程，真正近距离地接触商品。以德国为例，德国注重物流中心的选址工作，将农产品生产基地、仓储与物流中心建设紧密结合，凡是具有一定条件的消费者都可以近距离地实地考察农产品产—供—销一体化的过程；线下考察与线上购买的有机结合，有力地促进了德国农产品电子商务交易的发展。

三　日本农产品电商发展的经验

与欧美发达国家相比，日本农产品电子商务发展起步相对较晚。2000年，日本政府制定了农业信息化战略，直接推动农产品流通。随后，制定了通用的农产品订货、运输配送、结算核准的相关细则，并对农产品批发市场的电子交易系统进行了彻底改造。同时，政府支持、鼓励和引导农业协会网站来负责介绍农产品生产技术与市场行情。总体来看，对日本农产品电子商务发展的经验可以从以下几个方面来进行归纳总结。具体来说，即是：

第一，农协在农产品电子商务交易中扮演重要角色。日本农协（全称是农民协同组合），起源于1900年，依据日本政府于1947年颁布实施的《农业协同组合法》，农协是以"相互扶助的精神为基础，保护并提高农户经营和生活水平，创建更加美好社会"为目标而组建的合作社，是目前日本最重要的合作经济组织之一。日本农协分为全国，都、道、府、县和市、町、村三个层次，各级农协都是独立法人，接受上级农协领导。全国和都道府县级都设有农协中央会，负责农业发展规划设计、农政指导、监督检查等方面，还设有信用联合会、共济联合会、厚生联合会等专门机构，各机构通过相互出资、互派董事形成联系，接受同级中央会指导，分别负责农业金融、保险、农村社会事业发展等专门业务。据统计，日本目前共有各种全国性联合会 18 个，都道府县联合会 103 个。日本每个村镇都有农协，共有市、町、村级综合农协 730 个，专门农协 2231 个；90% 的农户是农协的会员，共有组合成员 943 万人，其中正式会员 489 万人，准会员 454 万人。[①] 总体来说，农协已经在日本国内农村实现了全覆盖，涉及农产品生产、流通、销售、信用和保险等所有领域。[②] 统计数据显示，日本蔬菜的 59%，水果的 66.5% 都由农协组织进行交易。[③] 在农产品电子商务交易发展的过程中，日本农协几乎垄断了所有的农产品电子商务交易，几乎所有的农产品电子商务交易都由农协牵线搭桥，对农产品产—供—销一体化上的几乎所有环节，农协都会直接参与，并提供实实在在的帮助，协助农民大力发展农产品电子商务。

第二，政府高度重视网络基础设施的完善与新修。对网络基础设施建设，日本高度重视。2001 年，日本专门出台了 "全国宽带构想计划"，明确要求到 2025 年在日本全国范围内建成可覆盖 3000 万户的高速互联网（包括 DSL、CATV 无线网络）和可覆盖 1000 万户的超高速互联网（主要以光纤网络为主）。通过该计划的实施，日本全国范围内网络基础设施建设得到了快速发展，即便是偏远岛屿，网络基础设施也得到了显著的改善。当然，在此计划的直接刺激作用下，日本北海道、本州、四国和九州网络基础设施建设也更为完善，以北海道、新潟、秋田、宫城、福岛、茨城、山形、栃木、岩手、千叶为代表的主要粮食产区网络基础设施也日益完善。2009 年，针对信息经济的快速发展，日本政府发布了《增长战略》，明确表示将 "实现世界最高水平的 IT 社会" 与改革、创新等并列为重振日本产业的六项计划之一。[④] 2009 年以来，随着日本政府对 IT 产业的重视，日本网络基础设施建设得到了进

---

①　耿大力：《日本韩国农民协会发展及运行模式》，《东方城乡报》2013 年 8 月 8 日第 B06 版。

②　张维：《借鉴国外经验，发展中国农产品物流》，《世界农业》2015 年第 8 期。

③　郑远红：《国外农产品物流模式对我国的借鉴》，《农业经济》2013 年第 3 期。

④　具体参见来有为、戴建军、田杰棠《中国电子商务的发展趋势与政策创新》，中国发展出版社 2014 年版，第 18 页。

一步的发展。得益于网络基础设施的完善，日本产品电子商务形式也日益多样化。比如，农产品批发市场电子商务模式得到了快速发展，成为日本农产品流通的重要集散地，农产品电子商务交易快速发展；含有农产品销售的网上交易市场进一步发展，点对点的交易具有更强的交易针对性；含有农产品销售的网上超市开始兴起，凭借专业的物流配送，实体店铺与虚拟店铺并行发展；农产品电子商务交易所得到了快速发展，农产品交易的成本逐步降低，交易的效率更高。[①]

第三，高度重视网络诚信体系的认证工作。在农产品电商发展的过程中，日本高度重视网络诚信体系的认证工作。早在 1999 年，日本邮政省、通产省、法务省联合草拟和公布了题为"与电子签名和认证有关的法律条款：促进电子商务并为基于网络的社会和经济活动奠定基础"的政策文件。在这份文件中，日本通过法律的形式使得电子签名与传统的签名一样能够保证交易的安全，这对于增强公众对网络社会的信心具有重要意义。与此同时，日本还尤为注重电子签名相关法律法规与欧盟、美国等其他国家和地区的协调性，使得日本公司提供的电子签名认证能够打入外国市场。从日本农产品电子商务交易发展的历程来看，该份文件对于促进农产品电子商务交易具有显著的积极意义。因为在现实过程中，电子商务交易不同于传统意义上钱货两清的交易模式，银行卡（信用卡）的使用在日本非常普遍，相当部分日本消费者在购买农产品时是直接使用电子签名的银行卡（信用卡）。如果电子签名得不到法律的保障，存在诸多安全漏洞的话，消费者是不会选择使用银行卡（信用卡）来购物的，很多原本可以做成的交易会失败；反过来，高效安全的电子签名，极大地方便了消费者的生活，有力地促进了农产品电子商务交易的发展。1999 年以后，日本与时俱进，不断推进网络诚信认证工作，进一步强化了消费者的网络消费安全，提振了消费者网络购物的信心，这对于促进日本农产品电子商务交易的进一步发展具有重要的意义。

第四，高度重视电子商务交易的专业人才培养。从目前的实际来

---

① 具体参见葛俊、严奉宪、杨承霖《国外农产品电子商务发展模式对中国的启示》，《世界农业》2013 年第 5 期。

看，接受过高等教育的 IT 人员并不会直接选择从事 IT 行业，因为与其他的行业相比，IT 行业劳动强度大，工作环境枯燥，正常的劳动作息时间得不到保障。为此，日本每年都会从其他国家吸引大量的 IT 人员。在农产品电子商务交易的过程中，无法离开 IT 工作人员的技术支持。这就逼迫日本不得不高度重视对农产品电子商务交易专业人才的培养。2001 年，日本制定了"IT 基本战略"，首相直接担任"IT 基本战略"部长，索尼公司会长担任"IT 基本战略"议长，并制定了四大重点政策领域，明确表示将会加大 IT 关键领域人才的培养力度。在此战略的直接作用下，日本培养的本土 IT 人才数量开始增多，从事农产品电子商务交易的 IT 人才也越来越多，这直接促进了日本农产品电子商务交易的发展。从目前的实际情况来看，日本全国性联合会农产品电子商务交易 IT 支持力量最为强大，都道府县联合会也都有自己的专门 IT 技术支持人员，每个村镇农协也配备有 IT 技术专员，绝大多数个体农户也能够得到各级农协 IT 技术专员的支持。与其他的国家和地区相比，在专业 IT 技术人员的支持下，无论是各级各类农民协会网上销售农产品，还是个体农户从事农产品电子商务交易，消费者根本不会存在网络技术购买方面的困难，这直接促进了日本农产品电子商务交易的快速发展。

四　巴西农产品电商发展的经验

作为南美洲最大的国家，巴西国土面积为 854.74 万平方公里，人口 2.02 亿。巴西拥有丰富的自然资源和完整的工业体系，GDP 增长速度非常明显，是全球发展最快的国家之一，也是重要的发展中国家之一。按照国际汇率，2014 年巴西人均 GDP 为 11612 美元，高于中国。从农业发展的角度来看，巴西咖啡、可可、甘蔗、玉米和大豆等产量都居全球之冠，畜牧业发达，牛的存栏量位居世界第二位，仅次于印度。从目前实际情况来看，巴西农产品电子商务交易发展较快，且取得了显著成效。基于研究的实际需要，可以从以下几个方面对巴西农产品电子商务交易进行归纳和总结。

第一，高度重视农产品的供给。农产品电子商务交易健康稳定可持续发展的重要前提是要有足够的农产品供给。即便有足够大的农产品消费市场，如果供给无法得到保障的话，农产品电子商务交易将会陷入无货可供的境地。巴西农产品电子商务交易的重要特点之一，就是巴西政府高度重视农产品的均衡稳定供给。具体来说：一是政府高度重视对农业生产的引导，农业生产高度组织化。在政府的引导下，巴西农业服务公司将农业生产者组织起来，统一向批发商和零售商供货，这些服务公司的主要功能是提供产前、产中、产后的各项服务。比如，巴西的 Natural Salads 公司通过长期的契约关系，组织 800 多个分散的农户，将5000 公顷土地专门用于种植蔬菜；在产前，公司分别与农户签订合同，在保证向农户提供种子、化肥、农药等农业生产资料时，明确表示不管市场行情如何，公司将会严格按照合同价格收购农产品，这保证了农民的收益，有利于农民安心从事农业生产，确保了市场上农产品的供给，为农产品电子商务交易的发展奠定了基础。二是从源头上加强对种养殖业的引导，确保农产品的有效均衡稳定供给。比如，巴西农业部门每年春天都会发布农业畜牧业生产指导规划意见，并针对鼓励种养殖的品种，制定最低保护价等相应的财政金融支持计划。政府不强求农民按照规划生产，但只有符合指导规划的农户，才能享受政府的优惠政策。除了政府发布指导意见以外，合作社、农业服务公司等中介机构，也向生产者提供建议。如巴西 Natural Salads 公司每年根据十年来的市场行情变化，向农户提出种植计划，对符合要求的提供种子、化肥、贷款支持。[1]

第二，高度重视网络信息安全。作为典型的发展中国家，巴西的网络犯罪是比较猖獗的。统计资料显示，仅仅 2013 年网络犯罪就给巴西带来高达 8 亿美元的损失。从具体犯罪的形式上来看，黑客攻击、密码盗用、克隆信用卡、网上走私、工业间谍、窃取政府信息等较为常见。[2] 在此背景下，巴西高度重视网络信息安全问题，以致 2014 年 3月 25 日，巴西国会《互联网民法》顺利通过表决；即便是反对党成员，也一致赞同颁布《互联网民法》，要求政府高度重视网络犯罪，严

---

[1]　具体参见商务部调研组《德国、巴西、阿根廷农产品流通考察报告》，中国改革论坛，2015 年 5 月 16 日，http://www.chinareform.org.cn/people/H/huanghai/Article/201506/t20150615_227598.htm。

[2]　具体参见张卫中《巴西网络犯罪造成 8 亿美元损失》，《人民日报》2014 年 6 月 10日。其他相关资料参见 http://news.xinhuanet.com/newmedia/2014-06/10/c_1265 98975.htm。

厉打击网络犯罪。对农产品电子商务交易来说，如果没有健康稳定的网络信息安全，交易是无法完成的。因为与过去传统的商品交易相比，农产品电子商务交易涉及农产品产—供—销一体化诸多现实环节，每一环节又涉及众多的利益主体，某一个主体在互联网背景下犯罪，都极有可能会对其他利益主体带来损害，这是不利于农产品电子商务交易发展的。反过来说，政府从民法的高度真正重视网络信息安全，严厉打击网络交易背景下的违法犯罪行为，可以在一定程度上抑制直至杜绝网络背景下的犯罪行为。从目前的实际来看，农产品电子商务交易飞速发展，但是，农产品电子商务交易过程中诸如黑客攻击、密码盗用、克隆信用卡、网上走私、工业间谍、窃取政府信息等各种犯罪行为大量存在，很多国家和地区在此方面的法律法规十分欠缺，并不能够科学、准确地认识这些犯罪行为，更不能够对这些犯罪行为予以严厉打击。巴西《互联网民法》的颁布，对打击各级各类互联网犯罪行为提供了法律依据，是有利于促进其自身农产品电子商务交易的发展的。从长远来看，这对其他国家或地区严厉打击网络违法犯罪行为也具有重要的借鉴意义。

第三，高度重视信息化基础设施建设。虽然是发展中国家，但是，巴西对信息化基础设施建设的重视却相对较早。在 20 世纪 90 年代，巴西政府从推进办公自动化着手，全面推进信息化基础设施建设。总体上来看，巴西的做法具有鲜明的特色：一是明确发展的理念，全方位、多角度地稳步推进信息化基础设施建设。比如，巴西政府自身加大了在信息化基础设施建设方面的资金投入力度，并明确要求各级政府贯彻落实信息化发展理念，重视信息化建设的思路；联邦审计署还要求全国各级财务监督机构必须无条件地推进信息化建设，邮电总局通过实施信息化建设来提升自己的综合管理能力，实现信息技术与业务的有机结合。二是营造良好的发展环境，全面提升所有业务人员的信息化水平。巴西政府以总统令形式颁布了"巴西之家计划"，在很大程度上提高民众的信息技术应用技能的同时，也在一定程度上有效缩小了数字鸿沟。为了让全国所有乡村都能联通网络，巴西通信局采用了各种手段，联邦信息处理中心在全国各偏远地区设立了 400 余个上网点，并对民众进行远程教育、现场培训和技术咨询。三是重点推进业务系统的信息化建设，有重点地推进信息化建设。比如，财政部信息中心负责建设的联邦电子报税系统、金融预算系统、进出口管理系统、政府网上招投标系统、科技人才管理系统、公务员人力资源信息系统等重点业务系统，不但应用单位多、业务范围广，而且系统信息资源十分丰富。① 在政府的高度重视下，巴西信息化基础设施建设取得了显著成效，为农产品电子商务交易的快速发展夯实了基础，真正让农产品电子商务交易成为可能。

---

① 具体参见芦艳荣《巴西电子政务发展模式探究》，《信息化研究》2014 年第 11 期。

第三章　新常态下农产品电商
发展的理论框架

在前面两章分析的基础上，要对新常态下中国农产品电商发展的相关问题进行深入研究，还必须构建新常态下农产品电商发展的政策框架，也就是要进一步构建后文研究的基础。本章的主要内容有基本概念界定、新常态下农产品电商发展与农村经济发展的关系原理以及新常态下农产品电商发展的综合评价指标体系。在基本概念界定方面，主要介绍新常态、农产品、电子商务以及农产品电子商务四个重要概念；在新常态下农产品电商发展与农村经济发展的关系原理中，主要从农村产业结构调整和区域农村经济发展的角度进一步说明本书研究的意义，研究农产品电子商务的最终落脚点还是为了促进农村经济的发展；在新常态下农产品电商发展的综合评价指标体系中，主要构建农产品电商发展的具体评价指标。

第一节　基本概念界定

一　新常态的概念内涵

在前文中，已经就新常态的产生及其发展进行了阐述，也对学者们关于新常态的研究进行了综述，那么，到底什么是新常态呢？从哲学的角度来看，所谓新常态，指的是经过一段不正常状态后重新恢复到正常状态。实际上，人类社会的发展亦是如此，遵循从常态到非常态再到新常态的否定之否定的发展规律；在整个事物发展的全过程中，基本发展规律也是常态—非常态—新常态。人类总是在经历事物的正反面发展、总结正反面经验，经过感性—知性—理性、具体—抽象—具体的否定之否定后，才会对事物有一个完整的认识，才能认识事物的规律与本质。经济新常态，就是人类经济发展肯定—否定—否定之否定波浪式前进的成果；经济学新常态，就是人类经济认识肯定—否定—否定之否定螺旋式上升的结晶。①

在明白了新常态概念的基础上，可以认为：新常态的本质是提质增效，其最终指向是国民生活质量的提高，老百姓的"获得感"提升，就业稳，价格稳，民生保障更完善。② 新常态的主要特点是：（1）经济增长速度将由高速增长转向中高速增长；（2）经济结构将不断优化升级；（3）经济增长动力将由要素驱动、投资驱动向创新驱动转变。同时，新常态还具有九个方面的显著特征，具体来说，即是：（1）模仿型排浪式消费阶段基本结束，个性化、多样化消费渐成主流；（2）基础设施互联互通和一些新技术、新产品、新业态、新商业模式的投资机会大量涌现；（3）中国低成本比较优势发生了转化，高水平引进来、大规模走出去正在同步发生；（4）新兴产业、服务业、小微企业作用更凸显，生产小型化、智能化、专业化将成为产业组织新特征；（5）人口老龄化日趋发展，农业富余人口减少，要素规模驱动力减弱，经济增长将更多地依靠人力资本质量和技术进步；（6）市场竞争逐步转向以质量型、差异化为主；（7）环境承载能力已达到或接近上限，必须推动形成绿色低碳循环发展新方式；（8）经济风险总体可控，但化解以高杠杆和泡沫化为主要特征的各类风险将持续一段时间；（9）既要全面化解产能过剩，也要通过发挥市场机制作用探索未来产业的发展方向。③

① 从哲学角度认识新常态，可以参见陈世清的相关论述：《新常态经济学的理论建构》，人民网，2015 年 4 月 16 日，http://bbs1. people. com. cn/post/1/1/0/146595542. html；《什么是新常态经济？》，求是网，2015 年 3 月 19 日，http://www. qstheory. cn/laigao/2015 -03/19/c_1114688943. htm。

② 《透过两会热词，看到"中国信心"》，人民网，2015 年 3 月 9 日，http://lianghui. people. com. cn/2015cppcc/n/2015/0309/c393682 -266580 31. html。

③ 王姝：《"经济发展新常态"首次明确九大特征》，《新京报》2014 年 12 月 12 日，http://www. bjnews. com. cn/news/2014/12/12/345418. html。

二 农产品的概念内涵

要了解农产品的概念内涵,有必要先弄清楚农业的概念内涵。什么是农业?农业的概念有广义与狭义之分。狭义上的农业主要就是指种植业,而广义上的农业则包括植业、林业、畜牧业、渔业、副业五种产业形式,包括生产粮食作物、经济作物、饲料作物和绿肥等农作物的生产活动。与农业的概念相类似,农产品的价格亦有广义与狭义之分。广义上的农产品,指的是农业中生产的物品,而狭义上的农产品,则指的是种植业所产出的物品(如高粱、花生、玉米、小麦以及各地区所生产的土特产等)。从现实来看,农产品与人们的衣、食、住、行紧密相关,是国民经济的重要基础。以农产品的典型代表粮食为例,粮食直接与人们的饮食相关,没有健康稳定可持续发展供给的粮食做保障,国家的长治久安则会受到直接的影响;不仅如此,以粮食为原料的加工产品可以为工业的发展奠定坚实的基础,会直接促进工业的发展,粮食生产事关国家的安危。

理解农产品的概念内涵并不难,难点在于对农产品的分类。按照国家统计局的规定,一般意义上的农产品的初级产品,指的是种植业、畜牧业、渔业产品,不包括经过加工的各类产品。很显然,这指的是广义上的农产品。依据国民经济的分类,农产品包括以下 12 个主要方面:(1)烟叶。指以各种烟草的叶片经过加工制成的产品,因加工方法不同,又分为晒烟叶(利用太阳能露天晒制的烟叶)、晾烟叶(晾房内自然干燥而成的烟叶)和烤烟叶(在烤房内烘烤成的烟叶)。(2)毛茶。指从茶树上采摘下来的鲜叶和嫩芽(即茶青),经吹干、揉拌、发酵、烘干等工序初制的茶。(3)食用菌。指自然生长和人工培植的食用菌,包括鲜货、干货以及农业生产者利用自己种植、采摘的产品连续进行简单保鲜、烘干、包装的鲜货和干货。(4)瓜、果、蔬菜。指自然生长和人工培植的瓜、果、蔬菜,包括农业生产者利用自己种植、采摘的产品进行连续简单加工的瓜、果干品和腌渍品(以瓜、果、蔬菜为原料的蜜饯除外)。(5)花卉、苗木。指自然生长和人工培植并保持天然生长状态的花卉、苗木。(6)药材。指自然生长和人工培植的药材。不包括中药材或中成药生产企业经切、炒、烘、焙、熏、蒸、包装等工序处理的加工品。（7）粮油作物。指小麦、稻谷（含粳谷、籼谷、元谷）、大豆、杂粮（含玉米、绿豆、赤豆、蚕豆、豌豆、荞麦、大麦、元麦、燕麦、高粱、小米、米仁）、鲜山芋、山芋干、花生果、花生仁、芝麻、菜籽、棉籽、葵花籽、蓖麻籽、棕榈籽、其他籽。（8）牲畜、禽、兽、昆虫、爬虫、两栖动物类：牛皮、猪皮、羊皮等动物的生皮；牲畜、禽、兽毛，指未经加工整理的动物毛和羽毛；活禽、活畜、活虫、两栖动物，如生猪、菜牛、菜羊、牛蛙等；光禽（农业生产者利用自身养殖的活禽宰杀、褪毛后未经分割的光禽）和鲜蛋；动物自身或附属产生的产品，如蚕茧、燕窝、鹿茸、牛黄、蜂乳、麝香、蛇毒、鲜奶等；除上述动物以外的其他陆生动物。（9）水产品：淡水产品（淡水产动物和植物的统称）、海水产品（海水产动物和植物的统称）、滩涂养殖产品（利用滩涂养殖的各类动物和植物）。（10）林业产品：原木，指将伐倒的乔木去其枝丫、梢头或削皮后，按照规定的标准锯成的不同长度的木段；原竹，指将竹砍倒后，削去枝、梢、叶后的竹段；原木、原竹下脚料，指原木、原竹砍伐后的树皮、树根、枝丫、灌木条、梢、叶等；生漆漆树的分泌物（包括从野生漆树上收集的大木漆和从种植的漆树上收集的小木漆）和天然树脂（指木本科植物的分泌物，包括松脂、虫胶、阿拉伯胶、古巴胶、黄耆树胶、丹麦胶、天然橡胶等）；除上述以外的其他林业副产品。（11）其他植物：棉花（未经加工整理的皮棉、棉短绒、籽棉）；麻（未经加工整理的生麻、宁麻）；柳条、席草、蔺草；其他植物。（12）上述第一条至第十一条所列农产品应包括种子、种苗、树苗、竹秧、种畜、种禽、种蛋、水产品的苗或种（秧）、食用菌的菌种、花籽等。[①] 需要特别说明的是，本书研究所指的农产品是广义上的农产品，借助互联网媒介来进行交易的农产品均是本书研究的范畴；只不过基于研究的实际需要，本书不涉及具体的某一类农产品，对农产品的研究是从宏观层面进行的。

---

① 关于农产品的概念内涵及其分类，相关农业经济学教材中均有所涉及。此处分类的具体方法来源如下：http://baike.baidu.com/link? url = bcREMXf93oOQG4IVFAKRhsZizZ_ qK-PX334UCsd12Q2k6uulqGOy_ IGPArPGCPABZGhkPzaL70E37qLyaLrpvwK。

三　电子商务的概念内涵

电子商务的概念内涵极其复杂，不同的学者从不同的角度提出了不同的看法。比如，1997 年国家商会认为，电子商务是指对整个贸易活动实现的电子化，具有两个方面的显著特点：一是交易各方以电子交易方式而不是通过当面交换或直接面谈方式进行的任何形式的商业贸易；二是电子商务是一种多技术的综合体，包括交换数据（如电子数据交换、电子邮件）、获得数据（共享数据库、电子广告牌）以及自动捕获数据（条形码）等。世界贸易组织（WTO）认为，电子商务是以电子方式进行的商品和服务的全过程服务，也就是说，电子服务涵盖商品产—供—销一体化的每一个环节，电子服务在商品交易中起着举足轻重的作用。全球经济合作与发展组织（OECD）认为，电子商务本质上就是商业贸易，包括组织与个人在基于文本、可视化图像等在内的数字化传输与处理方面的商业活动。很显然，这些概念的主要区别体现在两个方面：一是对"电子"的理解方面。从广义的角度来看，学者们将打电话、收发邮件以及电子转账等都纳入了电子的范畴，而狭义上的电子则仅仅包括利用互联网来开展具体的商务活动。二是对于"商务"的理解方面。商务是仅限于商品贸易，还是将其扩展到诸如商务信息、商务管理和商品贸易的全过程。[①] 无论这些概念有多大的区别，从本质上来看，电子商务最终仍然是商品产—供—销一体化诸多环节或某些环节的电子化，电子化贯穿于商品流通的全过程。

基于研究的实际需要，在借鉴前人研究成果的基础上，本书认为：电子商务指的是在"互联网+"的背景下，商品买卖双方可以在不谋面的情况下开展各种商贸活动，实现商品买方的网上购物、商品买卖双方之间的网上交易和在线电子支付以及各种商务活动、交易活动、金融活动和相关的综合服务活动的一种新型商业运营模式。通过电子商务的概念，可以看出：构成电子商务的要素主要有商品买卖双方、商品以及

[①]　具体参见来有为、戴建军、田杰棠《中国电子商务的发展趋势与政策创新》，中国发展出版社 2014 年版，第1—3 页。

物流四个方面。其中，将这四大要素紧密地串联在一起的是电子信息。因为在电子信息的作用下，商品买卖双方可以在完全不谋面的前提条件下，借助物流配送服务，直接完成商品的交易，电子信息是将商品产—供—销一体化各环节上利益主体联系起来的重要媒介。进一步讲，电子商务的关联性对象主要有四个方面，分别是交易平台、平台经营者、站内经营者以及支付系统。在"互联网＋"的时代背景下，电子商务存在的重要依据一方面表现在借助网络，商品需求者可以直接完成网上购物、网络支付，节省购物的时间，提高交易的效率；另一方面，与现实生活中的实体店相比，网上购物由于可以节省租用场地和雇佣人员的相关费用，因此，网上售卖的商品价格相对较低，这对于直接增加商品购买者的实际可支配收入具有显著的促进作用。

与传统的商务相比，电子商务具有以下几个方面的显著特点：第一，普遍性。在"互联网＋"的时代背景下，电子商务将会越来越普及，会成为更多的商品生产者售卖商品的重要方式，也会成为更多的商品消费者购买商品的重要渠道，电子商务产业将在未来经济社会中扮演着越来越重要的地位。第二，快捷性。随着国家对基础设施建设投入力度的进一步加大，中国物流基础设施网络体系日益健全，特别是随着"四通一达"物流公司的发展壮大，各级各类物流配送服务越来越好，通过网络购买的商品也会很快到达，电子商务的快捷性表现得越来越明显。第三，整体性。在整个电子商务交易流程中，商品的产—供—销一体化之间的关系非常紧密，是一个完整的系统，任何一个环节出现问题，都有可能对其他环节带来直接的损害。电子商务信息将不同的利益主体串联在一起，不同利益主体都可以看作是商品产—供—销一体化利益链条上的一个环节，彼此之间整体性强。第四，安全性。目前部分国家和地区的网络安全隐患表现得比较明显，国内对此方面极为重视，从整体情况来看，国内网络购物方面安全度较高。在电子商务交易中，国内法律法规日趋健全，对商品产—供—销一体化各环节都有明确的法律保障，整个电子商务交易安全性可靠。第五，协调性。商业活动讲究信誉，讲究协调，因为某一方的拖延，可能会直接影响其他方的实际利益。在电子商务交易活动中，协调性表现得更为迫切，因为商品的买卖双方多未谋面，一切以电子商务信息沟通为准，如果不按时开展商务活动的话，将会给对方带来损失。从现实看，这涉及银行支付、配送服务、通信服务、技术服务等的协调。

不仅如此，电子商务还具有以下几个方面的功能。具体来说，第一，广告宣传。在电子商务交易的过程中，因为商品买卖双方在很多时候不会谋面，但是，商品的买方为了更全面彻底地了解商品，绝对会选择通过浏览商品卖方官方网站信息的方式来了解商品。在这个时候，商品的卖方除了在自己的官方网站上宣传商品本身外，还可以做其他方面的宣传，让更多的人了解自己。第二，咨询洽谈。虽然在电子商务交易的过程中，商品买卖双方不会谋面，但是，为了了解商品本身的一些具体情况，商品买卖双方会选择通过恰当的方式来沟通洽谈。比如，有些可能会选择通过阿里旺旺、QQ、MSN等即时通的方式来咨询洽谈，有的可能会选择通过电子邮件的方式来进行沟通。第三，网上订购。通过洽谈，商品买卖双方如果认可相关交易，就会选择直接通过网上订购的方式来购买货物。一般来说，网上订购比较注重保护商品买方的个人信息，除非商品卖方刻意泄露，否则，商品买方的具体信息是可以得到很好的保护的。第四，网上支付。作为电子商务交易的重要组成部分，网上支付也是十分重要的环节。为了避免网上支付的风险，诸如淘宝等就采取先把货款打到第三方支付平台的方式，等买方收到货物并确认以后，再将货款支付给商品的卖方，这可以在很大程度上直接规避商品买方可能遭受的风险。第五，电子账户。在现实的电子商务交易过程中，需要商品买卖双方构建科学合理的电子账户来进行支付。一般来说，为确保电子商户的安全性，商品买卖双方都会选择第三方支付平台提供的诸如数字凭证、数字签名、加密等方式来对账户进行保护，切实保障电子商户资金的安全可靠性。第六，服务传递。在实际的电子商务交易过程中，电子仓库可以很好地扮演服务传递的功能。以当当网购书为例，全国所有的仓库都是联网的，不可能把所有的书在每一家仓库都保存一本，一旦有订单进来，根据订单的需求，通过虚拟的电子仓库有效地调配货物，通过服务传递的方式，可以很好地满足图书购买者的现实需要。当然，这对于当当网自身节约仓储物流费用也是具有显著的积极意义的。第七，意见征询。在现实的电子商务交易过程中，几乎所有的商品卖方都高度重视商品买方对商品自身的真实评价情况，因为商品买方的真实意见反馈，有利于商品卖方不断地提高服务质量。在商品卖出去以后，以淘宝网为例，专门有一个商品反馈评价的环节，也就是意见征询的环节。

四　农产品电子商务的概念内涵

对于什么是农产品电子商务？在了解农产品和电子商务概念的基础上，本书研究认为：农产品电子商务，指的是利用微电脑技术和网络通信技术进行的有关农产品交易的商务活动。一般来说，农产品电子商务的概念内涵既有广义上的，又有狭义上的。广义上的农产品电子商务，指的是充分利用互联网进行的农产品产—供—销一体化的商务活动，是现代互联网和通信技术在农产品产—供—销一体化过程中的综合运用，是农产品产—供—销全过程的电子化。与广义上的农产品电子商务不同，狭义上的农产品电子商务，指的是利用 Internet 从事农产品买卖交易的活动。很显然，农产品电子商务具有以下几个方面的突出特点：第一，技术性。对具备基本电脑知识的群体来说，通过网络来从事农产品买卖，并不是一件困难的事情；但是，对于文化程度不高、对电脑知识没有了解的群体来说，要借助网络媒介来从事农产品电子商务则是非常困难的。从这个角度来说，农产品电子商务具有一定的技术性。进一步讲，并不是每一个个体农户都可以独立从事农产品电子商务，只有具备相应的专业技术知识的农户才有从事农产品电子商务的可能性。第二，畅通性。农产品电子商务对畅通性有很高的要求。一方面，农村基础设施建设要进一步完善，农村道路要畅通。没有良好的交通基础设施建设做保证，农产品即便有市场，也很难通过互联网媒介销售到城市。另一方面，农村网络要畅通。没有快捷高效的网络做保障，农产品电子商务是无法开展的。在网络上推进农产品，接受农产品需求者的咨询、下单、支付等，都离不开快捷高效的网络。第三，整体性。在农产品电子商务过程中，农产品的产—供—销一体化是一个完整的过程；只不过在产—供—销一体化过程中加入了互联网作为媒介，而不是原来面对面的交流与沟通。也就是说，农产品的产—供—销一体化是一个完整的整体，在某一方面存在问题都极有可能导致交易的失败。第四，引导性。基于农业在国民经济发展中的基础地位，对农产品电子商务，政府需要加强引导，要从彻底破解"三农"战略的高度来重视农产品电子商务的发展，要从财政、金融、法制等多方面保障农产品电子商务的发展。

基于理论和现实的角度来看，农产品电子商务会受到以下几个方面因素的影响。具体来说，第一，农产品电商自身的素质直接影响农产品电子商务的发展。电子商务的具体操作，对农产品电商自身提出了更高的要求。比如，如何从最佳角度拍摄农产品的照片并上传到网上，制作精美的网页来推销农产品，这是需要农产品电商具备相关的专业技术知识的。虽然在现实生活中，市场上有专门的网页制作公司，可以为农产品电商制作网页，但考虑到实际成本，农产品电商不大可能选择专业的网页制作公司来制作网页，大多是通过自己动手或亲朋好友帮忙的方式来处理。再比如，是否具备基本的电脑操作知识，对于农产品电子商务也有重要的影响。如果农产品电商没有接受过任何教育，对电脑的基本知识一窍不通，农产品电子商务也不可能顺利开展。毕竟，在家里从事农产品电子商务，不可能像在网吧上网一样，随时随地有专业的技术人员提供专业服务，自己需要具备基本的电脑操作知识。第二，农产品电商所在区域的硬件设施建设状况会影响农产品电子商务的发展。从农村经济社会发展的实际来看，以道路交通基础设施建设为代表的硬件设施建设对于农产品电子商务具有重要影响。虽然改革开放以来，特别是近些年来，随着国家对农村基础设施建设的日益重视，显著改善了农村基础设施建设状况；但是，中国幅员极为辽阔，部分农村地区基础设施建设还较为落后。在部分农村地区，即便是特色农产品广受欢迎，但农产品很难被运出大山，以"四通一达"为代表的快递公司都不会进驻，农产品电子商务便无法开展。第三，农产品电商所在区域的软件环境状况会影响农产品电子商务的发展。农产品电子商务的开展，需要高效快捷的信息化服务做保障。随着国家信息化战略的稳步推进，网络覆盖了部分农村地区，但在相当多的农村地区，网络无法入村入户；即便网络已经覆盖了的部分农村地区，网络使用费用居高不下也严重影响了网络的使用。开展农产品电子商务，没有网络做保障，相关商务活动是无法开展的。从农产品电子商务交易过程来看，农产品需求者可能随时随地都会在线咨询相关问题，如果网络不通的话，农产品电商很难做到及时给对方准确的答复，几乎没有农产品需求者会一直等待对方的回复；如果没有及时得到答复，一般农产品需求者会找其他的农产品电商。第四，国内宏观经济形势的发展变化会直接影响农产品电子商务的发展。无论是从理论上来看，还是从现实来看，农产品电商所提供的农产品价格往往更为低廉；当然，在当前国内农产品电子商务交易法律法规还不够健全的情况下，网上销售的农产品"假冒伪劣"也不在少数。在国内宏观经济形势景气的情况下，消费者可能会选择从更有保障的大型商场超市购买农产品；而在国内宏观经济形势不景气的情况下，消费者实际可支配收入减少，可能会不得不从网络上购买农产品；从网上购买农产品，价格相对低廉，但是，在某些情况下，可能会买到质量无法得到保证的农产品。第五，跨境电子商务的发展对国内农产品电子商务具有一定程度的冲击影响。如果国外农产品价格更为低廉的话，理性的消费者可能会选择从国外购买农产品，而放弃从国内选购农产品的机会。在跨境电子商务快速发展的同时，国内消费者可以更方便快捷地购买自己所需要的农产品，他们可能会选择直接从国外购买。一般来说，发达国家和地区对食品品质的要求更为严格，对用于出售的农产品品质也有严格的质量保证，这成为吸引国内消费者的重要因素。

从目前国内的实际来看，无论是国家层面，还是地方政府层面，都高度重视农产品电子商务的发展，这主要是与农产品电子商务的独特功能紧密相关的。农产品电子商务的功能，主要体现在以下几个方面：第一，广告宣传的功能。对个体农户来说，不大可能出资对农产品进行广告宣传；但是，在农产品电子商务交易过程中，农户可以通过网页的介绍来宣传自己的农产品。从目前国内农产品电子商务交易网站来看，绝大多数农产品电子商务交易网站是完全免费的，这对于个体农户更好地宣传自己的农产品具有明显的促进作用。第二，咨询洽谈的功能。在所有的农产品电子商务交易网站中，要么有类似阿里旺旺之类的即时通信交流工具，要么有电子邮件地址，要么直接留有电话号码，通过这些工具，农产品需求者可以直接与农产品电商咨询洽谈。第三，网上成交的功能。经过咨询洽谈，如果农产品供求双方对业务没有疑义的话，则农产品买卖可以通过网络直接成交。与传统意义上的钱货两清的交易方式不同，农产品电子商务交易不需要经过双方的见面沟通，直接借助网络媒介就可以完成交易。当然，在网上成交的过程中，诸如网络支付等环节也是可以一并完成的。第四，服务传递的功能。在农产品电子商务交易过程中，虽然经过网络媒介可以直接将农产品卖出去，但是，农产品卖出去了，农产品电商还需要强化监督，做好后续工作。比如，在发货的时候，需要选择双方一致认可的物流公司，要确保物流公司能够快速有效地将农产品送到对方手中。第五，意见反馈的功能。在市场经济条件下，任何一家农产品电商都希望生意能够持久发展，因此，他们就必须高度重视农产品消费者的真实意见。对农产品电商来说，农产品消费者的直接反馈是极其重要的，对于开展以后的农产品电子商务具有重要的借鉴意义。比如，如果农产品消费者反映包装有问题，那么，在以后就应该积极主动地改变包装方式，提高服务质量，不断提高自身的口碑，让农产品电子商务越做越大。

五　农产品电商的概念内涵

从现有文献资料来看，绝大多数学者把农产品电商看作是农产品电子商务的简称。从本质上说，这并没有任何不妥之处。但是，如果要真正研究两者之间的区别，这也并不困难。从字面意义上来看，农产品电子商务可以看作是动词，是一种商务活动；而农产品电商，则可以看作是名词，是从事农产品电子商务交易活动的组织或个人。基于此，本书可以将农产品电商定义为在"互联网＋"时代背景下，以互联网为媒介，专门从事农产品产—供—销一体化的组织或个人。很显然，农产品电商具有以下几个方面的突出特点：第一，经济性。无论是从事农产品电商的个体农户，还是从事农产品电商的企业组织，从本质上来看，都是经济组织，都是以经济活动为中心的，在条件具备的前提下，都会追求并不断提高经济效益。当然，对于绝大多数农产品电商来说，他们仍然属于微观经济单位。第二，商品性。从某种意义上来看，农产品电商是商品经济组织者、商品生产者和经营者，是市场经济主体的重要组成部分，其经济活动是以市场为中心的。在绝大多数情况下，农产品电商的产出是商品，其自身也可能是商品（如某些特色农产品专卖店的店名就是无形资产）。第三，营利性。从农产品电商发展的历史轨迹来看，追逐利润是其最重要的目标。对农产品电商来说，如何又好又快又多地把农产品销售出去是其重要目标，在此过程中，可以获取尽可能多的利润。第四，独立性。农产品电商，无论是个体农户，还是专业的企业组织，在法律和经济上都是独立的，它拥有独立的、边界清晰的产权，具有完全的经济行为能力和独立的经济利益，实行独立的经济核算，能够自决、自治、自律、自立，实行自我约束、自我激励、自我改造、自我积累、自我发展。

基于理论和现实的角度，农产品电商的发展会受到以下几个方面因素的影响。具体来说，第一，农产品电商自身的禀赋会直接制约农产品电商的发展。农产品电商自身禀赋包括的内容较多，如农产品电商的性别、年龄、户籍、文化程度、健康状况等。从理论上来说，男性自主创业的热情更高，更有可能从事农产品电子商务；年轻的比年老的所拥有的专业知识（电脑知识）往往更丰富，从事农产品电子商务更有优势；农村有文化的、身体健康的青年从事农产品电子商务具有得天独厚的优势，极有可能会选择从事农产品电商作为自主创业的首选。第二，农产品电商家庭的禀赋会直接制约农产品电商的发展。农产品电商的发展，不仅会受到农产品电商个人方面因素的影响，还会在很大程度上受到农产品电商家庭各方面因素的影响和制约。在借鉴鲁钊阳和廖杉杉（2015a，2015b，2015c）研究成果的基础上，本书认为，现实中的农产品电商家庭禀赋至少应该包括家庭氛围、家庭收支状况、家庭供养人口数量等。① 一般来说，家庭具有民主氛围的、家庭收支相抵略有盈余的、家庭供养人口数量相对较少的农户更有可能从事农产品电子商务，因为家庭具有民主氛围的农户拥有更强的抵御风险的能力，即便是从事

---

① 具体参见鲁钊阳、廖杉杉《P2P 网络借贷对农产品电商发展的影响研究》，《财贸经济》2016 年第 3 期；《农产品电商发展的区域创业效应研究》，《中国软科学》2016 年第 5 期；《农产品电商发展的增收效应研究》，《经济体制改革》2016 年第 3 期。

农产品电子商务失败了，也不至于影响家庭的稳定和发展；即便是从事农产品电子商务，仍然是要有一定的资金投入的，一贫如洗的家庭从事农产品电子商务缺乏最基本的经济基础；家庭劳动力人数较多的农户，不仅可以保证农产品的大量生产，还有富余的人口来从事农产品电子商务。第三，农产品电商所在区域的政策会制约农产品电商的发展。从现实来看，区域政策的变化对于农产品电商的发展具有重要影响。一方面，地方政府支持、鼓励和引导农产品电商的发展，可以提升农产品电商的内在动力，有利于激发更多的符合条件的个体农户和企业从事农产品电子商务。另一方面，地方政府科学引导个体农户和企业有计划地从事特色农产品的生产，可以夯实农产品电商发展的基础。地方政府通过与其他互联网平台的合作，可以为从事农产品电商的个体农户和企业节约成本。第四，国家宏观层面的农产品电商政策对农产品电商发展有影响。国家宏观层面的政策，如国家信息化战略、国家对农村基础设施建设投入的战略等，都会直接影响农产品电商的发展。从现实来看，仅仅依靠地方政府的财力，中西部很多地区都无法完成农村信息化建设，也无法完成农村基础设施建设，这需要国家的大力投入。从某种意义上可以这样说，国家对基层的重视和投入，是农产品电商快速发展的基础。

作为"互联网＋"时代背景下的产物，农产品电商的发展得到了国家和地方政府的高度重视，这是与农产品电商自身的独特功能分不开的。具体来说，第一，农产品电商的组织功能。从目前国内农产品电商的发展来看，绝大部分农产品电商的力量都较为强大。在农村，农产品电商可以组织个体农户从事特色农产品生产，协调农户与市场之间的关系，与个体农户协同合作，一起闯市场。第二，农产品电商的中介功能。农产品电商可能是自产自销的单个农户，也可能是专门的农产品销售中介组织。作为中介组织，农产品电商扮演着个体农户与市场消费者之间的桥梁和纽带角色，通过农产品电商，个体农户加强了与市场经济之间的关系。第三，农产品电商的载体功能。在实际过程中，部分发展起来的农产品电商会从组织功能和中介功能中剥离出来，成为专业的农产品产—供—销一体化组织。实现由组织、中介到经济实体的转变是农产品电商发展过程中的一次质的飞跃，对增强农产品电商的市场竞争力、提高初级产品的附加值、增加成员收入具有十分重要的意义。第四，农产品电商的服务功能。向分散的个体农户提供产前、产中、产后的有效服务，是实施农业产业化经营必不可少的手段。由于农产品电商的根扎在农民这块土壤里，因此它对农户的服务最直接、最具体，从而成为农业社会化服务体系中不可取代的重要组成部分，成为维系农业产业化链条各环节得以稳固相联并延伸的生命线。

第二节　新常态下农产品电商发展与农村 经济发展的关系原理

一　新常态下农产品电商发展与农村第一产业的发展

按照产业划分的通常做法，产业可以划分为第一产业、第二产业和第三产业。其中，第一产业是指提供生产资料的产业，包括种植业、林业、畜牧业、水产养殖业等直接以自然物为对象的生产部门。第二产业是指加工产业，利用基本的生产资料进行加工并出售。第三产业是指第一产业、第二产业以外的其他行业，包括交通运输业、通信业、商业、餐饮业、金融保险业、行政、家庭服务等非物质生产部门。① 依据产业划分的通常做法，农村产业也可以划分为农村第一产业、农村第二产业和农村第三产业。进一步讲，农村第一产业的发展，主要指的就是农村种养殖业的发展，包括农村种植业的发展、畜牧业的发展、林业的发展和渔业的发展等。当然，无论是农村种植业的发展、畜牧业的发展，还是农村林业的发展、渔业的发展，每一类行业下面都可以分出较多的细分产业。新常态下农产品电商发展对农村第一产业发展的促进作用，可以从以下几个方面进行分析。

第一，农产品电商的发展对于促进新常态下农、林、牧、渔各产业的整体发展具有重要意义。从农、林、牧、渔各业的发展来看，随着国

---

① 关于产业划分及第一产业、第二产业和第三产业的概念内涵具体可参见臧旭恒、杨蕙馨、徐向艺《产业经济学》，经济科学出版社 2015 年版；苏东水《产业经济学》，高等教育出版社 2015 年版；高志刚《产业经济学》，中国人民大学出版社 2016 年版。

家对"三农"发展的日益重视，农、林、牧、渔各业发展取得了显著成效。一是粮食生产稳定发展。自 2004 年以来，中国粮食产量每年都在增加。2015 年，中国粮食总产量达到 12428.7 亿斤，比上年增长 2.4%。粮食产量再次突破 1.1 万亿斤，标志着中国粮食综合生产能力连续多年稳定在 1.1 万亿斤水平上，为中国粮食安全夯实了基础。① 二是巩固、完善和加强支农、惠农政策。自 2006 年农业税全面取消以来，国家持续加大对农业发展的投入，不断增加对种粮农民的直接补贴、良种补贴、农机具购置补贴和农业生产资料综合补贴，继续实行粮食最低收购价政策，进一步加大对财政困难县乡和产粮大县的支持力度。三是持续加大对农业农村的投入力度。从国家的角度来看，国家逐步重视农村基础设施建设和社会事业的发展，财政支农投入的增量、国家固定资产投资用于农村的增量、土地出让收入用于农村建设的增量会继续提高；与此同时，国家还高度重视农业保险，积极发展农业保险，扩大农业政策性保险试点范围。四是加快农业科技进步。加强农业科技创新能力建设，支持农业科技项目，加快农业科技成果转化，完善基层农业技术推广和服务体系，鼓励农业科技进村入户。统计资料显示，1981 年，中国农业科技进步贡献率为 30.45%；② 2013 年，中国农业科技进步贡献率为 55.2%。1981—2013 年，中国农业科技进步贡献率得到了显著提升。③ 五是全面推进农村综合改革。比如，国家进一步加大乡镇机构的改革，着力推进农村九年业务教育的改革，推进落实县乡财政体制改革；同时，国家稳步推进征地制度、集体林权制度改革，积极发展农民专业合作组织，继续清理和化解乡村债务。应该说，在国家的高度重视下，中国农业整体发展成效是非常明显的。但是，与国外发达国家和地区相比，中国农业发展水平还有待进一步提升，且不同地区之间农业发展水平存在较大的差异。通过农产品电商的发展，则可以在一定程度上

---

① 粮食产品何以"十二连增"，人民网（http://politics.people.com.cn/n/2015/1209/c1001-27903110.html）。

② 具体参见陆文聪、余新平《中国农业科技进步与农民收入增长》，《浙江大学学报》（人文社会科学版）2013 年第 4 期。

③ 具体参见鲁钊阳《财政支农支出、农业 FDI 对农业科技进步的影响》，《科技管理研究》2016 年第 9 期。

解决这些问题。以某个地区为例，无论农、林、牧、渔各业发展如何，通过农产品电商的发展都是可以获得实际收益的。如果说农、林、牧、渔各业产品丰富，则可以通过电商直接将富余的产品卖出去；如果说农、林、牧、渔各业产品比较匮乏，则可以通过电商直接从外地购买相应的产品。也就是说，不管是什么地区，只要有特色的农产品，无论是农、林、牧、渔业的哪一类，都可以通过互通有无的方式来获得收益，农产品电商的发展对于促进地区农、林、牧、渔各业的整体发展具有重要的意义。

第二，农产品电商的发展对于促进新常态下农、林、牧、渔各产业的协调发展具有重要意义。对于协调发展，国家是高度重视的。在中共十八届五中全会公报中，虽然"协调"二字出现的频率并不高，但是，协调确实是补齐发展短板、平衡诸多元素，实现全面小康社会的重点所在，是非常关键非常重要的发展理念。从理论上说，协调发展的重大意义在于处理好重大关系。从国家发展的角度看，就是要在把握中国特色社会主义事业总体布局的前提下，正确认识、分析和处理一切积极因素与消极因素之间的关系。既要看到改革开放以来中国经济社会在各方面所取得的成效，积累的宝贵经验，也要充分认识到当前经济新常态背景下的诸多矛盾与挑战。在"发展起来以后"的节点上，更加注重发展和治理的系统性、整体性、协同性，从而准确把握"十三五"时期中国发展环境的基本特征，破解发展难题，培植发展优势，弥补发展短板，拓宽发展空间，全力寻求并形成可持续发展的后劲。[①] 从目前的实际情况来看，农、林、牧、渔各产业的发展并不协调。在区域层面，东、中、西部的差距是非常明显的，东部某些地级市的 GDP 轻轻松松就超过西部某些省份的 GDP。以东部浙江省宁波市为例，宁波市下属的所有区、县均为全国百强县、市，整体经济实力雄厚，GDP 总量早已超过西部一些省级单位。不仅如此，东部省单位内部的发展差距也是十分明显的，比如浙江省内的丽水经济实力就相对较差，其 GDP 总量

---

① 国平：《补齐短板，协调发展》，人民网（http://opinion. people. com. cn/n/2015/1101/c1003 - 27762973. html）。

无法与杭州、宁波等城市相比。在具体产业层面，各省级单位之间农、林、牧、渔各产业发展差别极其明显。比如，山东省整体经济实力强，第一产业产值不仅总量大，而且在国民经济中所占的比重也大；进一步细分的话，山东省第一产业内部的种植业产值和渔业产值是非常可观的，但林业和牧业产值则相对较少。与山东不同的是，东北三省虽然也都是农业大省，但是，无论是农业、林业，还是牧业、渔业，整体发展态势并不太好，发展差距非常明显。农产品电商的发展，可以有效突破地域的限制，不仅可以跨区域将农产品卖出去，还可以跨区域购买自己所需要的农产品。通过农产品电商的发展，可以有效发挥不同地区的比较优势，通过互通有无的方式，发挥不同地域之间的比较优势，更好地促进区域农、林、牧、渔各产业的协调发展。在农产品电商缺失的情况下，农产品更多的是局限于本地销售，农产品需求者无法通过私人购买的方式快速有效地得到农产品。在农产品生产过剩，或者说是农产品无法在本地全部售卖出去的时候，经常会发生"谷贱伤农"的情况；在农产品电商快速发展的过程中，当农产品面临供过于求的时候，可以发挥网络的作用，将农产品卖到外地，实现农产品供求的均衡，这对于促进农业生产的健康稳定可持续发展也是具有重要的促进作用的。

第三，农产品电商的发展对于促进新常态下农、林、牧、渔各产业的特色发展具有重要意义。从目前国内农产品电商发展的实际情况来看，同质化竞争表现得尤为明显，在农产品差别并不是特别明显的情况下，到底哪家农产品电商会取得最终胜利，往往取决于其所采取的竞争策略，甚至在很多时候，低价销售成为取胜的法宝。从短期来看，低价销售确实可以让农产品电商在竞争中赢得先机，取得快速发展的机会；但是，如果从长期来看，低价恶性竞争必然会给这个农产品电商的发展带来毁灭性的灾害，对正常的农业生产经营活动也会带来直接的冲击。换句话说，在农产品电商发展过程中，依靠低价恶性竞争是不可以持久的。怎么样做才可以持久？农、林、牧、渔各产业必须走特色化发展道路，在夯实农产品电商产业基础的前提下，农产品电商的发展才可能实现健康稳定可持续发展。走特色化发展道路，一是要坚持"人无我有"的原则。农产品跟工业产品的差别较大，工业产品可以在不同的地区进行生产，工厂可以依据生产成本的高低，而四处转移地方，而农产品则不可以这样。因为农产品对地理条件的要求高，只有在相应的区域才可以生产出相应的农产品。这就决定了农产品的生产可以坚持"人无我有"的原则，从而确保自己生产的农产品是独一无二的，农业生产可以走特色化道路。在"互联网＋"的时代背景下，特色化的农产品完全可以依托网络媒介，突破地域限制，更广泛地在国内销售。在市场经济条件下，农产品消费者自身也是理性的经济人，如果不是特色化农产品，他们多会选择购买本地产的物美价廉的农产品，完全没有必要通过网络来购买外地生产的农产品。正是因为外地生产的农产品，受地理条件的限制，本地无法生产，农产品消费者不得不购买外地生产的农产品。二是要坚持"人有我优"的原则。除了可以坚持"人无我有"的原则外，还必须坚持"人有我优"的原则。也就是说，在某种农产品彼此双方都可以生产的前提条件下，可以按照优质农产品的生产标准来进行生产，力求在农产品电子商务交易过程中获得竞争优势。从目前国内的实际情况来看，对于同样的生鲜蔬菜，如果能够在生鲜蔬菜种植的过程中，严格按照传统方式来进行生产，不采用国家明文禁止使用的化肥、农药等，生产的蔬菜符合国家有机绿色的标准，自然就具有竞争优势；反之，即便是价格低廉，但农药残留超标的话，生鲜蔬菜很难有良好的销售市场。通过走特色化道路，农、林、牧、渔业各产业产品将在农产品电商激烈的竞争市场中获得竞争优势。反过来说，在农产品电商市场发展中，农产品消费者越来越注重有机、绿色、环保，那些农药残留过多的农产品，就不会有很好的销路，这就倒逼农、林、牧、渔各产业在生产过程中，必须高度重视特色化生产，这对于农、林、牧、渔各产业的健康、稳定、可持续发展具有重要的促进作用。

二　新常态下农产品电商发展与农村第二产业的发展

依据前文对产业划分方法的介绍，农村产业也可以划分为农村第一产业、农村第二产业和农村第三产业。基于研究的实际需要，农村第二产业主要包括四个方面的内容：对自然资源的开采（不包括禽兽捕猎和水产捕捞）、对农副产品的加工与再加工、对采掘品的加工与再加工、对工业品的修理与翻新等。当然，如果进一步细分的话，每一类行业下面都可以分出较多的细分产业。新常态下农产品电商发展对农村第二产业发展的促进作用，可以从以下几个方面进行分析。

第一，农产品电商的发展对于促进新常态下农村第二产业的创新发展具有重要意义。创新是一个民族的灵魂，没有创新就不会有发展，更不会有可持续发展。在农村工业化过程中，必须高度重视创新，需要以创新为核心来带动其他相关领域的发展。发达国家和地区的实践已经表明，创新是推动工业化进程的重要动力，没有创新做保证，工业化进程就不会得到快速推进，对农村工业化进程的推进来说更是如此。这是因为与城镇地区相比，农村地区本身经济就积贫积弱，如果沿袭既有的传统农业生产经营方式，农村工业化只可能是"先天失调，后天不足"，不可能有持续的发展；反过来，如果能够以创新为推动力的话，全面彻底破除农村既有的传统生产经营方式，不仅可以激发旧制度潜在的发展动力，还可以为新制度的构建夯实基础。以农副产品的加工与再加工为例，中国农副产品的加工与再加工业的发展是极其滞后的，由此直接导致了农副产品综合利用效率的低下，负面影响巨大。《农民日报》报道的信息显示，由于沿袭传统的农副产品处理方式，中国农副产品浪费极其严重。一是农副产品废料循环利用率低。2013 年，中国农作物秸秆约 8 亿吨，占农业生产物质总产量的 50%；粮油、果蔬、畜禽、水产品加工副产物 5.8 亿吨，其中 60%（远低于发达国家的 10%）被作为废物丢掉或简单堆放，形成秸秆、稻壳、酒糟、果渣、菜帮、骨血等农产品副产物的几座"大山"。这相当于 7 亿亩土地的投入产出和 6000 亿元的收入被损失掉。二是粮食加工综合利用率很低。目前粮食加工副产物达 1.8 亿多吨，其中米糠 2042 万吨，稻壳 4085 万吨，麦麸 2178 万吨，玉米芯 4000 万吨，玉米皮 4112 万吨，糟类 1800 万吨（酒糟 1500 万吨，醋糟 300 万吨），其中米糠、稻壳、米胚产量三项年均增长 1.6%，麦麸、小麦胚产量同比增长 3.1%；玉米芯、玉米皮产量年均增长 6.7%。稻壳不足 5%，碎米为 16%，米糠不足 10%，以碎米为最高，稻壳为最低。三是油料加工综合利用率较低。目前油料加工副产物9000万吨，年均增长3.9%，其中皮壳1000多万吨，饼、粕、油脚、皂脚等8000多万吨，综合利用率达到20%以上。四是果蔬加工综合利用率最低。目前果蔬加工副产物达2.4亿多吨，同比增长4.4%，其中叶、秧、茎、根、皮、渣等21265万吨，皮、渣、籽、壳、核等3021万吨（柑橘1584万吨，苹果1155万吨，葡萄264万吨），综合利用率不到5%。五是畜禽水产综合利用率稍高。畜禽屠宰加工副产物主要有骨、血、内脏、羽毛、皮毛等，产量总计5620万吨，同比增长5.4%。水产品加工副产物主要有头、皮、尾、骨、壳等，副产物总计1569万吨，同比增长5.4%。综合利用率畜类为29.9%，禽类为59.4%，水产为50%以上。① 在农产品电商快速发展的同时，上述很多问题都可以得到彻底有效解决。因为农产品的废角料，可以成为其他生厂商的重要原料。当然，这也会倒逼农产品生产者在加工农副产品时，需要自觉地采用现代先进技术进行处理，只有处理好的废角料才能够卖出更高的价格。

第二，农产品电商的发展对于促进新常态下农村第二产业的协调发展具有重要意义。协调发展对于农村第二产业的发展来说至关重要，因为"木桶原理"已经表明，某些方面产业发展的滞后将会严重影响整体的发展。实施协调发展战略，有条不紊地推动各产业的协调发展，是农村工业化发展的必然结果。从理论上来说，协调发展有两个方面的显著特点：一是协调发展可以有效解决"拉后腿现象"的发生。以农产品电商发展为例，如果农产品的初加工跟不上，农产品电商是没有办法进行的；如果农产品的包装跟不上，农产品电商也是无法开展的。也就是说，无论是农产品初加工，还是农产品包装，任何一个环节出现问题，都会对农产品电商的发展带来负面影响。换句话说，某些方面出现问题，就会严重影响农产品产—供—销一体化。二是协调发展可以实现"1+1＞2"的效果。在农产品电商发展过程中，要真正实现农产品

① 农业部产品加工局：《农产品加工副产物损失惊人，综合利用效益可期》，《农民日报》2014年8月9日第7版。

产—供—销一体化利益链条上各利益主体利益的最大化，需要协调各环节利益主体的沟通，要让所有的利益主体都充分认识到产—供—销是紧密联系的，某一个环节的问题可能会导致农产品消费者不再购买农产品，直接导致所有利益主体的利益受损。比如，农产品包装出现问题，极有可能会导致运输过程中农产品出现破损等现象，农产品消费者极有可能拒收破损的农产品，甚至以后不会再购买类似的农产品；如果所有的农产品消费者都作出类似的选择，长此以往，农产品电商就会面临灭顶之灾，这显然会对农产品产—供—销一体化利益链条上所有的利益主体产生直接的冲击；反之，如果在每一个环节上都不出现细节问题，农产品产—供—销一体化渠道能够持久畅通，这对于农产品产—供—销一体化利益链条上各利益主体是大有裨益的。从目前国内的实际情况来看，还没有哪个省级单位真正在农、林、牧、渔各产业发展方面都取得绝对优势，重要原因之一就在于产销不旺，甚至在很多时候会出现"谷贱伤农"现象。在农产品电商发展的情况下，这些问题会逐步得到解决。因为在农产品电商市场，农产品互通有无可以轻松实现，这就避免了某些地区可能出现的"谷贱伤农"现象；同时，在某一个特定区域，如果是种植业产品过剩的话，完全可以对农产品进行初加工，将其变为林业原料、牧业和渔业饲料，发展其他相关产业，通过其他相关产业的快速发展，来增加其他类型农产品的供应，最终也可以通过农产品电商的发展来售卖其他的农产品，实现区域内部各产业的健康稳定可持续发展。也就是说，农产品电商的发展对于促进新常态下农村第二产业的协调发展是具有重要意义的。

　　第三，农产品电商的发展对于促进新常态下农村第二产业的绿色发展具有重要意义。从理论上来看，绿色发展是一种经济增长和社会发展方式，追求的是效率、和谐与可持续发展。在经济发展过程中，贯彻落实绿色发展理念，实质上要求以人与自然和谐为价值取向，以绿色低碳为主要原则，以生态文明建设为抓手。在经济社会发展中，过去谈绿色发展更多地偏向城镇；随着农村经济社会的发展，农村工业化进程在加快，要杜绝边污染边治理的粗放模式，需要农村经济发展过程中高度重视绿色发展。从现有研究成果来看，虽然很少有学者专门研究农村第二产业的碳排放问题，但相关研究成果已经表明：石化能源在农村第二产业中的大量使用，制造了大量的碳排放。① 比如，农产品加工企业使用的机械设备，因为农村经济条件普遍较为滞后，大多没有考虑节能环保问题，不仅大量使用石化能源，而且这些能源使用的效率并不高，直接造成了资源使用的浪费。不仅如此，与国外发达国家和地区相比，对于农村废弃的农业机械设备，国内在回收处理方面并没有切实可行的办法，这些废弃的农业机械设备并没有循环使用，其自身也是一种资源的浪费。在农产品电商快速发展的过程中，政府可以倡导绿色消费的理念，支持、鼓励和引导线上与线下的紧密互动；通过互动，让更多的农产品消费者影响或者是倒逼农产品生产者、农产品加工者自觉践行绿色发展理念。比如，在国际贸易中，发达国家和地区经常针对发展中国家和地区采取绿色贸易壁垒政策，这就逼迫发展中国家和地区不得不在商品生产过程中贯彻落实绿色发展理念，否则商品将无法在海外销售。同样的道理，可以引导农产品消费者通过线下参观的方式，自觉抵制消费高能耗的农副产品，将主要消费的热点集中在低能耗的农产品方面，长此以往，就必然会对农产品生产者、农产品加工者的行为产生影响。从目前一些地区在农产品电商发展方面的成功经验来看，这些地区在销售农产品时，主打手工产品，所有用于销售的农产品均是手工制作，具有很强的地方特色和民族特色，这些农产品不仅节能环保，而且价格高；对于农产品消费者来说，如果对农产品没有特殊要求的话，在市场经济条件下，可以在城镇买得到几乎所有的农产品，但是，如果要购买真正的节能环保的农产品，或者说是具有地方特色、民族特色的农产品，要么到农村购买，要么通过农产品电商购买。从农村经济发展的趋势来看，在农产品电商的影响下，越来越多的农产品生产者和农产品加工者将进一步认识到，只有走绿色发展道路，农业生产经营活动才能够更加持久；否则，将会被淘汰。

---

① 具体参见鲁钊阳《省域视角下农业科技进步对农业碳排放的影响研究》，《科学学研究》2013 年第 5 期。

三　新常态下农产品电商发展与农村第三产业的发展

依据前文对产业划分方法的介绍，农村产业也可以划分为农村第一产业、农村第二产业和农村第三产业。基于研究的实际需要，可以认为农村第三产业主要包括农产品贸易、农产品运输与配送及与之相关的其他产业。新常态下农产品电商发展对农村第三产业发展的促进作用，可以从以下几个方面来进行分析。

第一，农产品电商的发展对于促进新常态下农村第三产业的创新发展具有重要意义。从中国的实际情况来看，农村第三产业的发展是极其滞后的，严重制约着农产品电商的发展。从业态的角度来看，现有的第三产业业态难以满足实际发展的需要。随着城镇化进程的加快，城镇对农村辐射影响力显著提升，城镇出现的各种新业态也将逐步在农村出现，但在城乡间诸多差距的影响下，新业态在城镇和农村出现的时间是存在差异的。比如说，电子商务的发展在城乡之间的差距就比较明显，农产品电商发展的差距则更大。从农村经济社会发展的实际情况来看，作为农民增产增收、规避"谷贱伤农"现象发生的重要保证，农产品电商的发展必须与时俱进，遗憾的是，目前城乡间农产品电商发展仍存在较大的差距。从成效的角度来看，现有第三产业的发展会直接影响第一产业和第二产业的发展。发达国家和地区农村第三产业发展的实践已经表明，农村第三产业的发展是与农村第一产业和农村第二产业的发展紧密相关的，三者之间是互相促进的。农村第三产业发展的滞后，直接影响农村第二产业的发展，因为农村工业化的稳步推进需要农村第三产业提供相应的配套服务。比如说，农村第二产业发展生产出来的农副加工品，没有第三产业发展的支持，将不会找到合适的销路，还会反过来影响农村第二产业的发展。同样的道理，农村第三产业发展滞后，也会直接影响农村第一产业的发展。从现实来看，农村第一产业发展所需要的农业生产资料，需要农村第三产业的发展予以提供。从影响的角度来看，第三产业长期发展滞后会导致农村商业氛围和商业意识较为薄弱。在二元经济体制的作用下，城乡之间的差距会越来越明显，第三产业发展的城乡差距也会越来越大。与城镇第三产业的发展相比，农村第三产业起步晚，规模小，创新力度不够，可持续发展能力不强，长期发展缓慢的农村第三产业直接导致农村商业氛围薄弱，商业意识不强，相当部分农村居民无法像城镇居民一样拥有敏锐的商业头脑。与其他的产业相比，农产品电子商务具有自身显著的特色，对创业者所需要的资金量少，不要求创业者具备高超的人际沟通技巧，是农村第三产业的典型代表。农产品电商的发展，不仅仅可以直接帮助个体农户和企业组织创业，还能够在很大程度上直接带动农村第一产业和农村第二产业的发展；因为农村第一产业可以为农产品电商的发展提供坚实的物质基础，而农村第二产业的发展则可以在很大程度上直接增加农产品的附加值，这对于农产品电商的发展来说都是至关重要的。总之，农产品电商的发展对于促进新常态下农村第三产业的创新发展是具有重要意义的。

第二，农产品电商的发展对于促进新常态下农村第三产业的协调发展具有重要意义。从中国农村第三产业发展的现状来看，农村第三产业内部各产业之间不协调性表现得尤为明显。一是生产与运输环节之间脱节的现象较为常见。随着农业科技进步速度的加快，只要外界环境不出现大的变化，农产品的有效稳定供给是不会存在问题的。问题的关键是，农产品生产出来以后如何运输出去，运输成为制约农业经济发展的重要因素。换句话来说，农村基础设施建设的滞后，直接影响了农村物流服务的发展，也进一步导致农产品生产与运输环节的脱节。从国内的实际情况来看，平原地区农村基础设施建设整体状况较好，物流服务水平高，农产品生产与运输环节衔接较好；而在丘陵山区，农村基础设施建设历史欠账较多，物流服务难以满足实际需要，农产品生产与运输环节之间脱节现象较为常见。二是生产与销售环节之间脱节的现象十分常见。农产品的产销问题是否通畅，对于农业生产经营活动的顺利开展具有重要影响。如果农产品的产销通畅的话，农户生产积极性高，农业生产经营活动可以正常开展；反之，如果农产品产销不通畅，"谷贱伤农"现象频繁爆发，农户长期增产不增收，则正常的农业生产经营活动将被彻底打乱。从目前的实际情况来看，个体农户无法准确预知农产品市场的发展行情，盲目或者是跟风从事农业生产，一旦市场农产品价格出现大的波动，农户将成为农产品价格波动的最直接受害者；也就是说，在市场经济条件下，个体农户难以抵御市场经济的风险，农产品生产与销售脱节现象是较为常见的。三是运输和销售环节之间脱节的现象是常见的。即便是农产品能够生产出来，市场上对农产品的需求量大，在运输与销售脱节的情况下，农产品也不能够顺利销售出去。从中国的实际情况来看，农产品产—供—销三个环节之间是很难有效匹配的，每一个环节在组织生产经营活动时，更多的是从自身利益出发，缺乏协调性。在农产品电商发展的情况下，农产品要销售出去，需要农产品生产者、农产品加工者、农产品运输者、农产品销售者等的通力合作。由于农产品电商可以突破地域的限制，在农产品市场稳定的情况下，农产品产—供—销各相关利益主体的积极性被调动起来，他们将会依据市场行情的变化，在最大限度地节约成本的前提下组织农产品的产—供—销。从某种意义上可以这样说，农产品电商的发展不仅仅是政府引导的结果，更是个体农户和农业企业自发创新的必然结果，因为要解决农产品的销售问题，在本地农产品市场既定的条件下，必须寻找更广阔的外地市场。

第三，农产品电商的发展对于促进新常态下农村第三产业的绿色发展具有重要意义。在 2015 年 3 月 24 日中央政治局会议上，绿色化被率先提出。绿色化提出的更深层次意义在于，绿色化将被提升到与新型工业化、城镇化、信息化和农业现代化同等重要的地位，"四化"变"五化"。按照绿色化发展理念的基本要求，绿色化发展理念应该被贯彻落实到经济社会发展的每一个环节，农村第三产业的发展也必须贯彻落实绿色化发展理念，绿色发展是农村第三产业发展的必然选择。比如，在生产环节，要求农产品生产者严格按照有机、绿色、生态的理念来从事农业生产，不违规使用农药和化肥等农业生产资料，特别是不要违规使用农药，以免农药残留导致农产品消费者出现有机磷中毒现象的发生；在包装环节，要在坚持节能环保这一理念的前提下，不使用不容易分解的塑料制品，提倡使用可以循环利用的包装盒子、纸袋等，积极倡导各级各类企业能够高度重视废料的使用，变废为宝，通过对废料的使用来减少资源的浪费；在运输环节，支持、鼓励和引导物流公司使用新能源运输工具，大力推广诸如冷链物流等新型农产品储存方式，尽量减少农产品在运输途中的不必要损耗；在具体售卖环境里，要根据农产品的实际情况，在法律法规允许的范围内，分级分类尽可能地将农产品全部卖出去，尽可能地减少农产品的浪费。从中国的实际情况来看，政府不可能对农产品消费者进行全面彻底的监管，也不可能将绿色环保理念贯彻到农产品消费者身上，通过农产品电商的发展，政府则比较容易做到这一点。考虑到农产品电商都是通过网络进行交易的，政府可以与农产品电商交易平台合作，采取公益广告的形式将绿色环保理念告知每一位农产品电商，农产品电商可以在售卖农产品的过程中，从包装材料的使用、物流公司的选择、废弃农产品的处理等方面来贯彻政府的绿色化发展理念。比如，政府可以与淘宝网合作，将相关的公益广告发给淘宝网，通过淘宝网的即时通信工具阿里旺旺及时将有关绿色环保的广告发给每一位凡是登录阿里旺旺的农产品电商及农产品消费者。实际上，这种无纸化的宣传方式本身就是节能环保的体现。同时，考虑到在市场经济条件下，政府不应该过多地干预市场经济，可以通过鼓励农产品电商选择采用新能源的物流公司，加大对采用新能源物流公司的扶持力度，进而倒逼市场上所有的物流公司都采用新能源运输工具，在减少石化能源使用的同时，也减少汽车尾气的排放。也就是说，只要全方位、多角度地对农产品电商采取高效合适的引导方法，是可以在农村第三产业发展中更好地贯彻落实绿色化发展理念的。

第三节　新常态下农产品电商发展的综合评价指标体系

一　电子商务发展的评价指标体系

上文已经就电子商务的概念内涵进行了详细说明，对电子商务的特点和功能也进行了分析。作为互联网时代的产物，电子商务的发展备受重视，国内外都对电子商务的发展出台了专门的支持政策；在这些政策的直接作用下，电子商务的发展取得了前所未有的实际成效。即便如此，学者们对电子商务评价指标体系的研究却相对欠缺。从现有文献资料来看，相关研究主要体现在两个方面，分别是电子商务网站的竞争力综合评价指标、城市电子商务的竞争力综合评价指标。

在电子商务网站的竞争力综合评价指标研究方面，王伟军

（2003）、赵蓉英和杨瑞仙（2007）、卢涛和董坚峰（2008）、汪勇和魏巍（2010）、马海群和吕红（2011）的研究成果具有一定的代表性。①基于研究的实际需要，本书重点介绍马海群和吕红（2011）的研究成果，他们从安全、服务、信息、技术和品牌五个维度构建了电子商务网站的综合评价指标体系（如表3.1所示）。在安全层面，设置的具体指标有能否保证用户信息不受侵犯，电子商务网站是否有网络安全保障体系，是否对用户进行实名认证；在服务层面，设置的具体指标有买卖及用户之间交流服务，能否保证交易支付安全性，有无良好的物流体系支持，退换货服务是否有保障，买卖双方信用评价体系是否合理；在信息层面，设置的具体指标有信息是否符合客户的实际需求，网站收录的商品信息是否全面，商品信息是否正确，信息是否能够保持更新；在技术层面，设置的具体指标有C2C电子商务网站的请求反应速度，用户界面设计是否友好，检索途径是否多样，对检索结果是否满意；在品牌层面，设置的具体指标有C2C电子商务网站的外部链接数多少，网站的网络知名度、影响力、所占市场份额、成交量。需要特别说明的是，无论是在准则层还是在指标层，都有相应的权重赋值。与其他学者的研究相比，马海群和吕红（2011）的研究所设置的指标体系较为全面系统，具有很强的可操作性。在此基础上，对四大典型的C2C网站综合竞争力进行了评估；无论是对拍拍、淘宝的测度，还是对易趣、有啊的测度，基本上每一家网站在某些方面都具有自身的特色。总体上来看，对于电子商务网站竞争力的评价，到底哪一个评价指标体系更好，需要具体问题具体分析。在某些时候，评估电子商务网站竞争力时，还需要充分考虑实际数据资料的可得性；只有在数据可得性有保障的前提条件下，电子商务网站竞争力评估才能够得到保障。

---

① 具体参见王伟军《电子商务网站评价研究与应用分析》，《情报科学》2003年第6期；赵蓉英、杨瑞仙《我国C2C网站的评价指标体系研究与实证分析》，《情报科学》2007年第11期；卢涛、董坚峰《中美电子商务网站评价比较研究》，《情报科学》2008年第4期；汪勇、魏巍《电子商务网站的层次分析法评价模型构建》，《湖北大学学报》（自然科学版）2010年第1期；马海群、吕红《C2C电子商务网站竞争力动态模糊综合评价研究》，《情报科学》2011年第10期。

表 3.1　　　　　　　　C2C 电子商务网站竞争力评价指标体系

目标层	准则层	指标层	底层指标解释
电子商务网站竞争力	安全（0.42）	隐私保密（0.35）	能否保证用户信息不受侵犯
		网络安全（0.35）	电子商务网站是否有网络安全保障体系
		网络认证（0.30）	是否对用户进行实名认证
	服务（0.26）	服务交流（0.15）	买卖及用户之间交流服务
		支付平台（0.25）	能否保证交易支付安全性
		物流体系（0.20）	有无良好的物流体系支持
		退换货服务（0.15）	退换货服务是否有保障
		信用评价体系（0.25）	买卖双方信用评价体系是否合理
	信息（0.10）	实用性（0.30）	信息是否符合客户的实际需求
		全面性（0.20）	网站收录的商品信息是否全面
		准确性（0.25）	商品信息是否正确
		新颖性（0.25）	信息是否能够保持更新
	技术（0.16）	网站响应速度（0.25）	C2C 电子商务网站的请求反应速度
		用户界面（0.30）	用户界面设计是否友好
		检索途径（0.15）	检索途径是否多样
		检索结果（0.30）	对搜索结果是否满意
	品牌（0.06）	网络可见度（0.20）	C2C 电子商务网站的外部链接数多少
		网络影响力（0.30）	网站的网络知名度、影响力
		市场占有率（0.50）	所占市场份额、成交量

　　资料来源：马海群、吕红：《C2C 电子商务网站竞争力动态模糊综合评价研究》，《情报科学》2011 年第 10 期。

　　与马海群和吕红（2011）等研究成果不同的是，毛彦妮和王菲菲（2012）运用共联网络分析法，分析了国内电子商务网站的竞争力。[①]共被链，亦即共链接（简称"共链"），就是两个网页（网站）同时被第三方网页（网站）链接，其主要思想来源于共引分析。共链接分析假设两企业网站的共链数是可测度的。在此基础上的两个假设分别是：

---

　　① 具体参见毛彦妮、王菲菲《基于共链网络分析的国内电子商务网站竞争力探析》，《图书情报工作》2012 年第 18 期。

一是两企业间的相似性，共链数越多，其业务相似度越高；二是两企业的业务联系，共链数越多越可能存在密切的联系，如供应链中的两个企业或者生产同一产品中两种重要组件的企业。因为共链是第三方的行为，所以一般认为具有客观可靠性，可以发现许多潜在的信息。[①] 基于共链网络分析方法，毛彦妮和王菲菲（2012）以国内电子商务市场中份额最大的 46 家企业为例进行了研究，最终研究成果表明：相似的公司聚集在一起，可以根据其业务类型、主营产品以及关系属性等分成不同的组，其中可涉及 B2B、C2C、B2C 以及旅游服务类网站、网络支付网站、专门的网络商城、电子商务交流平台和门户网站等。很显然，运用共链网络分析方法具有可以不设计具体指标体系来进行分析的优势，在实际操作过程中，具有更为方便快捷的特点。

在城市电子商务的竞争力综合评价指标研究方面，黄浩等（2012）、李征（2015）的研究成果具有很强的代表性。[②] 黄浩等（2012）从吸引力、管理力和辐射力三个大的方面来进行绩效评价，其中，吸引力包括信息基础设施、电子商务人才储备、物流水平和支付环境，管理力包括法律法规建设、信用体系建设、管理团队和领导能力，辐射力包括电子商务的经济带动作用、B2C 企业影响力、团购企业影响力。与黄浩等（2012）研究不同的是，李征（2015）的研究更为具体，相关指标体系如表 3.2 所示。从表 3.2 中不难看出：准则层、要素层和指标层是层层递进的，准则层包括三个方面的主要因素，分别是吸引力、管理力和辐射力；吸引力层面包括政法环境、经济环境、社会环境和技术环境；管理力包括政府管理力、行业管理力、产业组织；辐射力包括交易能力、产业效应和社会效应；政法环境包括电子商务相关政策、电子商务相关法律、行业和标准；经济环境包括经济规模、经济效率、发展成本、产业层次、商贸发展水平、资本竞争力、物流发展水平、企业经营成本、电子支出水平、电子商务服务业发展水平；社会环

---

① 具体参见杨思洛《基于共链分析的 IT 企业国内与全球市场情况对比探究》，2012 年 2 月 25 日，http://www.Libseek.com/cacp－A－7236554.html。

② 具体参见黄浩、荆林波、洪勇、李征《基于五城市的电子商务影响力评价》，《电子商务》2012 年第 3 期；李征《电子商务影响力的实证研究：来自中国 22 个电子商务示范城市的证据》，《国际商务》2015 年第 5 期。

境包括城市发展水平、创新精神、人才竞争力、城市信用水平；技术环境包括 IT 基础设施指数、科技竞争力；政府管理力包括电子商务管理组织、政府服务能力；行业管理力包括行业协会规模、行业协会管理组织、行业协会活跃度；产业组织包括电子商务产业园区规模、电子商务产业园区级别、B2C 网商数量、B2B 网商数量；交易能力包括电子商务交易额、交易辐射、消费者应用；产业效应包括产业带动、企业应用、产业转型升级、产业创新、品牌效应；社会效应包括就业、社会影响力。

表 3.2　　　　　　中国城市电子商务影响力综合评价指标体系

目标层	准则层	要素层	指标层
中国城市电子商务影响力综合评价指标	吸引力	政法环境	电子商务相关政策、电子商务相关法律、行业和标准
		经济环境	经济规模、经济效率、发展成本、产业层次、商贸发展水平、资本竞争力、物流发展水平、企业经营成本、电子支出水平、电子商务服务业发展水平
		社会环境	城市发展水平、创新精神、人才竞争力、城市信用水平
	管理力	技术环境	IT 基础设施指数、科技竞争力
		政府管理力	电子商务管理组织、政府服务能力
		行业管理力	行业协会规模、行业协会管理组织、行业协会活跃度
		产业组织	电子商务产业园区规模、电子商务产业园区级别、B2C 网商数量、B2B 网商数量
	辐射力	交易能力	电子商务交易额、交易辐射、消费者应用
		产业效应	产业带动、企业应用、产业转型升级、产业创新、品牌效应
		社会效应	就业、社会影响力

资料来源：李征：《电子商务影响力的实证研究：来自中国 22 个电子商务示范城市的证据》，《国际商务》2015 年第 5 期。

二　新常态下农产品电商发展的综合评价指标

要构建新常态下农产品电商发展的综合评价指标体系，首先有必要弄清楚企业发展能力的综合评价指标。什么是企业？企业一般是指以营利为目的，运用各种生产要素（土地、劳动力、资本、技术和企业家才能等），向市场提供商品或服务，实行自主经营、自负盈亏、独立核算的法人或其他社会经济组织。很显然，企业具有以下几个方面的显著特点：其一，企业是以特定利益为目的的经济组织。对于绝大多数企业来说，获取尽可能多的利润是其开展生产经营活动的首要目标，但对于一些特殊的企业（如公共企业）来说，追逐利润并不是其首要目标，反而提供公共产品是其首要目标。当然，在当前经济形势下，国内外企业除了追逐利润，还要承担社会责任，没有社会责任的企业是不可能获得可持续发展的。其二，绝大多数企业自身是独立的法人。之所以说是绝大多数企业，主要是因为企业并非一定是法人，还包括了合伙企业、个人独资企业等。作为法人，企业自主经营、自担风险、自负盈亏、自我发展，也就是说，在法律法规允许的范围内，企业正常的生产经营活动不应该受到行政的干扰。其三，企业自身是社会经济的组成部分。从全社会整体的角度来看，社会经济包括众多的组织，作为经济组织的企业是社会经济的重要组成部分。其四，企业是一个经济运行系统。从全社会的角度来看，企业与企业之间是紧密相连的，B 企业可能是 A 企业的下游企业，也可能是 C 企业的上游企业，企业之间是内在地联系在一起的，任何企业都不可能在完全封闭的环境下生存和发展。[1] 以摩托车为例，一辆摩托车需要 2000 多个零部件，对某一家摩托车生产厂商来说，它们可能只是生产 2000 多个零部件中的几个零部件，其他的零部件则完全通过配套的方式由其他兄弟厂家提供；摩托车生产出来后，又通过网络销售体系销售出去。在整个摩托车产—供—销一体化过程中，企业与企业之间是紧密地联系在一起的。

在弄清楚了什么是企业及其特点的基础上，有必要进一步弄清楚企业发展的理论内涵；只有弄清楚了企业发展的内涵，才能够更好地研究企业发展的测度指标以及新常态下农产品电商发展的综合评价指标。什么是企业发展（Enterprise Development）？一般来说，企业发展（Enterprise Development）指的是企业自身积极面对未来不确定的未知环境，

---

① 具体参见尤建新、雷星晖《企业管理概论》，高等教育出版社 2010 年版；邓焱《企业管理概论》，科学出版社 2011 年版；吴申元《现代企业制度概论》，首都经济贸易大学出版社 2016 年版。

努力使企业与时俱进，不断实现企业成立之初的目标。通常来说，企业发展可以分为以下几个类型：一是企业的平衡发展。企业的平衡发展，也叫企业的平稳发展，是企业发展的理想状态，是企业能够准确预判外界环境的发展趋势，积极主动适应环境，逐步实现预定发展目标的发展方式。企业平稳发展表现为：企业营业收入增长率应该高于通货膨胀率；企业收支相抵应该有盈余；企业资金结构符合财务管理的一般要求，企业支出各项费用能够得到有效控制。二是企业的过快发展。企业过快发展，指在一定的时期内，企业营业额增长速度较快，而与之相对应的是企业存货与应收账款也显著增多，且后两者的增长速度快于前者，企业运营资金需求增多，但企业自身并没有足够多的资金来维持企业的正常运转。一般来说，企业之所以过快发展，主要是因为企业家自身对企业发展的环境判断失误，或者是一味追求企业发展的规模而脱离企业自身的实际能力，从而导致企业面临流动资金难以满足实际运营的需要。三是企业的失控发展。企业的失控发展，指的是外界发展环境变化速度非常迅速，企业无法适应外界环境的变化，从而导致企业内部资金使用失控。在失控发展状态下，企业面临的市场需求增长过快，企业预期增长持续增加，为此企业多通过借款的方式来维持运转；一旦市场需求减少，因生产能力已经扩大，固定费用支出增加，企业却发生了销售困难，资金结构极不合理且难以转变，造成发展失控。四是企业的负债发展。企业的负债发展，指的是企业家对外界环境的判断完全失误，或者是企业自身存在严重的问题，不得不通过举债的方式来维持企业的正常运转。一般来说，负债发展对企业来说是极其危险的，在市场经济条件下，大规模的负债极有可能直接导致企业的破产。五是企业的周期性发展。企业的发展与国家整体经济形势的发展是紧密相关的，受宏观经济形势的影响，企业可能会出现时好时坏的发展态势。当然，只要企业能够在经济形势不景气的条件下生存和发展，当经济形势好转后，企业将会迅速发展起来。六是企业的低速发展。企业的低速发展，指的是企业盈利率较低，没有新增生产能力，也没有新产品进入市场，企业投资已经收回，流动资产和流动负债均没有增长。这些企业对竞争很敏感，企业的投资与发展没有保障。七是企业的慢速发展。企业的慢速发展，指的是企业主动投资减少，企业营业额增长放慢，但企业流动资产仍有增长。可能是企业产品竞争能力降低，也可能是企业盈利率降低，难以再投资。[①]

在弄清楚上述概念内涵的基础上，从理论和现实的角度出发，基于研究的实际需要，分析企业发展能力可以从以下八个方面来进行考虑：一是营业收入增长率。营业收入增长率，是企业当年营业收入增长额与上年营业收入总额的比率，反映企业营业收入的增减变动情况。在实践中，营业收入增长率＝当年营业收入增长额/上年营业收入总额×100%。其中，当年营业收入增长额等于当年营业收入总额减去上年营业收入总额。一般来说，营业收入增长率大于零，表明企业当年营业收入有所增长。该指标值越高，表明企业营业收入的增长速度越快，企业市场前景越好。二是资本保值增值率。资本保值增值率，是企业扣除客观因素后的本年末所有者权益总额与年初所有者权益总额的比率，反映企业当年资本在企业自身努力下实际增减变动的情况。其计算公式为：资本保值增值率＝扣除客观因素后的本年末所有者权益总额/年初所有者权益总额×100%。一般来说，资本保值增值率越高，表明企业的资本保全状况越好，所有者权益增长越快，债权人的债务越有保障。三是资本积累率。资本积累率是企业当年所有者权益增长额与年初所有者权益的比率，反映企业当年资本的积累能力。其计算公式为：资本积累率＝当年所有者权益增长额/年初所有者权益×100%。资本积累率越高，表明企业的资本积累越多，应对风险、持续发展的能力越强。四是总资产增长率。总资产增长率，是企业当年总资产增长额同年初资产总额的比率，反映企业本期资产规模的增长情况。其计算公式为：总资产增长率＝当年总资产增长额/年初资产总额×100%。其中，当年总资产增长额等于年末资产总额减去年初资产总额。总资产增长率越高，表明企业在一定时期内资产经营规模扩张的速度越快。五是营业利润增长率。营业利润增长率，是企业当年营业利润增长额与上年营业利润总额的比率，反映企业营业利润的增减变动情况。其计算公式为：营业利润增长

①　具体参见胡伟《企业发展模式：协同进化的观点》，经济管理出版社 2011 年版；李成勋《企业发展战略学》，社会科学文献出版社 2012 年版；孙林杰《中小企业的发展与创新》，经济管理出版社 2014 年版。

率＝当年营业利润增长额／上年营业利润总额×100%。其中，当年营业利润增长额等于当年营业利润总额减去上年营业利润总额。六是技术投入比率。技术投入比率，是企业当年科技支出（包括用于研究开发、技术改造、科技创新等方面的支出）与当年营业收入的比率，反映企业在科技进步方面的投入，在一定程度上可以体现企业的发展潜力。其计算公式为：技术投入比率＝当年科技支出合计／当年营业收入×100%。七是营业收入三年平均增长率。营业收入三年平均增长率表明企业营业收入连续三年的增长情况，反映企业的持续发展态势和市场扩张能力。一般认为，营业收入三年平均增长率越高，表明企业营业持续增长势头越好，市场扩张能力越强。八是资本三年平均增长率。资本三年平均增长率表示企业资本连续三年的积累情况，在一定程度上反映了企业的持续发展水平和发展趋势。①

　　在上文分析的基础上，借鉴鲁钊阳和廖杉杉（2015a，2015b）的做法，从偿债能力、营运能力和盈利能力三个维度来研判农产品电商的发展。因为从中国的实际情况来看，农产品电商从业者虽然不需要向国家缴纳相应的税收，但农产品电商自身却具有诸如组织性、经济性、商品性、营利性、独立性等企业的基本属性，因此，在某种意义上可以把农产品电商看作是特殊的企业。同时，由于本书采用的是问卷调查数据，因此，拟从偿债能力、营运能力和盈利能力三个维度来研判农产品电商的发展。②

---

① 具体参见余伟萍《企业持续发展之源：能力法则与策略应用》，清华大学出版社、北京交通大学出版社 2005 年版；牛霞《企业会计学》，中国农业出版社 2009 年版；刘国峰、马四海《企业财务报表分析》，机械工业出版社 2010 年版。

② 具体参见鲁钊阳、廖杉杉《P2P 网络借贷对农产品电商发展的影响研究》，《财贸经济》2016 年第 3 期；《农产品电商发展的区域创业效应研究》，《中国软科学》2016 年第 5 期；《农产品电商发展的增收效应研究》，《经济体制改革》2016 年第 3 期。

第四章 农产品电商发展的历史与现实考察

作为电子商务领域的重要组成部分，农产品电商的发展虽然很快，但其自身发展的历程却较短。要全面研究农产品电商发展的理论与实践问题，需要全面梳理农产品电商发展历史，需要对农产品电商发展的现实进行考察，科学认识农产品电商发展的目前形势，并准确预测农产品电商发展的未来趋势。需要特别说明的是，农产品电商发展方面的公开数据资料较为少见，特别是成系统的数据资料不多；因此，基于研究的实际需要，在对农产品电商发展的现实考察方面将会使用微观调查数据资料。

第一节 农产品电商发展的历史考察

一 电子商务发展的历史考察

作为互联网时代的产物，电子商务发展的历史虽然不久，但是，发展成效则是十分显著的。从某种意义上可以这样说，电子商务已经改变了我们的生活，已经成为当代年轻人生活的重要组成部分。对电子商务发展的历史考察，可以从两个大的方面来进行：一是电子商务发展的历史；二是电子商务发展的阶段。从表面上来看，电子商务发展的历史与阶段是同一个问题；但若仔细考虑的话，不难发现两者其实是存在显著差异的。前者更为具体，而后者则更为宏观，后者是建立在前者的基础之上的。如果不能够对电子商务发展的历史进行把握的话，则很难对电子商务发展的阶段性作出科学合理的划分。进一步讲，不能够对电子商务的发展历程进行剖析，自然难以对大的宏观背景下农产品电商发展的历史与现实进行科学合理的分析。

从电子商务发展的历史角度来看，电子商务发展可以划分为五个不同的历史时期，分别是起步期、雏形期、发展期、稳定期和成熟期。具体来说，第一，电子商务发展的起步期（1990—1993年）。要研究电子商务的起步，不得不回顾电子计算机的发展。实际上，早在1889年，赫尔曼·何乐礼（美国科学家）就研制了以电力为基础的电动制表机，专门用于储存计算资料；1930年，范内瓦·布什（美国科学家）造出了世界上第一台模拟电子计算机；1946年2月14日，世界上第一台电子计算机"电子数字积分计算机"（ENIAC Electronic Numerical And Calculator）在美国宾夕法尼亚大学问世。在以后的几十年里，电子计算机的发展速度突飞猛进。1946—1958年、1958—1964年、1964—1970年、1970年至今，电子计算机的发展先后经历了电子管数字机、晶体管数字机、集成电路数字机、大规模集成电路机等发展阶段。作为电子计算机发展的产物，电子商务的发展起步要缓慢很多。以中国为例，1990—1993年，中国电子商务才开始起步，且这一时期主要以电子数据交换为主。第二，电子商务发展的雏形期（1993—1997年）。在雏形期，政府组织实施了"三金（金桥、金关、金卡）工程"，这为电子商务的发展打下了坚实的基础。实际上，"金桥工程"的具体目标是建立一个覆盖全国并与国务院相关部委相连的国家共用经济信息网，主要是基于国家层面来建设的；与之不同的是，"金关工程"是国家外贸企业的信息系统实联网，推广电子数据交换技术（EDI），实行无纸贸易的外贸信息管理工程；而"金卡工程"则是以推广使用"信息卡"和"现金卡"为目标的货币电子化工程。除"三金工程"外，其他信息化建设的"金字工程"还有金智工程（与教育科研有关的网络工程）、金企工程（全国工业生产与流通信息系统）、金税工程（与税务有关的信息网络工程）、金通工程（与交通信息系统有关的信息网络工程）、金农工程（与农业信息系统有关的信息网络工程）、金图工程（中国图书馆计算机网络工程），以及金卫工程（中国医疗和卫生保健信息网络工程）。一系列"金字工程"的实施，为电子商务的发展奠定了坚实的基础。第三，电子商务的发展期（1998—2000年）。1998年3月18日，中国第一笔互联网网上交易顺利实现；1998年

10月，国家经贸委与信息产业部联合宣布启动以电子贸易为主要内容的"金贸工程"，它是一项在经贸流通领域推广网络化应用、开发电子商务的大型应用试点工程；1999年3月，8848等B2C网站正式开通，网上购物进入实际应用阶段；1999年兴起政府上网、企业上网，电子政务（政府上网工程）、网上纳税、网上教育（湖南大学、浙江大学网上大学）、远程诊断（北京、上海的大医院）等广义电子商务开始启动，并已有试点，并进入实际试用阶段。1998—2000年，中国电子商务的发展取得了快速发展，并逐步付诸实践。第四，电子商务发展的稳定期（2000—2009年）。2000—2009年，电子商务不再仅仅局限于政府办公网络体系范畴，而是迅速开始向实体产业扩张、渗透，传统的产业开始大量使用B2B，B2B也越来越多地被实务界所认可，这标志着中国电子商务已经进入了健康、稳定、可持续发展的历史时期。第五，电子商务发展的成熟期（2009年以来）。3G的蓬勃发展促使全网全程的电子商务V5时代成形，电子商务已经受到国家高层的重视，并提升到国家战略层面。

从电子商务发展的历史阶段来看，电子商务发展可以划分为五个不同的发展阶段。

第一个阶段是电子邮件阶段。从现有文献资料来看，学者们都较为一致地认为，电子商务发展的第一个阶段是电子邮件阶段；但是，学者们在电子邮件的产生方面却存在着争议，至今都没有达成完全统一的认识。比如，有学者认为，世界上第一封电子邮件产生于1969年10月，认为当时计算机科学家K. Leonard教授给他的同事发了一条简短的消息，这标志着电子邮件的产生；也有学者认为，电子邮件诞生于1971年，当时MIT的博士Ray Tomlinson为了把一个可以在不同的电脑网络之间进行拷贝的软件和一个仅用于单机的通信软件进行了功能合并，并将其命名为SNDMSG（即Send Message）；为了测试，他使用这个软件在阿帕网（美国国防部专门资助的网站）上发送了第一封电子邮件，收件人是另外一台电脑上的自己，这就是世界上最早的电子邮件。无论电子邮件是1969年产生的，还是1971年产生的，都无法否认在电子商务发展的第一阶段主要是以电子邮件为代表的。在早期，中国网络基础设施建设的硬件和软件都是不完善的，不具备电子商务全面拓展的条件，电子邮件对互联网的硬件和软件要求相对较低，自然而然也就成为电子商务发展第一阶段的重要主题。

第二个阶段是信息发布阶段。从严格意义上来说，Web 技术出现于 1989 年 3 月；到了 1995 年，以 Web 技术为代表的信息发布系统的发展速度尤为迅猛，成为 Internet 的主要应用平台。Web 本意是蜘蛛网，在网页设计中被称为网页，现在又被翻译为网络、互联网等，其主要表现为超文本（hypertext）、超媒体（hypermedia）、超文本传输协议（HTTP）三种形式。通常意义上的 Web 技术，是开发互联网应用的技术总称，一般包括 Web 服务端技术和 Web 客户端技术。1989—1995 年，无论是 Web 服务端技术还是 Web 客户端技术都有了显著的进步，为 Web 技术的大规模推广应用夯实了基础。随着 Web 技术的全面推广，实务界开始大量采用 Web 技术。以中小企业为例，过去中小企业营销成本高，实际成效不明显，"谷贱伤农"的现象屡见不鲜；随着 Web 技术的推广应用，大量中小企业开始转变粗放式的营销模式，转而采取精准式的营销模式；与过去相比，随着精准营销模式的采用，中小企业不仅可以极大地节约营销成本，还可以稳步提高实际营销的成效。在电子商务的第二个阶段，Web 技术的优势日益凸显，中小企业开始大量使用 Web 技术来发布信息，电子商务日益得到实务界的重视。

第三个阶段是电子商务阶段、EC 阶段。1997 年 11 月 25 日，亚太经合组织第五次领导人非正式会议在加拿大西部城市温哥华召开，来自中国、美国、日本、韩国、澳大利亚、新西兰、菲律宾、马来西亚、新加坡、印度尼西亚、泰国等 16 个主权国家的国家元首或政府首脑以及中国香港、台北的相关代表参会。虽然本次会议主要讨论的是东南亚地区的金融危机，进一步推动贸易和投资自由化，吸收新会员等，但在本次会议上美国总统克林顿提出的关于敦促各国共同促进电子商务发展的议案，引起了与会者的高度重视和广泛关注。[①] 在本次会议之后，各国政府都充分认识到商业信息通过 Internet 传递是时代发展的必然，Internet 将成为商业信息社会的神经网络。1998 年，IBM、HP 和 Sun 等国际著名的信息技术厂商宣布 1998 年为电子商务年。在国际形势的直接刺

---

① 具体参见梅红《亚太经合组织第五次领导人非正式会议简况》，《国际研究参考》1997 年第 12 期。

激和影响下，中国电子商务发展迅速，通过 Internet，推介单位信息成为企事业单位的惯常做法。

第四个阶段是全程电子商务阶段。随着 SaaS（Software as a Service）软件服务模式的出现，软件纷纷登录互联网，这直接延伸了电子商务的链条，促成了电子商务的全程发展。从现实来看，电子商务的全程发展是商品产—供—销各环节的电子化。在生产环节，生产者要对市场行情有清晰科学的判断，要能够根据实际的市场行情来组织商品生产，而对相关信息的了解需要借助互联网。在运输环节，物流公司要求借助网络信息来安排商品的运输，将商品及时运输到需要的市场。一般来说，现在大型物流公司对信息的准确度要求较高，精准的信息服务不仅有利于物流公司最大限度地节约成本，还有利于物流公司更好地提供物流服务。在销售环节，如何推介商品，如何与商品需求者洽谈，如何收款，如何发货，如何对待商品需求者的相关信息反馈，这一切工作的完成都依赖于网络，都需要有健全、科学、高效的网络信息服务。也就是说，要借助网络完成商品的产—供—销一体化各个环节，实现全程电子商务服务，需要强有力的软硬件做支撑。SaaS 软件服务模式的日益完善，确保了全程电子商务的实现。

第五个阶段是智慧阶段。2011 年，随着互联网信息碎片化和云计算技术的日益成熟，主动互联网营销模式开始出现，i - Commerce（individual Commerce）顺势而出，电子商务摆脱传统销售模式被生搬上互联网的现状，以主动、互动、用户关怀等与用户进行多角度、深层次的沟通。其中以 IZP 科技集团提出的 ICE 最具有代表性。这里要说的是，所谓的云计算（cloud computing），按照美国国家标准与技术研究院（NIST）的说法，指的是一种按使用量付费的模式，这种模式提供可用的、便捷的、按需的网络访问，进入可配置的计算资源共享池（资源包括网络、服务器、存储、应用软件、服务），这些资源能够被快速提供，只需投入很少的管理工作，或与服务供应商进行很少的交互。① 很显然，在云计算的快速发展下，被动互联网营销模式逐步被取代，主动

---

① 具体参见《十种简单方法有效保护云数据安全》，http://www.cstor.cn/textdetail_4934.html。

互联网营销模式必将成为历史的潮流，进而进一步引导电子商务走向智慧阶段。

二 农产品流通贸易的历史考察

作为历史悠久的文明古国，农产品贸易流通在中国的历史源远流长。基于研究的实际需要，本节拟对 1949 年以来的农产品贸易流通进行分析。1949 年以来，中国农产品流通贸易可以划分为三个大的历史阶段，分别是起步阶段（1949—1978 年）、初步市场化阶段（1978—1991 年）、加速发展阶段（1992 年至今）。通过这三大历史阶段的划分，不难看出：农产品的流通是逐步从管制阶段向初步市场化、市场化发展阶段过渡的，市场化是农产品流通发展演化的趋势。当然，考虑到农产品自身的特殊性，即便是在市场化阶段，政府及其主管部门也不会彻底放松对农产品流通的引导；在某些特殊的情况下，政府及其主管部门还有可能取消农产品的市场化流通，转而走向管制的道路。[①]

在农产品流通的起步阶段，也就是 1949—1978 年，依据政策变动的划分，又可以把农产品流通划分为两个阶段：一是自由购销阶段（1949—1952 年）。1949—1952 年，新中国刚成立，中国进入国民经济恢复时期。这一时期，不同性质的商业种类并存，既有社会主义的国营商业、集体主义的合作社商业，又有个体商业、民族资本主义商业以及国家资本主义商业等。当时，经过长期的战乱，国家的农业生产经营活动遭受了极大的破坏，交通运输极其不方便，工农业生产水平低下，政府实际掌握的农产品非常有限，农产品市场上投机活动猖獗。为了稳定市场上农产品的价格，国家当时采取的是自由购销和市场调节相结合的流通体系和价格制度，制定和实施了"公私兼顾、劳资两利、城乡互助、内外交流"等一系列经济政策，促进了各级各类商业主体的发展。从整体上来看，1949—1952 年，国营商业对农产品产—供—销的控制能力不断增强，其中，国营商业在农产品的批发市场环节处于主导地位，而对零售环节农产品的控制力较弱，农产品流通主要以市场调节为

---

① 需要特别说明的是，李碧珍在《农产品物流模式创新研究》（社会科学文献出版社 2010 年版）一书中对农产品流通的历史进行了非常翔实的介绍，本节内容对其有借鉴。

主。从参与农产品流通经营的主体结构上看，当时五种性质的经济主体之间实行公平竞争，国家通过国有经济与其他经济主体公平、合法的竞争来逐步实现对农产品产—供—销一体化的完全控制。从实际运输情况来看，经过多年的战乱，农产品基础设施建设极其滞后，无论是在铁路、水路方面，还是汽运、航空方面，国家农产品的运输能力都很薄弱；基础设施建设的滞后，导致市场上人为哄抬物价的现象较为常见。这一时期，随着国有经济主体对农产品产—供—销一体化各个环节的逐步介入，国家对农产品的控制力不断增强，并逐步在农产品流通市场占据主导地位；当然，受当时经济社会发展环节的制约和影响，这一时期农产品的产—供—销一体化脱节的现象仍然十分明显。

二是政府完全控制物流活动阶段（1953—1978 年）。1953 年，中国共产党提出了过渡时期的总路线，即"一化三改造"。也就是在一个相当长的时期内，一是要逐步实现社会主义工业化，这是总路线的主体；二是要逐步实现对农业、手工业和资本主义工商业的社会主义改造，这是总路线的两翼。在此大的背景下，国家实行的是高度集中的计划经济体制，流通企业的唯一职责是通过计划收购和计划供应保证指令性分配计划的实现。其一是计划收购。农产品的产—供—销严格执行国家的计划指令。以农产品的生产为例，国家下达生产指令，各地区严格按照计划执行；重要的农副产品的销售实行按照经济区域统购统销或者派购限销。1953 年 11 月，国家对粮食、油料实行统购统销，1954 年 9 月，实行棉花统购统销和棉布统销，随后对生猪、鲜蛋、茶叶、皮革及中药材等重要农产品实行派购和统一收购，涉及品种达 180 多种；[1] 交易价格是由行政力量决定的，也就是说，商品严格按照三级批发流通体系实行单渠道流通，以国营和合作商业为代表的公有制商业成为商品流通领域的唯一主体，实行指令性或指导性价格；关闭集市，限制区域交换，严禁长途贩运，小商小贩、手工业和服务业全部并入集体。[2] 其二是计划供应。随着三大改造的完成，高度集中的计划经济体制开始建

---

① 具体参见陈廷煊《1953—1957 年农村经济体制的变革和农业生产的发展》，《中国经济史研究》2001 年第 1 期。

② 具体参见李碧珍《农产品物流模式创新研究》，社会科学文献出版社 2010 年版，第 97 页。

立，从此有关农产品流通的铁道部、交通部、民航总局、邮电局、外贸部、全国供销合作总社、农业部等一律成为国有，农产品在不同地域之间的流通严重依赖于高层调拨，农产品的采购、运输、仓储、包装、加工、运输、配送等涉及不同的政府主管部门，一切都是严格按照国家的计划指令来进行的，企业没有任何的自主权，农产品流通的环节进一步增多。总体上看，1953—1978 年，中国农产品的流通完全是由国家计划主导的，资源分配和农产品供应完全按照行政区域来进行，农产品产—供—销一体化各个环节严重脱节，农产品产—供—销一体化各个市场完全被限制，若非国家的批准，农产品不可能在国内市场自由流通。

在农产品流通的初步市场化阶段，也就是 1978—1991 年间，又可以将其划分为两个不同的阶段：

一是农贸市场大发展阶段（1978—1984 年）。在高度集中的计划经济体制时期，统购统销的农产品流通体制的弊端日益明显；中共十一届三中全会后，以市场为取向的商品流通体制改革（农产品流通体制改革）开始实施。1978—1984 年，高度集中的商品流通体制改革（农产品流通体制改革）开始被废除，农产品物流模式开始从单一的国营模式向"三多一少"模式转型，形成了多种经济成分、多条流通渠道、多种经营方式和减少流转环节的农产品物流新格局。具体地讲，第一，调整和改革农产品购销体制，减少统购派购的农产品品种。比如，国家不再对粮食等主要农产品的产量和播种面积实施指令性计划，逐步减少统购统销和派购限售的品种和数量。除棉花外，粮食、油料、生猪等各种农副产品在完成政府计划收购外，允许进入市场流通。第二，恢复、发展农村集贸市场、传统农副产品专业市场，支持、鼓励和引导不同所有制的农产品物流主体的发展。随着家庭联产承包责任制的全面推广，中国粮食和农副产品的产量迅速提高，除上缴国家外，多余农产品与农副产品需要通过市场进行交易。为了搞活农村经济，繁荣农村农产品与农副产品交易市场，国家开始鼓励和培育农村集贸市场，逐步形成了不同所有制共同竞争的农产品销售市场。随着国家对农产品和农副产品市场的放开，农产品和农副产品也开始在不同地区之间流动；当然，从事农产品和农副产品在不同地区之间流通的，不仅包括国有企业，还包括大量的私有经济。不仅如此，这一时期物流问题开始得到重视。物流业开始从打破系统限制、地域限制、行业限制的角度发展，农产品的产—供—销一体化问题开始受到高度重视和广泛关注。在农产品物流过程中，有关运输、仓储、包装、装卸、流通加工等物流环节不断得到优化，物流通路开始拓宽，物流系统的整体效益不断提升。

二是以农产品批发市场为主导的发展阶段（1985—1991 年）。1985年"中央一号"文件《关于进一步活跃农村经济的十项政策》明确规定：第一，改革农产品统购派购制度。国家不再向农民下达农产品统购派购任务，按照不同情况，分别实行合同定购和市场收购。第二，大力帮助农村调整产业结构，继续贯彻决不放松粮食生产、积极发展多种经营的方针。第三，进一步放宽山区、林区政策。第四，积极兴办交通事业。第五，对乡镇企业实行信贷、税收优惠。第六，鼓励技术转移和人才流动。第七，放活农村金融政策，提高资金的融通效益。第八，按照商品经济的要求，积极发展和完善农村合作制。第九，进一步扩大城乡经济交往，加强对小城镇建设的指导。第十，发展对外经济、技术交流。[①] 在该文件的指引下，国家取消了粮食、食油、棉花等农产品的统购统销制度，改为合同收购（后来又改为国家订购）；水果、蔬菜、畜产品、水产品等鲜活农产品逐步走向宏观调控下的自由流通和市场调节。随后，国有和合作社经济逐步退出了农产品流通领域，但遗憾的是，小规模的集贸市场无法组织大规模农产品的异地交易，农产品批发市场应声而出。与此同时，国家也充分认识到基础设施建设的滞后对经济发展的影响，包括物流基础设施在内的农村各项基础设施建设取得了显著成效，铁路、公路、港口、码头、仓库、机场等基础设施建设纷纷上马。总体上看，这一时期，中国农产品物流市场处于市场化的初步阶段，应该说，并没有完全消除计划经济体制时期的影响。比如，国家虽然在物流市场方面较为放松，但是，国家对农产品物流市场的规模和流向干预仍然较多，铁路、公路、港口、码头、仓库、机场等仍然牢牢掌握在国有经济手中，私有经济在使用国有经济牢牢控制的各项物流基础设施时，还存在较大的阻力，并不是真正意义上的市场经济。

---

① 具体参见《1985 年"中央一号"文件》，中国经济网（http://www.ce.cn/cysc/ztpd/08/gg/1985/zcbj/200811/24/t20081124_17480490.shtml）。

在农产品流通的加速发展阶段，也就是 1992 年至今，又可以将其划分为两个不同的阶段：一是契约型物流运行阶段（1992—1997 年）。1992 年 1 月 18 日到 2 月 21 日，邓小平视察南方，并发表了重要讲话，国家各项改革的力度进一步加大，农村改革进入全面向市场经济转变的阶段。从 1993 年起，农产品物流特别是粮食物流实现了从计划定价和市场定价的双轨制向市场单轨制的转变。随后，国家实施了"菜篮子工程"计划，加快农产品生产基地建设，使得以企业为主体的农产品物流得到了快速发展。随着"农户 + 加工企业""农户 + 运销企业""公司 + 农户 + 保险""公司 + 合作社"等物流模式的快速发展，农产品流通进一步加强。与过去单纯的农产品物流相比，1993 年以来，农村工业也得到了快速发展，农产品加工业开始受到重视，初级农产品的加工、保鲜、包装发展迅速，农产品附加值显著提高，农业生产经营活动进一步发展。这一时期，以物流基础设施建设为例，截至 1997 年底，中国铁路营业里程达到 6.60 万公里，公路实现通车里程 122.64 万公里，内河航运里程 10.98 万公里，民航里程 142.50 万公里。[1] 尽管如此，与蓬勃发展的农村经济实际需要相比，中国农村物流基础设施建设还存在较大的改进空间，比如，农产品产—供—销一体化的"最后一公里问题"始终没有得到卓有成效的解决，特别是对中西部山区来说，"谷贱伤农"现象时有发生，农产品"卖难"问题始终没有得到解决。

二是农产品物流加速发展的初级化阶段（1998 年至今）。1998 年，国家实施了以"三项政策、一项改革"为重点的粮食流通体制改革，这些措施对农民增产增收具有显著的促进作用。"三项政策、一项改革"具体来说就是：粮食企业按保护价敞开收购余粮，粮食收储企业实行顺价销售，农业发展银行收购资金封闭运行，同时，加快粮食收储企业自身改革。需要特别说明的是，由于国家垄断的粮食收购体制与市场调节的农产品购销体制改革目标相差太远，农产品流通体制改革还有待进一步深化。为此，国家采取措施深化第三方农产品物流模式改革。李碧珍（2010）认为，政府深化第三方农产品物流模式改革，主要体

---

[1] 具体参见李碧珍《农产品物流模式创新研究》，社会科学文献出版社 2010 年版，第 103 页。

现为：第一，明确国家扶持的粮食品种按保护价收购，推动种植业结构的调整。与国外发达国家和地区相比，中国农业生产率较低，农业种植结构难以满足市场经济发展的实际需求。特别是在人民群众生活水平不断提高的情况下，单纯的粮食产品实际收益低，在某些时候，会直接出现"谷贱伤农"现象，需要根据市场需要，调整农村种植业产业结构。第二，明确加大国家对以仓储为代表的物流基础设施的投入力度。1998—2003 年，国家累计新建商业冷藏库 2522 万吨、粮食仓库 1085 万平方米，并配备了大量先进的技术设备和管理手段。[①] 不仅如此，国家对长江沿线冷库仓储进行了扩建翻修，保证了长江沿线各港口的农产品储运能力。第三，投入巨资进一步强化各地区的基础设施建设。针对产粮大省与粮食消费区的实际情况，国家对东北、长江、西南、京津地区相关枢纽的基础设施建设进行了扩建，保证了粮食在不同地区之间的运输。为了保障生鲜农产品的运输问题，国家还专门开辟了"绿色通道"，确保生鲜农产品能够及时快捷地在全国各地流通，显著改善农产品的物流效率。第四，高度重视第三方物流公司的发展。崔宁波等（2004）的研究成果表明，截至 2004 年底，全国国有粮食购销企业总数由 1998 年的 30434 个调整为 2004 年的 20522 个，国有粮食企业改制 7027 个，占全部购销企业总数的 34%；与此同时，其他多种所有制粮食企业达到 10 万个以上。诸如广东、福建等一些开放较早的省份，多种所有制市场主体所占比例甚至高达 80% 以上[②]。第五，进一步加大对农产品物流业的支持力度。2004 年 9 月，国家发改委、商务部、公安部、铁道部、交通部、海关总署、税务总局、民航总局、工商总局联合制定了《关于促进我国现代物流业发展的意见》；2005 年 1 月，交通部会同相关部门联合发布了《全国鲜活农产品流通"绿色通道"建设实施方案》；2005 年 9 月，国家计委、农业部等单位联合下发《关于加快农产品流通设施建设的若干意见》等文件。这些文件的出台，显著改善了中国农产品流通的环境，提高了农产品流通的效率，为中国物流产

---

① 具体参见赵勤《中国现代农业物流问题研究》，博士学位论文东北林业大学 2006 年。

② 具体参见崔宁波、陈石波、矫健《我国农产品物流主体的发展沿革及培育对策》，《东北农业大学学报》（社会科学版）2008 年第 4 期。

业的健康发展创造了良好的机会和条件。

从上述对农产品流通历史阶段的划分不难看出，在不同的历史时期，中国农产品流通的模式是不断发生变化的。李碧珍（2010）认为，农产品物流的演进是一个分阶段的过程，每个阶段都存在着迥然不同的运行范式，而各个时期的差异点集中反映了当时情况各异的经济背景、社会背景以及政策制定者不同的思想理念。① 准确地说，1949 年以来，中国农产品流通模式主要有三种，分别是计划主导型模式、"双轨制"物流模式和社会专业化物流模式。

农产品流通的计划主导型模式。新中国成立初期，由于受战乱的破坏，农业生产经营活动几乎处于停滞状态，农产品供应严重不足，物流基础设施发展缓慢，为保障大中城市居民主要农产品的供应，维护社会的稳定，国家采取的是"就地生产、就地供应"的计划主导型农产品物流运作模式。这种模式具有以下几个方面的突出特点：从农产品物流参与主体的角度来看，随着高度集中的计划经济体制的确立，农产品流通也逐步被国有商业、国有粮食企业、供销合作社等国有、集体经济完全控制。在高度集中的计划经济体制下，曾经活跃的农村集贸市场等也逐步被取消；实际上，除了满足自己的基本口粮需要外，个体农户也没有多少可以用于交换的农产品。这一时期，农产品的生产、销售（严格按照国家指令）、保管、运输完全通过自身来解决；国字号的粮食流通企业都建有自己的仓库，更多的是承担农产品的采购、运输与保管的职责。这一时期，并不存在专门从事农产品产—供—销一体化的个体户和私营企业。从农产品物流的渠道供应链来看，因为是"就地生产、就地供应"，所以，农产品一般都是由村公所到镇政府再到县政府，一级一级转运地，农产品流通的渠道简单，链条较短；对于城郊的农村来说，农产品直接转运到离城郊最近的城市，就近转运。也就是说，这一时期，农产品供应的渠道是很短的，农产品大规模跨区域流动非常少。从农产品流通的分级管理角度来看，基于农产品的不同分类，国家对不同农产品采取分类管理。比如，粮食主要由粮食商业系统组织流通，棉

---

① 具体参见李碧珍《农产品物流模式创新研究》，社会科学文献出版社 2010 年版，第 105 页。

花和麻类主要由供销合作社组织流通，生猪、鲜蛋、蔬菜等则由其他的国有商业系统组织流通。需要特别说明的是，对同一地区的不同种类农产品采取不同政府主管部门负责流通的模式存在着严重的弊端，表现最明显的就是不同政府主管部门基于自身工作的需要，大规模搞重复性的物流基础设施建设，造成了大量资源的浪费。从农产品流通的信息沟通角度来看，由于农产品的产—供—销均依赖于政府的指令性计划，下层具体操作单位并没有多少主动权，更多的是执行上级的行政命令，这就导致了下层具体操作单位工作积极性不高。

农产品流通的"双轨制"物流模式。中共十一届三中全会以后，随着家庭联产承包责任制在中国的全面实行，农村生产力得到了极大的解放，农村商品经济的发展也取得了显著成效，高度集中的计划经济体制时期的农产品流通模式难以满足时代发展的需要，"双轨制"应运而生。在"双轨制"模式下，国家计划订购的粮食、棉花、粮油等仍然采用计划经济体制时期的物流模式来操作，对于其他的农产品、农副产品则采取以"批发市场"为中心、集市交易和其他零售网点为基础、现代物流为先导的批发市场主导模式，也就是市场经济模式。在这种模式下，国家严格控制的粮食、棉花、食油等产品供求不稳定，而完全由市场调节的其他农产品、农副产品的生产则相对稳定。农产品流通的"双轨制"物流模式，具有以下几个方面的显著特征：第一，在"双轨制"模式下，政府对农产品的流通依然是干预的，只不过干预的程度存在差异。粮食、棉花、食油等农产品的调控主体始终是政府，即便是在批发市场大规模发展时，批发市场也离不开政府的监管。第二，在"双轨制"模式下，同时存在着计划型物流主体与市场化物流主体。前者主要是供销合作社、国有和集体的农产品企业、粮食专业外贸公司，后者主要包括个体工商户、农贸市场批发商、城市零售商等。第三，在"双轨制"下，多种经营方式是并存的。粮食、棉花、食油等计划调控的农产品依然沿袭计划经济时代的"现货买卖"经营模式；同时，集生产、加工、批发、拍卖、零售及经营于一体的企业化经营模式也开始大量出现，比较典型的有郑州粮食交易市场、上海嘉定区封浜批发市场等。第四，在"双轨制"下，不同农产品参与主体的物流环节是存在差异的。比如，政府严格控制的粮食、棉花、食油等重要农产品严格由供销合作社、国有商业、粮食商业等专业流通机构来组织流通，每个流通机构都有从乡镇到城市的农产品仓储点、转运中心以及销售网络和渠道。与之不同的是，批发市场、农贸市场则有自己的特色，产—供—销各个环节是分开的，批发市场和农贸市场更多的精力集中在收购、转运农产品方面，对于农产品的生产与具体销售并不负责，更不会直接参与。

农产品流通的社会专业化物流模式。20世纪90年代以后，随着市场经济的发展，农产品市场化程度逐步提高，"双轨制"物流模式逐步被淘汰，诸如加工企业主导模式、连锁企业主导模式、中介组织主导模式、第三方物流模式等多种社会专业化物流模式开始涌现。多种农产品物流模式的涌现，稳步提升了农产品商品化率，拓宽了农村富余劳动力的就业渠道，增加了农民收入，直接导致了农业的多元化发展和城镇化进程的加快。从总体上看，社会专业化物流模式具有以下几个方面的特征：第一，在农产品供应链上，农产品的产—供—销在大多数情况下是分开的。在市场经济条件下，农产品生产者生产什么、生产多少、以什么样的标准来生产，这些都是由市场所决定的；作为理性的经济人，农产品生产者会根据市场需要来安排组织农业生产。与之相类似的是，农产品的收购者、运输者、销售者也都会在严格遵守国家法律法规的前提下，根据自身利益最大化的原则来组织自己的生产经营活动。甚至在某些情况下，农产品的产—供—销是跨地区实现的，农产品互通有无的现象在市场经济条件下变得越来越常见；只要有利润，农产品产—供—销各利益主体会跨区域通力协作以完成农产品的销售。第二，在农产品供应链上，农产品物流主体多样化趋势明显。从实际来看，个体农户、农产品中介者、农产品销售者、大型农贸超市等都会根据自身利益最大化的原则来参与农产品物流。特别是当农产品初加工可以极大地提升农产品附加值时，各利益主体均会投入人力、物力和财力来提升农产品的附加值，确保自身获得尽可能多的利润。由于农产品的初加工技术含量不高，一般的个人或组织都是可以直接涉入的，因此，在市场经济条件下，从事农产品初加工的主体只可能越来越多。第三，区域性的农产品转运中心专业化程度高。在市场经济条件下，虽然不同的利益主体都是可以直接参与到农产品流通过程中来的，但是，个体农户永远无法与大型的物流公司相比。一般来说，大型物流公司物流成本更低，效率更高，在物流市场中处于更有利的地位。基于竞争优势的考虑，绝大多数物流公司都会选择在农产品生产基地或者是交通枢纽成立专门的转运中心，直接将农产品通过更高效快捷的方式转运全国各地。第四，信息沟通在农产品流通中的重要性日益凸显。如果是"就地生产、就地销售"，农产品产—供—销各环节中信息沟通的重要性并不是特别明显。在市场经济条件下，农产品跨区域销售的情况十分常见，到底如何运输、运输多少、运输什么、什么时候运输，这些对于农产品物流公司或者是农产品销售企业来说都是极其重要的，直接关系到它们的实际利润；要确保选择恰当的交通工具、运输适量的农产品且保证在合适的时间到达目的地，信息就显得非常重要，在信息获取方面占优势的主体往往获利更为丰厚。第五，农产品的直接生产者特别是个体农户极有可能成为农产品价格风险的直接受害者。在市场经济条件下，个体农户不可能准确预测市场上农产品价格波动情况及其走势，如果市场行情不存在任何问题的话，个体农户会获得收益；一旦市场行情发生变化，个体农户处于农产品产—供—销各环节的最初始环节上，极有可能成为市场价格波动的直接受害者，这也是"谷贱伤农"现象发生的重要原因所在。

三　农产品电子商务发展的历史考察

从国内外农产品电子商务发展的历程来看，虽然农产品电子商务发展的历史较短，但是发展速度却较快，可以划分为不同的发展阶段。大体上来说，可以划分为七个阶段，分别是 1994—1998 年、1998—2004年、2005—2012 年、2012—2013 年、2013—2014 年、2014 年以及 2015年至今。当然，洪涛（2015）认为，农产品电子商务发展阶段可以划分为 1998—2005 年、2005—2012 年、2012—2013 年、2013—2014 年、2014 年至今五个大的发展阶段。[①] 基于研究的实际需要，本节将农产品电子商务的发展按照七个阶段来进行分析。

第一阶段：1994—1998 年。随着互联网技术的飞速发展，政府高

---

① 　具体参见洪涛《农产品电商模式创新研究》，《农村金融研究》2015 年第 8 期。

度重视互联网信息技术在农业领域的综合运用。早在 1994 年，中国农业信息网和中国农业科技信息网相继开通，这为农产品电子商务的发展夯实了基础。以中国农业信息网为例，1994 年农业部官方网站正式开通，1996 年正式建成。截至目前，中国农业信息网已经形成以 54 个精品频道、28 个专业网站以及各省、市、自治区农业网站为依托，全国各级政府农业网站联网运行，成为最具权威性和最具影响力的国家级农业综合门户网站，日均点击数达 340 万次，访问量稳居国内农业类网站的首位，全球农业类网站的第二位。在政府的引导下，信息技术开始在农产品电商领域处于引入阶段。可以说，当前农产品电商的快速发展，离不开政府的重视和引导；如果没有政府的重视和引导，农产品电子商务难以发展。

第二阶段：1998—2004 年。随着市场经济的不断发展，国家农产品流通体制改革也不断深入，一直由国家严格控制的诸如棉花、粮食等重要战略性农产品开始在市场经济的影响下改变流通方式。1998 年，郑州商品交易所集诚现货网（现在更名为郑州华粮科技股份有限公司、中华粮网）成立，2005 年 10 月，中央储备粮网开始网上交易。中华粮网是集粮食 B2B 交易服务、信息服务、价格发布、企业上网服务等功能于一体的粮食行业综合性专业门户网站。截至目前，中华粮网拥有各类信息栏目 200 余个，网站每日发布的文字信息、价格信息、供求信息等达 1000 余条，其中文字信息日平均达 20 万字。网站点击率平均每天达 140 万次，最高日点击率达 200 万次。在过去高度集中的计划经济时期，重要的战略性农产品是不可能上网交易的，即便是在平时的市场条件下，也很难在网上进行大规模交易；这两个标志性网站的建成、运行，彻底解决了重要战略性农产品的流通问题，这在很大程度上直接刺激了国内其他农产品的网上交易，为后面中国农产品电子商务的进一步发展创造了条件，也让更多的农产品流通主体认识到网络信息技术在农产品流通中的独特优势。

第三阶段：2005—2012 年。2005 年是中国农产品电子商务交易历史上最值得高度关注的一年，这一年，生鲜农产品开始在网上交易。2005 年，上海易果电子商务有限公司成立，搭建"悠悦会"（综合食品服务网络平台），致力于推广安全、健康的食品文化，努力营造和谐、环保的品质生活氛围。在互联网交易过程中，消费者尤为关注食品的"安全""美味"，对虚假宣传高度警惕，对坑蒙拐骗深恶痛绝；针对这些情况，"悠悦会"以专业买手的身份，高度重视生鲜农产品的精挑细选，逐步建立"易果""原膳""乐醇""锦色"等品牌，覆盖中国人饮食结构的主要部分。同时，以上海、北京为圆心，建立起全国定时冷链配送网络，将"新鲜美味"延伸至客户餐桌。基于对生鲜农产品品质的保障，"悠悦会"在服务方面作出如下承诺：全年无休，即使节日当天也能为您送货，服务到家；购物满 100 元免收配送费，真诚到家；48 小时退换货保证，品质到家。从总体上看，"悠悦会"发展迅速，取得了显著成效。在"悠悦会"的直接刺激下，2008 年和乐康、沱沱工社做生鲜农产品交易。2009—2012 年，市场涌现了一大批生鲜农产品电子商务交易网站，相关配送服务也有了显著的发展。可以这样说，生鲜农产品上线交易，彻底改写了农产品交易的历史，是农产品流通史上的又一场革命，彻底改写了电子商务交易的内涵和外延。当然，需要高度重视的是，虽然市场上各级各类农产品电子商务交易网站众多，但是，同质化竞争问题是无法规避的，部分农产品电子商务网站利润较为薄弱，甚至是亏损运营。

第四阶段：2012—2013 年。由于生鲜农产品网上交易的门槛相对较低，特别是在以"四通一达"为代表的快递业飞速发展的同时，各种各样、大大小小的农产品电商开始涌现；当然，在此过程中，生鲜农产品之间的竞争也不可避免，生鲜农产品品牌问题日益引起业界的高度重视和广泛关注。以褚橙进京、荔枝大战两个重要事件在北京的出现为标志，生鲜农产品电商品牌运营一时成为热点，越来越多的农产品电商认识到品牌的重要意义；即便是同类生鲜农产品，品牌产品的价格要远远高于非品牌产品，品牌产品供不应求，非品牌产品"谷贱伤农"。也正是在这两大事件的直接刺激下，在生鲜农产品电子商务领域崭露头角的一系列农产品电商品牌公司获得了外来资金的注入。比如，顺丰优选、一号店、本来生活、沱沱工社、美味七七、甫田、菜管家等均获得外来资金的注入，凡是具有一定品牌效应的生鲜农产品品牌电商发展迅速，越来越引起外界的关注；在外来资金的直接刺激下，绝大部分生鲜农产品品牌电商发展成效显著，纷纷在国内各大中小城市设点布局，抢占生鲜农产品电子商务发展的高地。当然，有市场就有竞争，有竞争就有风险，有些竞争者在市场中获得发展，有些则被市场所淘汰。比如，2013 年，由于多方面的原因，北京"优菜网"曾寻求转让，上海"天鲜配"被"下线"。

第五阶段：2013—2014 年。2013—2014 年，农产品电商模式开始发生变化，B2C、C2C、C2B、O2O 等农产品电商模式开始推出。[①] 从理论上看，B2C 是 Business-to-Customer 的缩写，也就是"商对客"，是通常所说的直接面向消费者销售产品和提供服务商业零售的模式。这种形式的电子商务一般以网络零售业为主，主要借助于互联网开展在线销售活动。B2C 即企业通过互联网为消费者提供一个新型的购物环境即网上商店，消费者通过网络在网上购物、网上支付等消费行为。C2C 是 Customer to Customer 的缩写，意思就是消费者个人间的电子商务行为；说白了，就是一个消费者有一台电脑，通过网络进行交易，把它出售给另外一个消费者。C2B 是 Consumer to Business 的缩写，是消费者到企业，是互联网经济时代新的商业模式。这一模式改变了原有生产者（企业与机构）和消费者的关系，是一种消费者贡献价值（Create Value），企业和机构消费价值（Consume Value）的形式。事实上的 C2B 应该先有消费者需求，而后有企业生产，即先有消费者提出需求，后有生产企业按需求组织生产。通常情况为消费者根据自身需求定制产品和价格，或主动参与产品设计、生产和定价，产品、价格等彰显了消费者的个性化需求，生产企业进行定制化生产。O2O 是 Online To Offline 的缩写，是在线离线/线上到线下，是指将线下的商务机会与互联网结合，让互联网成为线下交易的平台。当然，这些新型电子商务模式并不是凭空出来的，这些模式的推出离不开宽带电信网、数字电视网、新一代互联网、物联网、云计算、大数据等大量先进信息技术在农产品电商中的应用。

第六阶段：2014 年。2014 年，中国农产品电子商务发展进入快速

---

① 有关 B2C、C2C、C2B、O2O 等电子商务模式，学者们已经进行了多方面的研究。具体可参见黄敏学《电子商务》，高等教育出版社 2007 年版；［美］肯尼思·劳东、卡罗尔·圭尔乔·特拉弗《电子商务：商务、技术、社会》，劳帼龄译，中国人民大学出版社 2014 年版。

发展时期。2014 年 5 月 22 日，京东登录纳斯达克，成为国内第三大互联网上市公司，上市融资 17.8 亿美元。① 2014 年 8 月 1 日，我买网融资 1 亿美元。② 2014 年 10 月 16 日，宅急送在其成立二十周年大会上宣布获得战略融资，投资方包括复星集团、招商证券、海通证券、弘泰资本、中新建招商股权投资基金，获得 10 亿美元投资等。③ 从总体上来看，这一系列电商巨头及其相关企业获得业界的融资，说明电子商务得到了世界性的认可。在此大的背景下，农产品电子商务的发展必将进一步加速换挡。在此过程中，农产品电子商务呈现出蓬勃发展的态势。2014 年"中央一号"文件明确部署"加强农产品电子商务平台建设"，商务部把农产品电子商务发展作为重点工程，出台多项支持政策，推动农产品电子商务的发展。海南、河南、四川、湖北、重庆、陕西、山东等地都出台了促进农产品电子商务发展的具体措施。④ 在外界刺激、中央重视和地方政府的大力扶持下，全国各地农产品电商的发展态势良好，部分地区农产品电商的发展在促进农民增收、农业发展、农村繁荣方面作用显著，对于带动区域经济协调发展，解决农村富余劳动力人口就业，带动返乡回流农民工自主创业也都具有积极的意义。

第七阶段：2015 年至今。2015 年，与农产品电商相关的文件比较多，代表性的有：2015 年 2 月 1 日，国务院颁布《关于加大改革创新力度 加快农业现代化建设的若干意见》；2015 年 4 月 2 日，国务院颁布《中共中央国务院关于深化供销合作社综合改革的决定》；2015 年 4 月 7 日，共青团中央办公厅、商务部颁布《关于实施农村青年电商培育工程的通知》；2015 年 5 月 4 日，国务院颁布《关于大力发展电子商务 加快培育经济新动力的意见》；2015 年 5 月 15 日，商务部颁布《"互联网＋流通"行动计划》；2015 年 5 月 20 日，国家邮政局、商务

---

① 具体参见陈姝、李雅奇《京东登录纳斯达克，成国内第三大互联网上市公司》，《深圳商报》2014 年 5 月 23 日第 6 版。

② 具体参见《我买网获一亿美元 B 轮融资》，http://tech. sina. com. cn/i/2014 – 08 – 02/02399531209. shtml。

③ 具体参见《宅急送宣布获得战略融资，欲转型渠道服务商》，http://money. 163. com/14/1017/02/A8NNOJ6D00253B0H. html。

④ 具体参见光明日报官方网站，http://news. gmw. cn/2014 – 10/08/content _ 13465617. htm。

部颁布《关于推进"快递向西向下"服务拓展工程的指导意见》；2015年9月24日，农业部、国家发展和改革委员会、商务部颁布《推进农业电子商务发展行动计划》；2015年11月9日，中共中央国务院颁布《关于促进农村电子商务加快发展的指导意见》；2015年11月17日，财政部颁布《农业综合开发扶持农业优势特色产业 促进农业产业化发展的指导意见》；2015年11月23日，国务院颁布《关于积极发挥新消费引领作用 加快培育形成新供给新动力的指导意见》。这一系列文件的颁布，为农产品电商的健康稳定可持续发展夯实了基础，制约农产品电商发展的"最前一公里"与"最后一公里"问题必将得到妥善解决，这些文件必将推动农产品电商的进一步发展。可以说，农产品电商的发展真正引起了国家的高度重视，党中央、国务院从战略的高度出发，强化农产品电商在破解"三农"问题方面的特殊作用，支持、鼓励和引导农产品电商的发展。在国家的高度重视下，所有的省级单位及其下属政府，都充分挖掘自身的农产品特色、优势，采取措施，全面推动农产品电商的深入发展。

四 农产品电子商务发展历史的启示

通过对前文的分析不难看出，在"互联网＋"的时代背景下，农产品电子商务的发展速度是极为迅速的。在几十年的发展中，农产品电商发展的启示是极为明确的。总体上说，中国农产品电商的发展启示可以归结为四个大的方面。

第一，农产品电子商务的发展要坚持市场化倾向。对于什么是市场化？学者们已经进行过多方面的研究。依据学者们的研究成果，可以认为市场化有两层含义：一层含义指的是建立国家调节的市场经济体制，并由此形成统一的市场运行机制和市场体系；另一层含义指的是在短期内实现用市场经济体制取代双轨过渡体制的改革过程。[①] 很显然，农产品电子商务发展所要坚持的市场化倾向指的是第一个层面

---

① 在《政治经济学》教材中，学者们多对市场化进行了详细的论述。具体参见宋涛、顾学荣、杨干忠《政治经济学教程》，中国人民大学出版社2013年版；伍柏麟、史正富、华民《新编政治经济学》，复旦大学出版社2014年版；逄锦聚、洪银兴、林岗《政治经济学》，高等教育出版社2014年版。

的市场化。具体来说，农产品电子商务的发展需要在国家政策法律法规范畴内进行，要以形成科学高效的市场运行机制和市场体系为目标。之所以如此，主要是因为：一是农产品自身具有特殊性。作为事关广大人民群众生存和国家长治久安的重要基础，农产品的产—供—销在国民经济中具有重要的作用。实践已经证明，按照计划经济时期高度集中的管理模式来运作农产品的产—供—销一体化各环节，最终的结果只可能是农产品产—供—销一体化利益链条上各利益主体的积极性锐减，农产品的产—供—销陷入无法满足国民经济发展实际需要的困境；反过来，如果在政府指导下科学合理地引导农产品的产—供—销一体化，则能够有效调动农产品产—供—销一体化利益链条上各利益主体的生产积极性，在满足广大人民群众实际需求的同时，促进国民经济健康、稳定、可持续发展。以市场化为导向，可以有效发挥市场在农产品产—供—销一体化过程中的资源配置作用，极大地调动相关利益主体从事农产品产—供—销一体化活动的积极性。二是电子商务的发展具有特殊性。前文的分析已经表明，电子商务的发展需要政府的支持、鼓励和引导，离开政府政策的保障，电子商务的发展难以落到实处。即便如此，电子商务本身是一种商业行为，要求以市场为导向；如果政府对电子商务的管理过多过死的话，从长远来看，电子商务的发展是不利的。三是农产品电子商务的发展具有特殊性。经过1949年新中国成立以来的发展，中国农产品的产—供—销一体化经历了不同阶段的发展；在不同的发展阶段，既有成功的经验，也有失败的教训。在当前新常态背景下，开拓内需市场意义重大，提振农村经济迫在眉睫，农产品电子商务作为连接城乡的重要纽带，不仅可以直接增加农民收入，还可以丰富城镇居民生活；不仅如此，农产品电子商务发展态势良好，过多的行政干预只可能带来负面影响，顺势引导农产品电子商务的发展更符合市场经济发展规律的要求，更能够促进农产品电子商务的健康、稳定、可持续发展。

第二，农产品电子商务的发展离不开政府的支持。上文的分析已经表明，无论是中国农产品电子商务的发展，还是发达国家和地区农产品电子商务的发展，都离不开政府的扶持。特别是对于像中国这样的发展中农业大国，农产品电子商务的发展更离不开政府的大力扶持。这是与农产品电子商务自身的特性紧密相关的，农产品电子商务的顺利实现需要巨额的资金投入。从现实来看，农产品电子商务的顺利实现，对诸多硬件和软件条件都是有要求的。从硬件角度来看，网络基础设施、道路交通基础设施等会直接制约农产品电子商务的发展。作为外溢性极为明显的公共产品，网络基础设施建设不仅需要巨额的资金投入，还存在资金回报时间漫长等特点，一直以来都是国家投资的重点，私人部门直接投资网络基础设施建设的并不多见；换句话说，离开国家的大力支持，网络基础设施难以取得实际成效，没有网络基础设施，农产品电子商务也就无法运行。从中国的实际情况来看，珠三角、长三角等城乡一体化程度高的地区，网络基础设施建设成本低，网络覆盖面广；而与之不同的是，中西部山区农户居住分散，网络基础设施建设成本高，没有国家的巨资投入，网络基础设施建设根本无法完成；进一步讲，没有国家对网络基础设施建设的巨资投入，中西部地区农产品电子商务无法得到有效开展。与网络基础设施建设相类似的是，道路交通基础设施也离不开国家的大力支持。在平原地区，修建道路比较容易，修建道路的成本低；而在丘陵地区则不一样，修建道路的成本高，修建道路非常困难。事实上，道路交通基础设施的完善程度直接关系到农产品电子商务的发展，没有快捷高效的道路交通做保证，农产品无法实现"进城"的目标。修建道路基础设施，往往是政府投资完成的，私人部门基于利润考虑，不愿意将巨额资金投入道路交通基础设施建设中。从软件角度来看，专业技术人才的培养、网络服务体系等都会直接影响农产品电子商务的发展。农产品电子商务的顺利开展，离不开大批高质量的专业技术人才，农产品电子商务网站如何制作，如何通过网络与客户进行沟通交流，如何收集客户反馈的相关信息等，都要求从事农产品电子商务的个体具备相应的专业技能；进一步讲，专业技术人才的培养，是确保农产品电子商务顺利开展的重要基础。从现实看，个体农户很少有自主进修、培训的，对他们的培训需要政府的直接介入。网络服务体系的健全、畅通，可以在很大程度上直接影响农产品电子商务的发展，对此也需要政府的直接介入；通过政府的支持、鼓励和引导，才能够更好地推动促进农产品电子商务的发展。离开了政府的支持，农产品电子商务的发展将举步维艰。

第三，农产品电子商务的发展要坚持特色化发展。在市场经济条件下，同质恶性竞争是难以有效避免的；要在同质恶性竞争中获得竞争优势，谋求发展的机遇，必须坚持走特色化发展道路，这对农产品电子商务的发展来说亦是如此。从中国农产品电子商务的发展实际来看，同质恶性竞争是大量存在的；如果没有特殊的优势，农产品电子商务的发展将不具有可持续性，最终整个农产品电子商务市场的发展都会遭受灭顶之灾。所谓的特色化，就是人无我有、人有我优；在其他竞争对手都没有农产品时，农产品电商要获得竞争优势，应该有充足的农产品供应；而在大量农产品电商都可以供应某种农产品时，农产品电商应该在农产品品质方面具有自身的独特优势。只有如此，才可以有效规避同质化恶性竞争。从现实来看，为了取得竞争优势，部分农产品电商不断地压低自己的价格，通过价格优势来获取竞争优势；从短期来看，这种做法是可取的，可以通过价格竞争有力地回击其他竞争对手；从长期来看，这种做法是不可取的，当无利润可以赚取时，以假冒伪劣为代表的各种违法乱纪活动会大量出现，最终必然会扰乱整个农产品电子商务行业的发展。前文农产品电子商务发展的历程显示，走特色化发展道路，农产品电商要在产—供—销一体化各个环节做出相应的努力。在生产环节，农产品电商要具有敏锐的市场意识，要严格遵纪守法，生产具有比较优势的有机、绿色、无公害农产品，抢占市场先机，打造属于自己的农产品品牌。在当前社会大众高度重视食品安全的背景下，有机、绿色、无公害的农产品更容易在激烈的市场竞争中获得竞争优势，并且具有可持续发展的竞争力。与之相对的是，化肥、农药等超标的农产品，随着社会大众环保意识、安全意识的不断增强，必然会在激烈的市场竞争中被淘汰。在运输环节，也必须坚持特色化的运输方式。从目前市场上使用得较多的"四通一达"与顺丰相比来看，顺丰的速度是最快的，能够确保农产品电商在最短的时间内将农产品配送给需求者；当然，顺丰也有自己的劣势，那就是速度虽然快，但其收费也相对较高。对农产品电商而言，如果为了追求速度，必须选择顺丰；如果为了追求运费的最小化，则可能会选择其他的快递公司。从实际情况来看，对于那些专门从事生鲜农产品电商业务的个体和组织来说，选择顺丰是必然的；而对于从事其他的农产品电商个体和组织来说，选择收费更低的快递公司是最佳方案。在销售环节，销售环节也是需要坚持走特色化道路的。高品质的农产品生产出来了，运输到了物流集散中心，如何采用更为科学合理的方式销售也是十分关键的。与传统的钱货两清交易模式不一样，农产品电商在绝大多数时候都不要求供需双方见面来完成交易，所有交易往往会通过网络沟通直接进行。问题的关键在于如何让更多的消费者知道农产品电商所售卖的农产品是特色化的？传统的做电视广告的模式可能并不可取，需要创新广告宣传模式，让更多的人了解所要购买的农产品的特点。

第四，农产品电子商务的发展需要法律法规做保障。前文的分析已经表明，农产品电子商务是农产品产—供—销各环节的电子化，是电子商务在农产品产—供—销一体化过程中的综合运用。要确保农产品产—供—销各环节电子商务的综合运用，必须高度重视法律法规的保障作用。这是与法律法规自身的功能密切相关的。按照法理学的基本原理，法律法规的功能主要体现在五个方面，即指引作用（用法律指引自己应该如何行为）、评价作用（用法律判断他人行为是否合法）、预测作用（预测某种行为违法后是否会受到法律制裁以及受到什么样的法律制裁）、教育作用（用法律教育所有的公民如何遵纪守法）和强制作用（用法律对违法犯罪的个体予以强制性制裁）。① 从农产品电子商务的初始环节——农产品的生产来看，健全的法律法规能够让生产者知晓哪些类型的化肥、农药可以使用，哪些化肥、农药是不可以使用的，在农产品生长的不同阶段，应该采取哪些有益的措施来确保农产品增产增收；健全的法律法规还可以让生产者评价他人农业生产行为的合理合法性，对部分违规使用化肥、农药的生产者进行监督，对其违法乱纪行为进行举报，确保农产品的安全生产；健全的法律法规可以让生产者随时知晓自己在农业生产中的行为是否符合法律法规的要求，如果违法犯罪的话，会遭受什么样的惩罚；健全的法律法规可以更好地教育农产品生产者遵纪守法，严格按照国家法律

---

① 关于法律法规的功能，学者们在法理学教材中进行了详细的论述。具体参见张文显《法理学》，法律出版社 2007 年版；付子堂《法理学初阶》，法律出版社 2015 年版。

法规的要求来安排组织农产品生产。当然，健全的法律法规也会严厉打击农业生产中违法犯罪行为，确保遵纪守法生产者的合法权益。从农产品电子商务的中间环节农产品的运输来看，与农产品的生产环节不同，农产品的运输环节涉及不同地区政府主管部门的相互协作，要卓有成效地监管好农产品的运输难度较大，需要依靠健全的法律法规。健全的法律法规，可以有效地指引农产品物流运输企业严格按照国家法律法规的规定，合理合法地从事农产品的运输业务；可以让更多的农产品物流运输企业监督那些违法犯罪的企业，确保市场上所有的企业都能够遵纪守法；可以让农产品物流运输企业知晓自身的行为是否违法，如果违法的话会遭受什么样的处罚；可以教育所有的农产品物流运输企业严格按照国家法律法规从事相关业务，自觉维护相关利益主体的合法权益；可以严厉打击农产品物流运输企业中的违法犯罪企业，并对其进行制裁，矫正其违法行为。从农产品电子商务的最终环节农产品的销售来看，要确保农产品销售落到实处，且卓有成效地保障相关利益主体的切身利益，离不开健全的法律法规。健全的法律法规，可以指引销售环节的相关利益主体严格遵守国家法律法规，对自身的行为负法律责任；可以让相关利益主体科学评判对方的行为是否合法，对违法犯罪行为进行举报，维护自身合法权益；可以让相关利益主体知晓自身违法与否，知晓违法后可能遭受的处罚；可以教育更多的相关利益主体遵纪守法，严格遵守市场秩序；可以对违法犯罪的相关利益主体予以制裁，确保他们的行为符合法律法规的基本要求。

第二节　农产品电商发展的现实考察

2015 年 5—8 月，"互联网＋时代农产品电商促进农业可持续发展的对策研究"课题组，以中国各省市农业综合竞争力[①]和农产品电商综

---

① 具体参见游士兵、肖加元《农业竞争力的测度及实证研究》，《中国软科学》2005 年第 7 期；张瑞东、蒋正伟《阿里农产品电子商务白皮书（2014）》，阿里研究院 2015 年，第 9 页。

合竞争力①排名情况为依据，选定东部地区的北京市、上海市、浙江省、广东省、福建省、江苏省、山东省和辽宁省8个省级单位，中部地区的安徽省、湖北省、湖南省和河南省4个省级单位以及西部地区的四川省、云南省和新疆维吾尔自治区3个省级单位为研究样本，进行问卷调查。需要特别说明的是，对除北京市和上海市外的13个省级单位，课题组依据2014年各省级单位下属的地级市地区生产总值排名情况，选择排名居中的地级市作为问卷发放区域；进一步采用同样的方法，最终确定问卷发放的具体区县；而对于北京市和上海市，课题组则直接根据其下属的区县2014年地区生产总值排名情况，选择地区生产总值排名居中的2个区县作为问卷发放地区。问卷发放涉及上述15个省级单位下属的共计50个区县。在实际操作过程中，课题组在每个省级单位发放问卷150份，累计发放问卷2250份，实际回收问卷2180份，剔除缺乏关键信息的调查问卷49份，实际回收的有效问卷为2131份，有效率为94.71%。

一 户主禀赋变量视角下农产品电商发展的现实考察

从现实来看，农产品电商的发展首先受其自身禀赋状况的制约。沿袭前人研究成果，本节拟从性别、年龄、户籍状况、婚姻状况、健康状况和文化程度六个主要方面来测度农产品电商自身也就是农产品电商户主的禀赋变量（如表4.1所示）。其中，对于性别变量，赋值1表示男性，赋值0表示女性；对于年龄变量，赋值1表示30岁及以下，赋值2表示30—39岁，40岁及以上赋值为3；对于户籍状况变量，赋值1表示城镇，赋值0表示农业和非城镇蓝印户籍；对于婚姻状况变量，未婚、已婚、丧偶、离异分别赋值1、2、3和4；对于健康状况变量，良好、一般、差分别赋值1、2和3；对于文化程度变量，小学及以下赋值为1，初中赋值为2，高中及以上赋值为3。为更科学合理地对不同地区农产品电商户主禀赋变量进行比较，此处按照上述赋值情况进行分

---

① 此处是以阿里研究院公布的各省级单位农产品电商销售情况为评价各省级单位农产品电商综合竞争力的指标。关于各省级单位农产品电商销售情况参见 http://www. aliresearch. com/blog/article/detail/id/20459. html。

析。需要特别说明的是，在后文的实证研究过程中，对于具体赋值情况可能会做适当的调整，但并不改变赋值本身的意义，下文相类似的情况不再作单独说明。

表 4.1　　　　　农产品电商户主禀赋变量的总体情况

	变量	变量赋值	均值	标准差
全样本视角	性别	男 = 1，女 = 0	0.5015	0.1011
	年龄	30 岁及以下 = 1，30—39 岁 = 2，40 岁及以上 = 3	2.5715	0.2217
	户籍状况	城镇 = 1，农业和非城镇蓝印户籍 = 0	0.5745	0.2022
	婚姻状况	未婚 = 1，已婚 = 2，丧偶 = 3，离异 = 4	2.1123	0.1019
	健康状况	良好 = 1，一般 = 2，差 = 3	2.5217	0.2022
	文化程度	小学及以下 = 1，初中 = 2，高中及以上 = 3	2.4715	0.1197
东部样本视角	性别	男 = 1，女 = 0	0.4815	0.1001
	年龄	30 岁及以下 = 1，30—39 岁 = 2，40 岁及以上 = 3	2.0121	0.2117
	户籍状况	城镇 = 1，农业和非城镇蓝印户籍 = 0	0.5012	0.1985
	婚姻状况	未婚 = 1，已婚 = 2，丧偶 = 3，离异 = 4	2.0111	0.1002
	健康状况	良好 = 1，一般 = 2，差 = 3	2.5851	0.1685
	文化程度	小学及以下 = 1，初中 = 2，高中及以上 = 3	2.9951	0.1027
中部样本视角	性别	男 = 1，女 = 0	0.5227	0.1321
	年龄	30 岁及以下 = 1，30—39 岁 = 2，40 岁及以上 = 3	2.2121	0.2415
	户籍状况	城镇 = 1，农业和非城镇蓝印户籍 = 0	0.5321	0.2321
	婚姻状况	未婚 = 1，已婚 = 2，丧偶 = 3，离异 = 4	2.2117	0.1327
	健康状况	良好 = 1，一般 = 2，差 = 3	2.4011	0.2127
	文化程度	小学及以下 = 1，初中 = 2，高中及以上 = 3	2.2321	0.1237
西部样本视角	性别	男 = 1，女 = 0	0.5517	0.1367
	年龄	30 岁及以下 = 1，30—39 岁 = 2，40 岁及以上 = 3	2.2331	0.2029
	户籍状况	城镇 = 1，农业和非城镇蓝印户籍 = 0	0.5812	0.2621
	婚姻状况	未婚 = 1，已婚 = 2，丧偶 = 3，离异 = 4	2.2219	0.1527
	健康状况	良好 = 1，一般 = 2，差 = 3	2.2327	0.1969
	文化程度	小学及以下 = 1，初中 = 2，高中及以上 = 3	2.1217	0.1021

注：需要特别说明的是，有效问卷的总数为 2131 份，其中，东、中、西部地区有效问卷的总数分别为 1119 份、594 份和 418 份。

从表 4.1 的描述性统计分析结果来看，东、中、西部地区农产品电商户主禀赋变量是存在显著差异的。与全国样本相比，东部地区部分变量的统计分析结果要明显高于全国水平，与中、西部地区相比，也具有一定的优势。从性别的角度来看，东部地区从事农产品电商的男女性别差异不大，而西部地区从事农产品电商的男女性别差异则较为明显。从年龄的角度来看，东部地区从事农产品电商群体的年龄整体要比中西部地区年轻，这与东部地区的创业环境与创业氛围是紧密相关的。从户籍的角度来看，东部地区城乡一体化程度高，从事农产品电商的个体在户籍方面差异并不明显，而在中、西部地区，从事农产品电商的群体更多地集中在城镇地区；从文化程度的角度来看，东部地区经济发达，政府教育投入多，整体教育水平高，从事农产品电商群体文化水平也明显高于中、西部地区。从婚姻状况和健康状况的角度来看，东、中、西部地区之间的差距表现得并不十分明显。

二　家庭禀赋变量视角下农产品电商发展的现实考察

从现实来看，家庭禀赋变量在很大程度上会直接影响农产品电商能否从事电商业务，或者说直接影响电商自身能否全身心地投入电子商务业务中。在借鉴前人研究成果的基础上，设计 20 个方面的小问题来全面系统地了解农产品电商的家庭禀赋变量（如表 4.2 所示）。具体来说，对于家庭经济类型变量，赋值 0 表示专职农产品电商，赋值 1 表示兼职农产品电商；对于家庭收入和家庭支出变量而言，均以调查问卷的实际值表示；对于家庭外出务工人数和家庭从事农产品电商人数变量，赋值 1 表示 1 人及以下，赋值 2 表示 2 人，赋值 3 表示 3 人及以上；对于带动周边农户创业情况变量，赋值 1 表示 1 户及以下，赋值 2 表示 2 户，赋值 3 表示 3 户，赋值 4 表示 4 户，赋值 5 表示 5 户及以上；对于做电商时购买退货运费险变量，赋值 1 表示购买，赋值 0 表示不购买；对于家庭融资方式选择情况变量，赋值 1 表示从 P2P 等非正规金融机构融资，赋值 0 表示从农村信用合作社等正规金融机构融资；对于家庭 P2P 借贷情况变量，赋值 1 表示借贷，赋值 0 表示不借贷；对于家庭整体氛围变量，赋值 1 表示民主型，赋值

0 表示独裁型；对于农产品电商偿债能力、农产品电商营运能力和农产品电商盈利能力变量，赋值 1 表示减弱，赋值 2 表示一般，赋值 3 表示增强；对于家中是否有大学生，家中是否有村民代表，亲戚中是否有公务员，是否有亲戚开办企业和是否有城市亲戚关系变量，赋值 1 表示有，赋值 0 表示无。

表 4.2　　　　　　　　农产品电商家庭禀赋变量的总体情况

	变量	变量赋值	均值	标准差
全样本视角	家庭经济类型	专职农产品电商 = 0，兼职农产品电商 = 1	0.5017	0.1125
	家庭经济收入	实际收入	49800	22.1725
	家庭经济支出	实际支出	19500	18.7645
	家庭外出务工人数	1 人及以下 = 1，2 人 = 2，3 人及以上 = 3	2.0271	0.1125
	家庭从事农产品电商人数	1 人及以下 = 1，2 人 = 2，3 人及以上 = 3	2.2125	0.9851
	带动周边农户创业情况	1 户及以下 = 1，2 户 = 2，3 户 = 3，4 户 = 4，5 户及以上 = 5	4.0217	1.0256
	从事电商业务对家庭收入的实质性影响	没有任何影响 = 1，几乎没有影响 = 2，影响很小 = 3，影响较大 = 4，影响非常大 = 5	4.0215	0.0857
	电商时购买退货运费险	购买 = 1，不购买 = 0	0.5251	0.1019
	家庭融资方式选择情况	从 P2P 等非正规金融机构融资 = 1，从农村信用合作社等正规金融机构融资 = 0	0.4257	0.1267
	家庭 P2P 借贷情况	借贷 = 1，不借贷 = 0	0.5518	0.1946
	家庭整体氛围	民主型 = 1，独裁型 = 0	0.4217	0.1022
	农产品电商偿债能力	减弱 = 1，一般 = 2，增强 = 3	2.1615	0.3786
	农产品电商营运能力	减弱 = 1，一般 = 2，增强 = 3	2.2217	0.2219
	农产品电商盈利能力	减弱 = 1，一般 = 2，增强 = 3	2.0235	0.2745
	家中是否有大学生	有 = 1，无 = 0	0.5417	0.1763
	家中是否有村民代表	有 = 1，无 = 0	0.2152	0.1257
	亲戚中是否有公务员	有 = 1，无 = 0	0.2745	0.0236
	是否有亲戚开办企业	有 = 1，无 = 0	0.1985	0.0097
	是否有城市亲戚关系	有 = 1，无 = 0	0.2247	0.1145

续表

变量		变量赋值	均值	标准差
东部样本视角	家庭经济类型	专职农产品电商=0，兼职农产品电商=1	0.6227	0.2651
	家庭经济收入	实际收入	79800	12.2337
	家庭经济支出	实际支出	49567	13.2318
	家庭外出务工人数	1人及以下=1，2人=2，3人及以上=3	0.3217	0.1011
	家庭从事农产品电商人数	1人及以下=1，2人=2，3人及以上=3	3.3217	0.8517
	带动周边农户创业情况	1户及以下=1，2户=2，3户=3，4户=4，5户及以上=5	1.5627	0.1237
	从事电商业务对家庭收入的实质性影响	没有任何影响=1，几乎没有影响=2，影响很小=3，影响较大=4，影响非常大=5	4.5617	0.0167
	做电商时购买退货运费险	购买=1，不购买=0	0.7321	0.1247
	家庭融资方式选择情况	从P2P等非正规金融机构融资=1，从农村信用合作社等正规金融机构融资=0	0.5517	0.1136
	家庭P2P借贷情况	借贷=1，不借贷=0	0.6012	0.1126
	家庭整体氛围	民主型=1，独裁型=0	0.5547	0.1321
	农产品电商偿债能力	减弱=1，一般=2，增强=3	2.3217	0.1127
	农产品电商营运能力	减弱=1，一般=2，增强=3	2.2951	0.1027
	农产品电商盈利能力	减弱=1，一般=2，增强=3	2.1219	0.1321
中部样本视角	家庭经济类型	专职农产品电商=0，兼职农产品电商=1	0.4615	0.1019
	家庭经济收入	实际收入	49600	17.7519
	家庭经济支出	实际支出	23300	14.6217
	家庭外出务工人数	1人及以下=1，2人=2，3人及以上=3	2.2921	0.1621
	家庭从事农产品电商人数	1人及以下=1，2人=2，3人及以上=3	2.1217	0.1658
	带动周边农户创业情况	1户及以下=1，2户=2，3户=3，4户=4，5户及以上=5	2.6519	0.9857
	从事电商业务对家庭收入的实质性影响	没有任何影响=1，几乎没有影响=2，影响很小=3，影响较大=4，影响非常大=5	3.3119	0.1217
	做电商时购买退货运费险	购买=1，不购买=0	0.4217	0.1236
	家庭融资方式选择情况	从P2P等非正规金融机构融资=1，从农村信用合作社等正规金融机构融资=0	0.5821	0.1652
	家庭P2P借贷情况	借贷=1，不借贷=0	0.5221	0.1136
	家庭整体氛围	民主型=1，独裁型=0	0.4617	0.1324
	农产品电商偿债能力	减弱=1，一般=2，增强=3	2.0915	0.4125
	农产品电商营运能力	减弱=1，一般=2，增强=3	2.0037	0.1047
	农产品电商盈利能力	减弱=1，一般=2，增强=3	1.9211	0.1021

续表

	变量	变量赋值	均值	标准差
西部样本视角	家庭经济类型	专职农产品电商＝0，兼职农产品电商＝1	0.4119	0.1349
	家庭经济收入	实际收入	33650	29.6321
	家庭经济支出	实际支出	16800	20.0219
	家庭外出务工人数	1 人及以下＝1，2 人＝2，3 人及以上＝3	2.5597	0.0165
	家庭从事农产品电商人数	1 人及以下＝1，2 人＝2，3 人及以上＝3	1.4968	1.1217
	带动周边农户创业情况	1 户及以下＝1，2 户＝2，3 户＝3，4 户＝4，5 户及以上＝5	4.4521	1.1217
	从事电商业务对家庭收入的实质性影响	没有任何影响＝1，几乎没有影响＝2，影响很小＝3，影响较大＝4，影响非常大＝5	1.9957	0.1257
	做电商时购买退货运费险	购买＝1，不购买＝0	0.3997	0.1527
	家庭融资方式选择情况	从 P2P 等非正规金融机构融资＝1，从农村信用合作社等正规金融机构融资＝0	0.4019	0.1236
	家庭 P2P 借贷情况	借贷＝1，不借贷＝0	0.4112	0.1347
	家庭整体氛围	民主型＝1，独裁型＝0	0.3941	0.1362
	农产品电商偿债能力	减弱＝1，一般＝2，增强＝3	1.8585	0.1142
	农产品电商营运能力	减弱＝1，一般＝2，增强＝3	1.8991	0.1936
	农产品电商盈利能力	减弱＝1，一般＝2，增强＝3	1.8887	0.1697

注：需要特别说明的是，有效问卷的总数为 2131 份，其中，东、中、西部地区有效问卷的总数分别为 1119 份、594 份和 418 份。

从表 4.2 中的描述性统计分析结果来看，东部地区专职从事农产品电商的农户数量远远高于中、西部地区，中、西部地区兼职从事农产品电商的农户较多；与中、西部地区相比，无论是家庭收入还是家庭支出，东部地区都具有显著优势；东部地区外出务工人数要远远低于中、西部地区，尤其是西部地区外出务工人数更多；东部地区农产品电商家庭往往是抱团作战，全家投入农产品电商事业中的较多，而中、西部地区则较少；与东部地区相比，中、西部地区农产品电商对周边农户创业的带动作用表现得更为明显；东部地区从事农产品电商的农户主要收入来源于农产品电商业务，因此，从事农产品电商对其家庭收入的影响尤为显著，中、西部地区则显然不同；东部地区农产品电商商业意识更强，更愿意购买农产品退货运费险，中、西部地区在此方面则显得较为落后；东部地区农产品电商更倾向于通过 P2P 网络借贷等非正规金融方式融资，而中、西部地区农产品电商更倾向于从农村信用合作社等正规金融机构融资；同时，东部地区实际上选择 P2P 网络借贷的比中、西部地区更多；东部地区农产品电商发展更快，电商偿债、营运、盈利能力比中、西部地区更强。

三　区域禀赋变量视角下农产品电商发展的现实考察

对农产品电商来说，不仅农产品电商户主或禀赋变量会影响其发展，农产品电商家庭禀赋变量对其也有重要的影响；不仅如此，农产品电商所在区域的相关因素也会对农产品电商的发展带来直接的冲击。在借鉴前人研究成果的基础上，本节设计了 12 个方面的问题来综合测度农产品电商发展的区域禀赋变量（如表 4.3 所示）。这 12 个方面的问题及其赋值情况，具体来说，对于基础设施建设状况变量，赋值 1 表示不满意，赋值 2 表示一般，赋值 3 表示满意；对于网络安装情况变量，赋值 1 表示已安装，赋值 0 表示未安装；对于网络通畅情况变量，赋值 1 表示通畅，赋值 0 表示不通畅；对于金融机构对 P2P 宣传变量和基层政府对 P2P 宣传变量，赋值 1 表示宣传，赋值 0 表示不宣传；对于金融服务水平状况变量、农业生产条件状况变量、农业技术培训状况变量、农技人员服务状况变量、农村普法教育状况变量和农村治安实际状况变量，赋值 1 表示不满意，赋值 2 表示一般，赋值 3 表示满意；对于名优特产推介状况变量，赋值 1 表示推介，赋值 0 表示不推介。

从表 4.3 中的描述性统计分析结果来看，受经济社会发展的制约，与中、西部地区相比，东部地区在农产品电商发展的硬件建设和软件建设方面具有显著的优势。比如，在基础设施建设状况、网络安装情况、网络通畅情况、金融服务水平状况等方面，东部地区要远远好于中、西部地区，西部地区明显落后于东、中部地区；由于东部地区经济发展程度高，经济对外开放程度高，东部地区的地方政府和农产品电商更乐意接受新鲜事物，因此，在对 P2P 网络借贷宣传方面，东部的农产品电商更愿意接受 P2P 网络借贷；在农业生产条件状况、农业技术培训状况、农技人员服务状况、名优特产推介状况、农村普法教育状况和农村治安实际状况等方面，东部地区也显著比中、西部地区更好，西部地区基本上是全面落后于东、中部地区。

表 4.3　　　　　　　　　农产品电商区域禀赋变量的总体情况

	变量	变量赋值	均值	标准差
全样本视角	基础设施建设状况	不满意 =1，一般 =2，满意 =3	1.9857	0.2119
	网络安装情况	已安装 =1，未安装 =0	0.4598	0.1126
	网络通畅情况	通畅 =1，不通畅 =0	0.3985	0.1106
	金融服务水平状况	不满意 =1，一般 =2，满意 =3	1.6557	0.3217
	金融机构对 P2P 宣传	宣传 =1，不宣传 =0	0.2587	0.0029
	基层政府对 P2P 宣传	宣传 =1，不宣传 =0	0.3217	0.0992
	农业生产条件状况	不满意 =1，一般 =2，满意 =3	1.9857	0.1257
	农业技术培训状况	不满意 =1，一般 =2，满意 =3	1.9745	0.2115
	农技人员服务状况	不满意 =1，一般 =2，满意 =3	1.8765	0.2027
	名优特产推介状况	推介 =1，不推介 =0	0.2571	0.1007
	农村普法教育状况	不满意 =1，一般 =2，满意 =3	2.1117	0.3013
	农村治安实际状况	不满意 =1，一般 =2，满意 =3	1.6217	0.0217
东部样本视角	基础设施建设状况	不满意 =1，一般 =2，满意 =3	2.5597	0.1029
	网络安装情况	已安装 =1，未安装 =0	0.7521	0.1022
	网络通畅情况	通畅 =1，不通畅 =0	0.9389	0.1226
	金融服务水平状况	不满意 =1，一般 =2，满意 =3	1.8997	0.1367
	金融机构对 P2P 宣传	宣传 =1，不宣传 =0	0.5621	0.0147
	基层政府对 P2P 宣传	宣传 =1，不宣传 =0	0.4952	0.1125
	农业生产条件状况	不满意 =1，一般 =2，满意 =3	2.4651	0.1021
	农业技术培训状况	不满意 =1，一般 =2，满意 =3	2.2621	0.1527
	农技人员服务状况	不满意 =1，一般 =2，满意 =3	2.2677	0.1452
	名优特产推介状况	推介 =1，不推介 =0	0.6521	0.0987
	农村普法教育状况	不满意 =1，一般 =2，满意 =3	2.5211	0.1029
	农村治安实际状况	不满意 =1，一般 =2，满意 =3	1.5662	0.0321

续表

	变量	变量赋值	均值	标准差
中部样本视角	基础设施建设状况	不满意 = 1，一般 = 2，满意 = 3	1.8589	0.3417
	网络安装情况	已安装 = 1，未安装 = 0	0.4441	0.1267
	网络通畅情况	通畅 = 1，不通畅 = 0	0.6997	0.1231
	金融服务水平状况	不满意 = 1，一般 = 2，满意 = 3	1.5992	0.2621
	金融机构对 P2P 宣传	宣传 = 1，不宣传 = 0	0.2447	0.3211
	基层政府对 P2P 宣传	宣传 = 1，不宣传 = 0	0.3321	0.1421
	农业生产条件状况	不满意 = 1，一般 = 2，满意 = 3	1.9411	0.2267
	农业技术培训状况	不满意 = 1，一般 = 2，满意 = 3	1.8521	0.1627
	农技人员服务状况	不满意 = 1，一般 = 2，满意 = 3	1.7201	0.3632
	名优特产推介状况	推介 = 1，不推介 = 0	0.2027	0.2327
	农村普法教育状况	不满意 = 1，一般 = 2，满意 = 3	2.0012	0.1421
	农村治安实际状况	不满意 = 1，一般 = 2，满意 = 3	1.7451	0.1211
西部样本视角	基础设施建设状况	不满意 = 1，一般 = 2，满意 = 3	1.7528	0.4125
	网络安装情况	已安装 = 1，未安装 = 0	0.3951	0.4421
	网络通畅情况	通畅 = 1，不通畅 = 0	0.2697	0.9651
	金融服务水平状况	不满意 = 1，一般 = 2，满意 = 3	1.3237	0.4211
	金融机构对 P2P 宣传	宣传 = 1，不宣传 = 0	0.2121	0.5217
	基层政府对 P2P 宣传	宣传 = 1，不宣传 = 0	0.3011	0.1557
	农业生产条件状况	不满意 = 1，一般 = 2，满意 = 3	1.6221	0.1329
	农业技术培训状况	不满意 = 1，一般 = 2，满意 = 3	1.7255	0.3129
	农技人员服务状况	不满意 = 1，一般 = 2，满意 = 3	1.6021	0.3317
	名优特产推介状况	推介 = 1，不推介 = 0	0.1998	0.5621
	农村普法教育状况	不满意 = 1，一般 = 2，满意 = 3	1.9521	0.1217
	农村治安实际状况	不满意 = 1，一般 = 2，满意 = 3	1.8651	0.3259

注：需要特别说明的是，有效问卷的总数为 2131 份，其中，东、中、西部地区有效问卷的总数分别为 1119 份、594 份和 418 份。

第三节　农产品电商发展的未来趋势

一　世界电子商务发展的趋势

从全球维度来看，发达国家和地区电子商务发展尤为迅速，都将电子商务发展纳入国家战略的高度予以重视。在全球信息化浪潮的推动下，电子商务在发展中国家和地区也会得到迅速发展。当然，基于不同国家的具体国情差异，他们在推动电子商务发展过程中可能会存在差异，但是，电子商务必将快速发展的趋势是不会改变的，电子商务将会成为各个国家高度重视并稳步推动的重大战略。

第一，电子商务将会进一步深度融入全球经济。第二次世界大战以后，全球经济迅速得到恢复和发展，不同国家经济联盟开始出现，全球经济一体化发展趋势尤为显著。随着时代的快速发展，全球经济一体化的发展越来越明显，世界各国经济彼此之间相互联系、相互依赖程度越来越深。从全球经济一体化的具体发展态势来看，目前已经形成了四种代表性的形式，分别是自由贸易区、关税同盟、共同市场、经济联盟。在自由贸易区内，电子商务的发展更为迅速，因为借助电子商务可以直接达成相关的商务活动，极大地节约商务活动的实际成本。以北美自由贸易区为例，在自由贸易区内，由于没有关税和其他的贸易限制，农产品的供求双方可以直接借助互联网达成交易，而不需要其他额外的费用。与自由贸易区相类似的是，关税同盟国家之间不存在贸易壁垒，同盟内部农产品可以自由流通和自由竞争，这进一步促进了农产品电子商务的发展。作为全球经济一体化的高级阶段，共同市场、经济联盟内部农产品的流通更为快捷高效，借助电子商务交易模式，农产品电子商务发展更为迅速。也就是说，随着经济的进一步发展，电子商务必将深度融入全球经济中。当然，这也是与电子商务交易自身的诸多优点紧密联系在一起的。比如，电子商务的普遍性，使得全球经济一体化背景下农产品电子商务交易变得越来越容易，农产品供求双方都可以选择通过互联网来完成交易，而不需要专门的现场考察；电子商务的安全性，使得全球经济一体化背景下农产品电子商务双方可以进行大额交易，而不需要专门担心资金的安全问题；电子商务的协调性，使得农产品产—供—销各环节的电子化成为可能，农产品电子商务交易的双方不需要担心其他外在因素的影响，只需要严格按照对方的要求提供相关的产品和服务即可。与过去相比，可以在网络上进行销售的农产品，不再仅仅局限于干果等不易变质、易于邮寄、易于保存的农产品，生鲜农产品开始大量在网络上销售；生鲜农产品的销售，也不再仅仅局限于一国范围之内，区域性、全球性的生鲜农产品也开始通过网络销售。

第二，新兴市场国家电子商务发展潜力巨大。所谓的新兴市场，是一个相对的概念，是相对于成熟或发达国家市场而言的，目前仍处于发展中的国家、地区或者是某一特定经济体，如"金砖四国"中的中国、印度、俄罗斯、巴西，"薄荷四国"的印度尼西亚、尼日利亚、土耳其和墨西哥。总体上来看，新兴市场国家具有以下几个方面的特征：一是高成长与高回报并存。与西方发达国家和地区的成熟经济市场相比，投资收益绝大多数都是可以预期的，过高的投资收益并不现实；而新兴国家市场并不完善，投资收益可能会比较高，这就为新兴国家市场投资带来了机会。以股票市场为例，在监管体制不够健全的情况下，新兴市场股票定价效率往往较低，再加上保险公司介入不够、合格的证券分析师缺乏以及投机者较多等因素的影响，新兴市场的股票市场是不够健全的，如果时机把握得当的话，投资获得超额利润的机会非常大。二是分散化投资带来的好处。从世界范围角度来看，新兴市场的出现在一定程度上缓解了发达国家投资品种较窄的问题，使得投资组合进行全球性分散化经营成为可能。换句话来说，如何不把所有的鸡蛋放在一个篮子里？前提是必须拥有足够多的篮子，新兴市场国家为发达国家投资提供了更多的机会。三是反经济周期的特性。从现实来看，新兴国家所采取的财政货币政策与西方发达国家是不一样的，绝大多数新型发达国家的经济和公司盈利循环周期与西方发达国家的股票指数相关度很低，有些甚至是负相关；因此，当西方发达国家经济不景气时，可以采取对冲的方式来消除对经济发展不利的影响。四是市场规模普遍偏小。与发达国家和地区相比，新兴国家的市场规模是相对较小的，有些国家的市场规模还不如西方发达国家一家公司的规模大。五是投机者和追涨杀跌的投资者占多数。六是新兴市场投资者普遍不成熟。通过分析不难看出，新兴市场国家的市场虽然还存在诸多缺陷，但是，这些市场的发展潜力是极其可观的，具有较高的成长性。在电子商务发展水平还较低的情况下，随着新型市场国家整体经济实力的稳步提升，充分考虑到电子商务交易的诸多优点和新兴市场国家农产品生产经营状况的现状，有理由相信新兴市场国家电子商务发展潜力是巨大的。以中国为例，农产品电子商务发展的时间较短，但是，发展成效却是极其惊人的；截至目前，从中央到地方，高度重视农产品电子商务的发展已经成为一种潮流；在国家层面，中央多次强调农产品电子商务发展的重要性，相关部门也出台了相关的政策文件来支持农产品电子商务的发展；在地方层面，各地政府先后出台了支持农产品电子商务发展的政策措施，将农产品电子商务发展纳入地区农业经济发展中，将农产品电子商务发展看作是破解三农问题的重要举措。

第三，跨境电子商务将会得到进一步发展。作为电子商务的一种，跨境电子商务有其自身的特点。概括地讲，跨境电子商务具有六个方面的显著特点，具体来说，一是全球性。作为没有边界的媒介体，网络具有全球性和非中心化的显著特征；很显然，依附于网络的跨境电子商务也具有全球性和非中心化的特征，也就是说，作为农产品的供求者，不需要跨越国境来进行农产品贸易，只需要借助网络就可以实现农产品的跨境贸易。这种全球性特征的最大好处是不管农产品供求者处于地球的什么地方，只需要具备一定的技术手段，就可以购买到自己所需要的农产品。当然，在全球性的背景下，农产品供求双方也会面临因文化、政治和法律不同而产生的风险。二是无形性。在网络时代背景下，农产品电子商务实际上就是农产品供求者之间数字化产品和服务在彼此之间的传递。与传统的实物交易不同，在电子商务交易中，无形产品可以替代实物成为交易的对象。以购买生鲜农产品为例，需求者只需通过网络来全面了解、比较农产品，并与供给者进行洽谈，一旦彼此对买卖的价格、数量、运输方式等认可后，即可直接通过物流运输公司来完成交易，整个过程都是无形的。三是匿名性。由于跨境电子商务具有非中心化和全球性的特性，因此，很难识别电子商务用户的真实个人身份及其所处的地理位置；与之相类似的是，在线交易的消费者往往也不会表明自己的真实身份和具体地理位置；也就是说，在线交易的情况下，买卖双方是匿名的。当然，网络也允许匿名交易。遗憾的是，如果要追查跨境电子商务中买卖双方的偷税、漏税行为往往是极其困难的。四是即时性。在互联网背景下，信息传输的速度和地理位置没有必然联系。而在传统交易模式下，信息交流方式如信函、电报、传真等，在信息的发送与接收之间，存在着长短不同的时间差。而电子商务中的信息交流，无论实际时空距离远近，一方发送信息与另一方接收信息几乎是同时的，就如同生活中面对面交谈。也就是说，电子商务交易具有显著的即时性特征。五是无纸化。在电子商务中，电子计算机通信记录取代了一系列的纸面交易文件。用户发送或接收电子信息。由于电子信息以比特的形式存在和传送，整个信息发送和接收过程实现了无纸化。当然，无纸化有其自身的优点，但也有不少缺点，比如，电子文书的法律效力如何认定的问题。六是快速演进。作为新生事物，互联网的发展日新月异；伴随着互联网的快速发展，依托于互联网的跨境电子商务也会快速发展。基于跨境电商自身的特点，随着时代的发展和经济社会的发展，跨境电商必然会进一步加快发展速度。

第四，电子商务发展的产业关联效应将进一步凸显。电子商务的发展，牵涉到商品产—供—销一体化各个环节；只有各个环节通力合作、协调一致，产—供—销一体化才能够落到实处，其中某一个环节出现问题，都有可能产生意想不到的影响。进一步讲，电子商务发展的产业关联效应是显著的。具体来说，一是对生产制造业具有显著的影响。从理论上来说，电子商务交易的客体是实实在在的商品，而商品的生产取决于生产制造业的发达程度。反过来说，高度发达的生产制造业，可以为电子商务活动的开展夯实基础。以农产品电商交易为例，如果高品质的、适销对路的农产品不能够生产出来，农产品电子商务交易活动是无法开展的，农产品自身的生产是相关商务活动开展的基础和前提。特别是在竞争激烈的农产品电子商务交易过程中，物美价廉的、充足的农产品，是确保农产品电子商务交易活动顺利开展，并不断获取竞争优势的关键。二是对交通运输业具有显著的影响。电子商务交易活动的顺利开展，离不开高效快捷的交通运输业的支持；反过来说，电子商务的发展也会带动交通运输业的发展。在电子商务交易过程中，买卖双方达成了商品交易的合同，具体负责落实合同的就是交通运输业，因为要把商品从生产者手中转运到消费者手中，仅仅依靠生产者的力量是不现实的，大多需要借助第三方物流的介入，通过专业物流公司的力量，在将成本控制最小化的前提条件下，实现商品从生产者手中向消费者手中的过渡。三是对零售业具有显著的影响。前文的分析已经表明，电子商务的模式是多种多样的；既有直接从田间地头到餐桌的，也有经过周转环节才可以销售出去的。从两头来看，部分农产品电商自己并不直接从事农产品的生产，而是通过收购的方式来从事农产品电商业务的；对这类农产品电商来说，他们的收购行为在一定程度上会对产地市场农产品的销售产生影响，甚至在某些极端情况下，农产品电商的收购行为会直接冲击产地市场农产品的销售价格；部分农产品电商会通过大规模购买的方式来囤积农产品，并在销售地进行零售，这类农产品电商的销售行为会直接影响销地农产品市场上的农产品价格。四是会对其他配套服务业产生显著的影响。不仅如此，电子商务的发展还会对其他配套服务业产生显著的影响。比如，对金融业也会产生显著的影响，如何快捷、高效、安全地完成结算，这就要求传统金融业高度重视互联网金融发展的实际需要，不断更新传统的结算模式，开发出适应形势发展需要的服务系统。在"互联网＋"的时代背景下，随着社会分工的进一步细化，电子商务发展的产业关联效应会进一步增强，电子商务会带动更多的相关产业发展。

第五，智能终端的普及必将进一步推动电子商务的发展。电子商务的普及是与电脑的普及紧密相关的。前文的分析已经表明，电脑的更新换代速度是极为迅速的；与此同时，智能终端也开始进一步普及。过去，开展电子商务活动需要专门的电脑来进行操作，速度慢，效率低，受外界因素的影响多；而目前开展电子商务活动不仅可以借助电脑，也可以直接使用智能手机来进行，只要手机的网络是畅通的，就可以随时随地开展电子商务活动。随着智能终端的日益普及，电子商务活动不再受外在客观环境的限制，可以在更为广阔的地域开展。以支付为例，在传统贸易模式中，钱货两清是最根本的要求，不能够做到钱货两清，往往无法开展商贸活动；而现在各种各样的移动快捷支付方式层出不穷，无须进行现金支付，只需要通过网络支付即可解决所有的问题。在欧美发达国家，移动网络支付是高度发达的，甚至绝大部分商务活动的开展无须现金，通过网络即可完成所有的商务程序和步骤。在中国，随着电子商务的快速发展，以网络支付为代表的智能终端得到了快速发展。鉴于网络支付中出现的诸多现实问题，2015年6月21日，中国人民银行正式颁布了《非金融机构支付服务管理办法》。在该办法中，中国人民银行首次明确了非金融机构支付管理的范围，将支付宝、财付通、快钱等第三方支付机构纳入管理的范畴。随着国家对网络支付监管的加强，网络支付的安全性得到了进一步的保障，各种智能终端也开始越来越多地被使用。随着经济社会的进一步发展，智能终端将会越来越普及，也会被越来越多的群众所接受，这必将进一步推动电子商务的发展。在发达国家和地区，经济社会发展水平高，群众文化素质普遍较高，各种智能终端使用的法制健全，智能终端的普及面广，小到停车场，大到大型商场、超市，各种各样的智能终端都在广泛使用，借助这些智能终端，可以实现相关的电子商务。当然，作为电子商务的重要组成部分，农产品电子商务交易活动也是可以通过智能终端系统来解决的。

二　中国电子商务发展的趋势

中国电子商务的快速发展，已经引起理论界和实务界的高度重视和广泛关注。关于电子商务发展趋势问题，理论界和实务界也进行了深入持久的讨论。通过对已有研究的梳理不难发现，中国电子商务研究中心关于电子商务发展趋势的分析极具特色。[①]　在借鉴他们分析的基础上，本节认为中国电子商务发展趋势表现在以下十个方面：

第一，下沉发展是必然趋势。前文的分析已经表明，虽然电子商务的发展要坚持市场化的发展方向，但是，电子商务的发展离不开国家的大力支持。硬件建设方面诸如网络基础设施建设、道路交通基础设施建设需要巨额的资金投入，且投资回报的时间周期长，正的外溢性明显，私人部门不愿意也不可能投入，需要国家的介入；软件建设方面诸如专业技术人才的培养、网络服务体系的建设，单纯依靠个体农户来实施，也是非常不现实的，无法离开国家的大力支持。当然，这是电子商务发展初期可能出现的问题。当电子商务发展到一定程度，影响电子商务发展的硬件建设、软件建设问题得到妥善解决以后，真正落实或者说是贯彻实施电子商务理念，需要企业组织和个体的大力参与；毕竟，市场化是电子商务发展的趋势。进一步讲，当国家通过支持、鼓励和引导电子商务发展到一定程度时，电子商务的发展日益普及，要进一步推广电子商务，就离不开基层企业组织和个体的直接参与，下沉发展是电子商

---

①　中国电子商务研究中心在对中国 1990—2014 年电子商务发展进行归纳总结的基础上，认为 2015 年中国电子商务将呈现出十大趋势。以此为依据，本节进行了进一步的延伸和拓展，认为中国电子商务发展在未来也会呈现出十大趋势，具体见 http：//b2b. toocle. com/detail － －6212242. html。

务发展到一定阶段的必然趋势。从中国电子商务发展的历程来看，在电子商务发展的前期，主要是以国家为主，比如，投资开通专业的政府网站，确保全国联网；投资完善电子商务运作的硬件和软件设施，畅通电子商务运行的诸多环节；营造良好的重视电子商务的氛围，引导更多的企业和个人自觉参与到电子商务中。截至目前，从中央到地方，开展电子商务的各方面条件已经具备，如何将电子商务应用到具体的商务活动中，关键取决于基层企业组织和个人。特别是近些年来，中共中央、国务院、各地方政府都纷纷出台支持电商发展的政策文件，全面推广普及电子商务的环境已经形成，只需要基层贯彻落实即可，下沉发展趋势是当前电子商务发展的必然。

第二，走出国门是必然趋势。在高度集中的计划经济体制时期，国内商品出口较少，对外援助较多，真正意义上的外贸并不多见；1978年中共十一届三中全会以后，国家实行对内改革、对外开放的政策，中国在大量吸收和使用 FDI 的同时，也开始大量出口。在投资、出口和消费的推动下，中国经济连续多年持续高速增长。在当前经济新常态下，中国出口面临着严峻的形势，特别是传统意义上的出口商品诸如服装、鞋类、日用品等频繁遭遇国外的反倾销，外贸纠纷不断出现。从这些外贸纠纷产生的直观原因上来看，国外政府对来自中国的大批量商品的质量产生怀疑，频繁对中国客户进行调查，这对于中国外贸的发展是极其不利的。电子商务与传统的外贸不一样，传统的外贸商品往往量大、价值高，容易引起国外政府的高度关注，而通过电子商务交易，一般商品量小、价值相对不高，不容易引起国外政府的重点关注，更重要的是通过电子商务来购买商品的更多的是国外的消费者自身；因此，对于小额外贸政府是很难监管的。随着对外开放力度的不断加大，中国在世界经济社会中的地位显著提升，"中国制造"也被越来越多的国外客户所接受。在国家和各级政府对电子商务高度重视的背景下，越来越多的国内商品将通过电子商务交易的方式被卖到国外，越来越多的商品将走出国门。与过去相比，中国对外出口的商品不再仅仅局限于传统意义上的劳动密集型产品，在电子商务交易的支持下，各种各样的商品都逐步走出国门。发达国家和地区的实践已经表明，随着国力的稳步提升，对外贸易的开放度也会提升，国内商品将走出国门，走向国际市场。在国家和各级政府的扶持下，电子商务的发展必将提档加速，以此为纽带而被销售到海外的商品亦会越来越多，电子商务走出国门是必然的趋势。

第三，科学规范互联网金融发展是必然趋势。2015 年 7 月 18 日，人民银行等十部门发布《关于促进互联网金融健康发展的指导意见》，明确指出："互联网金融是传统金融机构与互联网企业利用互联网技术和信息通信技术实现资金融通、支付、投资和信息中介服务的新型金融业务模式。"① 按照这一官方定义，互联网金融在中国的发展是极为迅速的。截至目前，互联网金融主要的发展模式有众筹、P2P 网络借贷、第三方支付、数字货币、大数据金融、信息化金融机构、金融门户等。在这七种模式中，每一种模式都有自己的优点和缺点，有些模式的缺陷表现得尤为明显。比如，P2P 网络借贷的快速发展与风险并存问题就引起了全社会的高度重视和广泛关注。自宜信公司以来，截至 2016 年 3 月，中国共有 P2P 网络借贷平台 3984 家。② 其中，2015 年 10 月、11 月、12 月以及 2016 年 1 月、2 月、3 月新增的 P2P 网络借贷平台数量分别为 150 家、171 家、89 家、59 家、27 家和 40 家。在 P2P 网络借贷平台数量迅速扩张的同时，P2P 网络借贷平台的成交量规模也是十分可观的。2015 年 1 月，P2P 网络借贷平台成交量为 357.82 亿元；2015 年 8 月，成交量则升至 974.63 亿元，接近 1000 亿元；2015 年 9 月以来，成交量均在 1100 亿元以上；2015 年 12 月，成交量达到历史高峰，为 1337.48 亿元。与此同时，P2P 网络借贷的风险问题也表现得尤为明显。一方面，在 P2P 网络借贷平台迅速增加的同时，各种问题平台的数量也显著增加。截至 2016 年 4 月底，中国出现提现困难、停业或跑路的问题平台数量为 1598 家，绝大多数问题平台要么停业，要么跑路，提现困难的平台数量所占比重相对较少，问题平台转危为安的总共不到 5 家。不仅如此，从问题平台涵盖的区域来看，全国所有省市都有涉及；从问题平台的类型来看，银行系、国资系、上市公司系、风投系以及民营系无一幸免。另一方面，伴随着 P2P 网络借贷平台的迅速发展，

---

① 具体参见 http://www.gov.cn/xinwen/2015-07/18/content_2899360.htm。
② 若无特别说明，文中有关 P2P 网络借贷的相关数据均由笔者根据网贷之家的数据资料整理所得。相关原始数据资料具体可参见网贷之家官方网站，http://shuju.wdzj.com/。

平台累计待还金额和资金净流入也快速增长，两者并没有因为问题平台的不断出现而呈现出减缓的趋势。2015 年 9 月，P2P 网络借贷平台累计待还金额为 3176.36 亿元；2015 年 11 月，这一数据则为 4005.43 亿元；2016 年 3 月，累计待还金额则高达 5039.77 亿元。与之相对应的是，2015 年 9 月以来，P2P 网络借贷平台月资金净流入平均数量为 365.47 亿元。P2P 网络借贷平台累计待还金额和资金净流入额的快速增长，意味着一旦平台出现风险，更多的金融消费者将会遭受严重的损失。[1] 除 P2P 网络借贷外，其他诸如众筹、第三方支付、数字货币、大数据金融、信息化金融机构、金融门户等都存在不同方面的风险问题，对此必须予以科学规范。从现实来看，电子商务的发展是与互联网金融的发展紧密相关的，互联网金融的健康、稳定、可持续发展是确保电子商务发展的重要保障。进一步讲，随着电子商务的快速发展，科学引导规范互联网金融的发展，通过互联网金融的发展来为电子商务的发展保驾护航势在必行。

第四，产业群互联网化催生更多的垂直电商是必然趋势。在"互联网＋"的时代背景下，传统意义上的产—供—销一体化被赋予了新的内涵。从生产的角度来看，传统企业更多地把精力放在生产上，对用户反馈的相关信息重视不够，或者是基于信息不对称的缘故，传统企业并未真正直接面对用户的真实反馈；而在"互联网＋"的时代背景下，以用户为导向的个性化设计成为企业生产的重要内容；从产品功能的研发到产品的包装设计，对每一个细微环节，企业都会高度重视来自用户的意见，通过互联网思维与用户紧密联系，强调用户的参与度，重视用户的个性化需求。从销售的角度来看，基于资源投入和时间成本考虑，绝大多数传统企业更为关注的是与上下游企业之间的联系和沟通，以便确保生产经营活动的正常运转；而在"互联网＋"的时代背景下，传统企业不得不高度重视 B2B 网络交易方式，自觉重视线上平台的交易与建立，自觉完善支付手段、电子商务安全认证等体系，将线上与线下紧密结合起来。从融资的角度看，长期游离在正规金融机构服务范围外

---

① 具体参见鲁钊阳《P2P 网络借贷风险规制法律问题研究》，西南政法大学工作论文，2016 年 5 月。

的传统中小企业，在"互联网＋"的时代背景下，可以直接通过互联网来融资，满足自身的资金需求。也就是说，在"互联网＋"的时代背景下，产业群也将呈现出明显的互联网化，这必然会导致商品产—供—销一体化利益链条上各利益主体自觉主动与其相应的用户加强联系，借助互联网来反馈彼此的相关信息，在加快电子商务发展的同时，谋求双方利益的最大化。从现实来看，无论是大型企业，还是中小企业，都高度重视对互联网发展的运用；部分大型企业还专门成立电子商务发展部，希望通过电子商务来进一步拓展自身的生存空间，而相当部分中小企业也积极参与到互联网发展中，通过互联网的发展来开展电子商务活动，力求在互联网快速发展中赢得竞争优势。进一步讲，无论是大型企业，还是中小企业，通过互联网可以及时有效地掌握用户反馈的最新消息，也可以通过互联网发布有关自身产品的相关信息，强化彼此之间的沟通，用户与企业之间的沟通省去了不少繁琐的环节。

第五，O2O走向多方合作平台化战略是必然趋势。从理论上说，O2O营销模式，又被称为离线商务模式，是线上营销线上购买带动线下经营线下消费的商务模式。O2O营销模式之所以能够存在，主要是因为电子商务活动具有自身的特性，诸如餐饮、健身、看电影和看演出、美容美发等只能够线下经营线下消费，这就决定了O2O营销模式在现实生活中是可行的。无论是对于用户来说，还是对于商家来说，O2O营销模式都具有自身的显著优势。O2O对用户而言，具有三个方面的优势，具体来说，一是用户可以通过商家的线上营销线上推广获取更为丰富、更为全面的商家及其具体服务的信息，可以做到货比三家，实实在在得到优惠；二是用户足不出户就可以更加方便快捷地向商家咨询有关商品服务的具体信息，极大地拓展了用户的选择范围；三是由于O2O上的商家数量非常多，用户可以根据个人需要来进行选择，可以获得比线下直接消费更为优惠的价格，可以得到实实在在的好处。O2O对商家而言，具有七个方面的优势，具体来说，一是借助App平台，商家能够以低廉的营销费用获得更多的宣传和展示机会，吸引更多的新客户到店消费；二是借助App平台，商家可以科学测算营销费用的实际成效，可以对每一笔交易进行跟踪；三是借助App以往的相关数据资料，可以更有针对性地对老用户进行管理，确保自身发展的良好口碑;四是借助 App 平台,商家可以与用户进行有效沟通,更有针对性地提升自身商品、服务的品质,提升对用户的吸引力;五是在 O2O 模式下,用户都是先预定付款后消费,因此,O2O 对商家来说可以更合理地从事生产交易活动,有利于商家节约成本;六是借助 App,新开张的商家可以快捷、方便、有效地推广商品服务,在短时间内使自己所提供的商品服务让更多的用户所熟悉;七是从目前的实际情况来看,任何一家开在闹市区的店铺都会面临昂贵的租金,租金直接影响店铺能否赚钱、能赚多少钱,而在 O2O 模式下,借助 App,商家可以直接对外营销对外推广,可以极大地降低实体对黄金地段旺铺的依赖,大大减少租金支出。虽然 O2O 营销模式具有得天独厚的优势和显著特点,但是,O2O 营销模式的实施依赖于 App 的推广和使用,单个企业或者是行业很难在孤立的环境下生存和发展,需要依靠和借助其他企业或行业的支持,O2O 走向多方合作平台化战略是必然趋势。

第六,微商发展壮大是必然趋势。从目前的实际情况来看,微商发展态势良好,但是,对于什么是微商则较难理解。从字面上看,微商就是微信电商;事实上,微商的概念范畴要远远超过微信电商的范畴。从理论上说,微商不仅包括微信电商,还包括微博、手机 QQ、QQ 空间、陌陌等 web3.0 时代所衍生的载体渠道而产生的商机。与传统的电子商务相比,微商具有自身的特点:一是变过去的被动推广为现在的主动推广。随着时代的发展和社会的进步,各种智能终端逐步推广,手机在国内的使用面比较广泛,微信、微博、QQ、陌陌等新型载体渠道得到了快速发展。基于此,以新型载体渠道为媒介的微商得到了快速发展。过去推广商品和服务,更多依靠的是广告,实际成效受多方面主客观因素的影响和制约;现在推广商品和服务,依靠微信,只要对方有相应的新型载体渠道,一般都会主动查看相关信息,广告成效显著。二是微商传播信息的速度高效、快捷。过去,传播商品和服务广告速度慢,成本高,成效不一定显著;而在微商时代,只需要将有关商品和服务的相关信息传播到网络上面,信息的接受者可以不分时段地查看信息。三是微商的潜在客户群体数量众多。随着以微信、微博、QQ、陌陌等新型载体渠道的广泛使用,微商的潜在客户显著增多。理由很简单,凡是使用新型载体渠道的个体都是微商面对的客户群体。四是微商的发展严重依赖现代物流服务业的快速发展。从微商的具体操作流程和模式来看，微商主体借助新型载体渠道发布相关商品和服务的信息后，客户如果需要某种商品和服务，会在看到信息后与微商主体取得联系，经过洽谈购买商品和服务。如果两者相距很近，商品和服务的购买则不存在任何问题；反之，如果两者相距甚远，这就要涉及邮寄商品等相关现实问题，这是直接取决于物流服务业的发展的。五是微商的进入门槛非常低。在所有的电子商务中，微商的进入门槛是最低的。从现实来看，要从事微商，只需要有相关的智能终端即可进行操作。基于上述特点，在"互联网＋"的时代背景下，微商必然会进一步发展壮大，专职微商队伍可能会进一步壮大，兼职微商队伍也可能会出现进一步增长的态势。

第七，电商时尚化是必然趋势。从目前的实际情况来看，无论是从事电商的专业技术人员，还是选择通过网络购物的群体，年轻人占绝大多数，中老年群体所占的比重并不大。要在"互联网＋"的时代背景下，进一步推动电子商务的发展，需要高度关注年轻人的兴趣。如果继续沿用传统的中规中矩的营销模式或者是推广思路，电子商务的发展必然会在很大程度上受到直接的影响；只有合理迎合年轻人的兴趣，电子商务的发展前途才会一片光明。从现实来看，天猫已经发布了时尚战略，创造性地提供了一系列时尚化的解决方案，从时尚大片的定制、建立导购专题到发布时装秀，打造其时尚圈生态链；与天猫相类似，京东也已经宣布与《时尚芭莎》开展深度合作，进而寻求逐步改变京东用户男女比例失调的局面。从严格意义上说，电商的时尚化应该逐步深入到商品的产—供—销一体化各环节里。在商品的生产环节，应该根据年轻人的实际需求，不断与时俱进，生产符合时代潮流的物美价廉的商品。进一步讲，商品的生产特别是用于电子商务交易的商品的生产，需要高度重视与时代相适应，要符合时代潮流。在商品的包装运输环节，需要创新独具个性化的包装运输方式。比如，对商品的外包装，可以采取年轻人喜欢的个性化造型礼盒包装；在包装盒的颜色选择方面，可以提供更多的选择范围，将时尚元素与包装盒的设计紧密结合。在商品的销售环节，更需要与时俱进。比如，在对商品的宣传介绍方面，需要在遵纪守法的前提条件下，尽量使用在年轻人中更为大众化的用语，以吸引年轻人的注意力；在商品的销售方面，除了传统意义上的淘宝、天猫外，还需要大力拓展微信、微博、QQ、陌陌等新型载体渠道，在方便年轻人的同时，更为快捷有效地将商品销售出去。总之，随着时代的快速发展，电子商务的发展也会提档加速，电商时尚化将成为必然趋势。

第八，基础服务将成为行业竞争热点是必然趋势。虽然中国电子商务发展的历程不长，但是，电子商务发展的阶段则较多。从总体上看，中国电子商务先后经过了价格战、电商"造节"等发展阶段后，国内电商早期粗放式的发展模式难以为继，要抢夺更多的用户，电商自身必须从本质上提高自己的力量，逐步变粗放式发展为精细化发展。从互联网平台的角度来看，从淘宝到天猫，本身就是一次质的飞跃，是互联网平台日益精细化发展的有益尝试。精细化以后，不仅仅商品自身的品质尤为重要，而且诸如物流服务、售后服务这些直接关系着品牌美誉度以及用户黏性的方面，变得尤其重要。在"互联网＋"的时代背景下，虽然目前国内电商品牌数量众多，各级各类综合性百货电商、垂直电商纷纷采取各种策略来努力抢占市场先机，但对于消费者来说，某种商品的价格总体如何，基本上都是可以通过互联网来知晓的。也就是说，对不同的电商来说，在价格竞争方面可做的文章并不多，而在基础服务方面则大有可为。从现实来看，电商的基础服务一直以来都是用户高度关注的。虽然自电商诞生之日起，服务便是主打牌，但是用户不满意，这就意味着用户的需求没有得到满足，于是新的竞争点就出现了，准确地讲，这就是基础服务。在商品质量大同小异的情况下，基础服务是尤为重要的。以购买农产品为例，如果物流服务跟不上，购买的农产品不能够及时到达消费者手中，或者是延期到达消费者手中，消费者极有可能会选择退货，转而从其他电商手中购买；如果售后跟不上的话，购买的农产品出现破损或者是变质之类，消费者可能会选择通过法律的手段来维护自身的合法权益，这对于农产品电商的品牌将会产生重要的负面影响。一般来说，普通的电商经不起法律纠纷的干扰，即便是大型的农产品电商遭遇法律纠纷，也会对自身品牌带来极大的负面影响。随着时代的发展，消费者不仅仅对商品本身，而且还会对与商品有关的基础服务越来越重视。也就是说，在当前"互联网＋"的时代背景下，基础服务将成为行业竞争热点是必然趋势。

第九，物联网成为电商流量新入口是必然趋势。从历史渊源的角度看，物联网（IOT，Internet of Things）的正式概念是在 2005 年突尼斯举行的信息世界峰会发布的《ITU 互联网报告 2005：物联网》报告中提出的。按照这次报告的界定，可以认为物联网就是一个通过信息技术将各种物体与网络相连以帮助我们获取这些物体信息的巨大网络。进一步讲，人们在计算机互联网的基础上，基于互联网、RFID 技术、EPC 标准，利用射频识别技术、无线数据通信技术等，构想了一个实现全球物品信息实时共享的实物互联网（简称物联网）。[①] 一般来说，物联网包括感觉层、通信层和计算层三个组成部分。感觉层也可称为传感层，基本功能是感觉环境或物，主要运用射频识别、条形码、磁条、全球定位系统、M2M 终端、摄像头以及各种传感器等技术进行感触、识别和追踪，采集各种静态和动态的信息。通信层也可称为传输层，基本功能是传递信息，主要运用局域网、广电网、通信网、互联网等各种有线或无线的网络传输信息，既传输感觉层捕获的信息，也传输物所需的资料和给它的指令。计算层也可称为应用层，基本功能是处理数据，主要运用数据挖掘、云计算、专家系统等技术对传输来的信息按照不同的需求目标进行处理，形成各个专业领域智能化的解决方案，发送给各种终端（比如 PC、智能家电、机器人等）以实现智能化应用。[②] 通过对物联网的分析不难看出，要真正在未来电子商务竞争市场中抢占先机，必须依靠物联网，更多地通过与用户之间的良性互动，更好地为用户提供个性化的服务。以网购农产品的追溯系统为例，用户购买了农产品，可以通过扫描的方式准确掌握农产品的产—供—销各环节情况，在某个具体环节出现问题，可以直接追溯；与此同时，商家也可以通过卫星定位系统，准确掌握农产品流转的具体位置；很显然，这对于促进农产品的产—供—销一体化具有重要的意义，可以卓有成效地保障农产品产—供—销一体化各利益主体的合法权益，因为借助追溯系统，无论是商家还

---

① 具体参见范鹏飞、焦裕乘、黄卫东《物联网业务形态研究》，《中国软科学》2011 年第 6 期。

② 具体参见刘永谋、吴林海《物联网的本质、面临的风险与应对之策》，《中国人民大学学报》2011 年第 4 期。

是用户，都可以准确地明确各自的责任。

第十，精准营销将成为必然趋势。从理论上来看，精准营销（Precision Marketing）是指在精准定位的基础上，依托现代信息技术手段建立个性化的顾客沟通服务体系，实现企业可度量的低成本扩张之路。与传统的营销方式相比，精准营销注重在合适的时间、合适的地点向合适的用户进行营销，其最终的目标是要追求无营销的营销。从理论上说，合适的时间非常重要，换季打折的商品销售价格不会理想，厂家并不能够在换季打折商品上赚取尽可能多的利润，而应季的商品往往可以收获好的利润；因此，在营销的时候要注重时间点，合适的时间营销可以做到成本最小、收益最大。合适的地点不可忽视，在远离目标顾客群的地点做广告搞销售，不可能取得成功；只有在目标顾客群面前或者是周边开展大规模的营销，才有可能取得实际成效。合适的用户是最为关键的，因为用户直接决定着商品的销售情况；如果商品得不到用户的青睐，必然不会有好的销路；只有得到用户青睐的商品，才能够卖出好的价钱。随着电子商务竞争程度的日益激烈，如何在合适的时间、地点针对合适的群体开展营销，成为所有电商不得不面临的现实问题。无论是淘宝、天猫还是京东，打开相关的官方网站网页，以往用户搜索过的商品或者是相类似的商品广告都会铺天盖地而来，这就是精准营销的典型做法；一旦系统认为用户需要某种类型的商品，那么在以后的一段时间内，只要你打开网页，相关商品或相类似商品的广告就会层出不穷，尽可能地为用户提供更多的选择机会，让用户成为具体商品的实际消费者。随着网络技术的日益发达，相关的推广方式必将发生变化，精准营销也会成为必然趋势。

三　中国农产品电商发展的趋势

前文已经介绍了中国农产品流通的历史与现实，并剖析了电子商务发展的趋势。结合目前中国农产品电子商务发展的实际情况来看，中国农产品电子商务在未来会呈现出以下几个方面的趋势：交易品种多样、交易模式多样、支付模式多样、物流和"物配"模式多样、大型电商进入农业电商领域。

表 4.4 中国主要生鲜农产品电子商务网站情况表

网站名称	运营时间	交易额	特色产品
淘宝/天猫	2004 年开办	500 亿元	干果及其他农产品
易果网（天天果园）	2005 年上线		跨境水果交易，自建物流
甫田网	2009 年上线		跨境果蔬交易
优果网	2007 年创办		国内外水果，自建冷库
1 号店	2008 年 7 月 11 日上线	105.4 亿元	蔬果、日用品、其他
和乐康	2008 年上线		有机食品
沱沱工社	2008 年上线	1 亿元	有机食品
我买网	2009 年 8 月上线	10 亿元	粮油食品
优菜网	2010 年 8 月上线		蔬果等生鲜，有实体店
菜管家	2010 年上线		蔬果等生鲜，有冷库
电子菜箱	2011 年	0.5 亿元	面向社区，蔬果
智能菜柜	2011 年上线		面向社区，蔬果
本来生活	2012 年 12 月上线		褚橙、肉禽水产等农产品
全农汇（通威集团）	2012 年 12 月上线		鱼类等生鲜食品，开实体店
顺丰优选	2012 年 5 月 31 日上线	2 亿元	高档生鲜品
聚划算（生鲜）	2012 年		生鲜农产品
京东	2013 年上线生鲜	100 亿元	自营 + 平台模式，各类农产品
龙宝网	2013 年开办	0.5 亿元	食品安全电商第一家
中国地理标志产品商城	2013 年上线	0.5 亿元	中国地理标志产品商城第一家
美味七七	2013 年改名		
新发地农产品批发市场牵手京东商城	2013 年 11 月 8 日		批发市场 + 网点模式
乐农优选	2013 年初		打造生鲜全产业链
鲁派 E 家	2013 年 12 月上线		食品加工厂生鲜平台
永辉超市半边天	2013 年		O2O 模式

资料来源：洪涛、张传林、李春晓：《我国农产品电子商务模式发展研究》（下），《商业时代》2014 年第 16 期。

　　第一，交易品种多样。从中国农产品电商发展的趋势来看，不仅传统意义上的农产品、农副产品可以通过网络进行交易，其他类型的农产品、农副产品也可以通过网络进行交易。过去能够用于网络进行销售的主要是易于包装、不容易变质腐败、运输方便的农产品、农副产品，而现在各种各样的农产品、农副产品都可以在线交易。以生鲜农产品为例，容易变质腐败的蔬菜、水果等都可以直接通过网络进行交易，部分农产品电子商务专业网站还开通了达到一定数额的交易额可以直接同城免费送货的服务。不仅如此，比如顺丰生鲜配送，不仅可以配送生鲜蔬菜，还可以直接快递活的螃蟹、贝壳等海鲜产品，类似农产品电商网站及其销售农产品情况如表4.4所示。也就是说，与过去相比，中国农产品电子商务交易的品种是多样化的。随着农产品电子商务的进一步发展，用于交易的农产品品种将会进一步增多。需要特别说明的是，虽然随着农产品电子商务的发展，可以用于交易的农产品品种越来越多样化，但是，这并不等于邮寄农产品可以不遵守国家的法律法规，邮寄农产品需要严格遵守国家的法律法规；只有在遵纪守法的前提条件下，农产品电子商务交易的品种才能够更多样化。

第二，交易模式多样。前文已经剖析了电子商务交易的诸多模式及其相关的特点；事实上，这些模式在农产品电子商务交易中也是可以运用的。比如，B2B模式就可以用于大型农业生产企业之间的商贸活动，因为这种模式具有交易频率相对较低、交易数额较大、交易对象广泛和交易操作规范的特点，比较适合不同类型大型农业企业之间的交易；B2C模式就可以用于零售消费者与农业企业之间的商贸活动，因为在这种模式下，农业企业可以借助Internet为零售消费者提供网上购物并完成支付，进一步讲，零售消费者只需要访问农业企业的官方网站，按照规定的要求下订单并完成支付即可，农业企业根据订单情况定期发货；C2C模式就更为灵活多变，是消费者个人对消费者个人提供农产品买卖的电子商务模式，在这种模式下，个体农户可以借助网络来出售自己生产的而又无法消费的剩余农产品；O2O模式对于农产品销售也是具有重要意义的，农业生产企业可以通过线上推销农产品，消费者线上购买，线下直接去实体店提取农产品。随着网络信息技术的提档加速，越来越多的新型交易模式将被广泛应用于农产品电子商务交易活动中，农产品电子商务交易模式也会越来越具有创新性。

表 4.5 　　　　　 10 个农产品（生鲜农产品）电子商务支付形式

网站名称	支付方式	主要特点
阿里巴巴	支付宝快捷支付、支付宝余额支付、支付宝卡支付、货到付款	线上与线下相结合，线下是货到付款
天猫	支付宝快捷支付、支付宝余额支付、支付宝卡支付、货到付款	线上与线下相结合，线下是货到付款
淘宝	支付宝快捷支付、支付宝余额支付、支付宝卡支付、货到付款	线上与线下相结合，线下是货到付款
京东	银行卡支付（支持网银与快捷支付）、支付平台（网银钱包、微信支付、快钱、在线支付、和包）及其他	线上与线下相结合，线下是货到付款
1 号店	网上支付、银行转账、货到付款、抵用券	线上与线下相结合，线下是货到付款
沱沱工社	在线支付、账户余额支付、雅高 E 卡、多种福利卡、货到付款	线上与线下相结合，线下是货到付款
我买网	货到付款、网上支付、礼券支付、我买卡支付	线上与线下相结合，线下是货到付款
顺丰优选	第三方支付平台、网上银行支付、优选卡、货到付款	线上与线下相结合，线下是货到付款
中国地理标志产品商城	账户余额支付、支付宝付款、财付通支付、礼品卡支付	线上与线下相结合，线下是货到付款
龙宝溯源商城	网银、银联、账户余额、支付宝、龙宝卡（券）	线上与线下相结合，线下是货到付款
菜管家	在线支付、货到刷卡、货到付款	线上与线下相结合，线下是货到付款

资料来源：洪涛、张传林：《2014—2015 年我国农产品电子商务发展报告》，《中国商贸》2015 年第 5 期。

　　第三，支付模式多样。与钱货两清的传统贸易模式相比，农产品电子商务交易模式具有自己的鲜明特色，相关情况见表 4.5 所示。从目前的实际情况来看，特别是随着农产品电子商务的发展，支付模式也逐步出现多样化的特点，比较常见的支付模式有货到付款、信用卡支付、在线支付、PayPal 支付、银行电汇及邮政汇款等不同方式。在这些模式中，货到付款的方式采用得比较多。以淘宝、天猫为例，消费者在线下单后，厂家按照消费者提供的地址及其他具体要求，包装商品，并联系物流公司，按照指定地址发货；消费者收到商品后，确认商品没有任何问题，或者是存在的问题在自己可以接受的范围内，通过支付宝将相关货款支付给对方。从整个过程来看，消费者没有收到商品且对商品进行查验之前，相关款项只是到达第三方支付平台，并未直接支付给厂家；只有在收到商品并验货后，才会自己主动通过第三方支付平台将款项支付给对方；很显然，淘宝、天猫所采取的本质上来说仍然是货到付款的方式。与淘宝、天猫不同的是，京东虽然使用得比较多的也是货到付款，但是，京东的货到付款更为直接，商品达到消费者手中，当场查验不存在问题的话，收货即付款，钱货两清的特征更明显。从农产品电子商务交易来看，采取哪种支付模式，更多地取决于双方的接受程度，只要双方愿意接受，即可采取双方都接受的支付模式。对农产品电子商务交易来说，重要的不是采用了什么样的支付模式，而是实际所采用的支付模式能否得到双方的认可。

第四，物流和"物配"模式多样。从表4.6中不难看出，中国农产品物流和"物配"模式呈现出多样化的趋势。从物流的角度来看，除了传统的 EMS 邮政快递外，以"四通一达"为代表的快速公司发展极为迅速，为农产品电子商务的发展提供了保障。除这些外，其他各种各样的、大小不一的快递公司也如雨后春笋般涌现，各种各样的物流服务网络体系涵盖了城市的每一个角落，相当部分农村乡镇也有相应的物流服务网络，这些物流服务网络体系极大地促进了农产品电子商务交易的发展。当然，这些都属于普通的物流服务网络体系。为了满足不断增长的城镇居民对生鲜农产品的需求，生鲜农产品物流、冷链物流得到了快速发展。虽然这比普通的物流服务收费更贵，但是，这些极具特色的物流服务可以更好地为生鲜农产品的销售夯实基础，保证生鲜农产品不变质。从物流配送的角度来看，"物配"模式更为细致入微。过去物流配送更多的是直接按照对方厂家的要求，将产品运输给消费者，所有的服务更多的是运输，实际上的含金量并不高，相当部分服务也难以有效地满足消费者的实际需要；现在农产品物流配送更为精细化，厂家可以完全按照消费者的要求对农产品进行初加工，甚至可以直接按照营养搭配来对农产品进行包装、运输，实实在在地满足消费者的多方面消费需求。从实际情况来看，随着时代的进步和人民生活水平的显著提升，物流服务网络体系会进一步延伸，真正延伸到城乡的每一个角落；与此同时，相关的物流配送服务也会更个性化，更好地满足消费者的不同需求。

表 4.6 农产品物流配送模式一览表

网站名称	上线时间	物流配送模式	特点
淘宝网	2004 年上线	第三方物流 + 指定快递	主要是第三方配送，网站对其进行监管
天猫	2012 年 1 月 11 日上线	菜鸟网络"干线（冷链或航空）+落地配"两段式配送服务，实现全程控温	"干线（冷链或航空）+落地配"
聚划算	2012 年上线	良无限物流	生鲜农产品
阿里巴巴	1999 年创立	在线轻松发货：足不出户完成比价、挑选、发货；平台独享折扣：在线下单可享受部分品牌物流商折扣价；线路全国覆盖：百万条路线，直达乡镇；发货安全保障：阿里物流协助解决您与品牌物流商货运纠纷	全球采购全球售货
我买网	2009 年 8 月上线	自建 + 第三方配送；自建配送、顺丰速递两种配送方式	以粮油食品为主
1 号店	2008 年上线	慢送返利；准时达；定日达	蔬果、日用品、其他混合经营
沱沱工社	2008 年上线	自营全程冷链配送	有机食品
顺丰优选	2012 年 5 月 31 日上线	自建物流配送	高档生鲜产品
龙宝溯源商城	2013 年上线	原产地直配	安全食品第一家
京东商城	2004 年开办，2013 年上线生鲜	上门自提；211 限时达；次日达；定日达	各地农产品
中国地理标志产品商城	2013 年上线	原产地直销 + 快递配送（与宅急送合作）	地理标志第一家

资料来源：洪涛、张传林：《2014—2015 年我国农产品电子商务发展报告》，《中国商贸》2015 年第 5 期。

第五，大型电商进入农业电商领域。随着国家对"三农"发展的日益重视，大型电商开始逐步把目光投向农村，纷纷拓展农产品电商市场。比如，2014年9月，阿里巴巴提出"农村、跨境、大数据"三大战略。计划在3—5年内，投资100亿元，建立1000个县级运营中心和10万个村级服务站，打通电商进村的最后一公里。2015年底，农村淘宝村级服务站点已覆盖27个省份，覆盖12000—15000个村。2014年12月至今，京东在全国600多个县设立了县级服务中心，并在10万个行政村招募了10万个以上的乡村合作点和推广员。不仅电商巨头高度重视对农村市场的开拓，地方政府也高度重视吸引电商巨头的进驻。① 比如，目前奉节脐橙种植面积达30万亩，年产23万吨，通过实施"八个月鲜果工程"，实现了错季发展；引进专业公司运作，规模化栽种红豆杉4.1万亩，油橄榄6万亩，全县基本上形成了以高山红豆杉和中药材、中山油橄榄、低山脐橙为主的"三带"农业产业格局。在此基础上，为进一步促进奉节优势产业经济的发展，2015年8月4日，重庆市奉节县人民政府与阿里巴巴集团签订意向性农村淘宝战略合作协议，欲在3—5年内投资100亿元，建立1000个县级运营中心和10万个村级服务站，推动农村电商发展。到2016年底，奉节拟建成农村淘宝服务站300个以上，在重庆市率先实现淘宝服务站行政村全覆盖。② 从总体上看，农产品电商的发展必然会引起电商巨头的高度关注，大型电商进驻农业电商领域是必然趋势。

---

① 具体参见洪涛《未来五年农业电商将进入"爆发期"》，《南方农村报》2016年3月28日第5版。

② 具体参见李海岚《奉节拉来马云百亿电商项目，明年在渝实现服务站全覆盖》，2015年8月5日，新华网重庆频道(http://www.cq.xinhuanet.com/2015 - 08/05/c_1116153371.htm)。

第五章 新常态下农产品电商
发展的融资困境分析

在新常态背景下农产品电商的发展取得了显著成效，不仅国家和地方政府层面出台了大量支持农产品电商发展的政策文件，而且各级各类新型农业经营主体也都纷纷涉足农产品电商业务；从整体上看，全国各地均有农产品电商的发展，甚至在全国各地还出现了专门的淘宝镇、淘宝村。作为主要根植于农村的农产品电商，在其发展过程中也会面临融资困境问题，它们到底是更倾向于从正规金融机构获得贷款，还是从非正规金融机构获得贷款呢？同时，在"互联网＋"时代，随着互联网金融的创新发展，P2P网络借贷在农村地区也得到了快速发展，其对农产品电商发展是否有影响呢？[①] 现有文献资料对此并没有给出明确的答案，有必要进行进一步的研究。

第一节 农产品电商发展的融资选择：
正规金融还是非正规金融

作为典型的发展中农业大国，农业、农村和农民问题对中国经济社会的发展具有极端重要性，这从历年中央"一号文件"的具体内容中可以看出来。改革开放以来，1982—1986年、2004年至今，中央"一

---

① 有关P2P网络借贷对农产品电商发展的影响，作者已经公开发表于《财贸经济》2016年第3期。具体参见鲁钊阳、廖杉杉《P2P网络借贷对农产品电商发展的影响研究》，《财贸经济》2016年第3期。

号文件"全部都聚焦"三农问题"。虽然每一年中央"一号文件"涉及
"三农问题"的具体内容存在差异，但是，国家对"三农问题"的高度
重视却并未改变。以 2014 年中央"一号文件"为例，国家明确提出要
"启动农村流通设施和农产品批发市场信息化提升工程，加强农产品电
子商务平台建设"；经过 2014 年的预热，2015 年中央"一号文件"明
确提出，要"支持电商、物流、商贸、金融等企业参与涉农电子商务
平台建设"，要"开展电子商务进农村综合示范"。随后，2015 年国务
院《政府工作报告》、中华全国供销合作总社 2015 年"一号文件"、商
务部及其他部委文件中，都明确提出要大力发展农产品电子商务，通过
畅通农产品产—供—销一体化的每一个环节，提升农民在农产品产—
供—销一体化链条上的实际收益，促进农民增收、农业发展和农村繁
荣。在此背景下，研究农产品电商问题无疑具有很强的现实意义。

　　虽然改革开放以来，中国经济建设取得了举世瞩目的成就，国民经
济总量持续高速增长，产业结构不断优化，人民生活水平显著改善；但
是，农业、农村和农民问题始终未从根本上得到有效解决。以融资问题
为例，虽然国家高度重视农村各级各类融资主体的融资诉求，但是，在
当前信贷审批体制下，抵押品有无、是否足值、是否容易变现是银行决
定放贷的重要前提条件；与城镇的各级各类融资主体相比，农村融资主
体往往会因为抵押品问题而无法享受银行所提供的金融服务，游离于银
行的服务范围之外，农村融资主体的融资难问题成为制约农村经济健
康、稳定、可持续发展的重要因素。农村融资主体种类较多，农产品电
商作为农村融资主体的重要组成部分，其自身的融资诉求能否得到解
决，在很大程度上会直接制约农村经济的发展。与其他的融资主体相
比，农产品电商尤为特殊，除部分自产自销的农产品电商外，其他的农
产品电商中介性极强，虽然在生产者和消费者之间扮演着桥梁和纽带的
作用，但自身绝大多数抵押品极为匮乏，往往被银行等正规金融机构排
斥在服务范围之外，其自身的融资诉求很难通过正规金融机构贷款得到
有效满足。作为正规金融机构的重要补充，非正规金融机构在农村拥有
广阔的市场，自然可能也是农产品电商资金的供给者。

　　从现有文献资料来看，虽然已有学者对农产品电商进行多方面的研
究，但是，研究农产品电商融资方式选择问题的文献资料则极为少见，

且现有文献在研究农产品电商问题时往往采取定性分析的方法来进行研究，实证研究成果较为匮乏。基于此，本节拟在问卷调查的基础上，运用定量分析的方法来探究农产品电商不同融资方式选择的影响因素问题。与既有研究相比，本节研究的可能创新之处表现在：第一，不一样的研究内容。农产品电商到底是选择从以银行为代表的正规金融机构融资，还是选择从以 P2P 为代表的非正规金融机构融资，这是学者尚未涉及的领域，本节研究的内容具有创新性。第二，不一样的研究方法。为突破既有研究定性分析的局限性，本节研究拟在问卷调查的基础上，以微观数据来实证农产品电商不同融资方式选择的影响因素。第三，不一样的研究结论。从长期来看，正规金融和非正规金融的发展对于缓解农产品电商的融资困境是具有显著促进作用的；但从短期来看，到底选择何种融资方式往往取决于农产品电商自身多方面的因素。

一 文献综述

从现有文献资料来看，鲜有学者直接研究农产品电商融资问题，但是，与之相关的研究文献则较多。与国内学者相比，国外学者的研究更为宏观，研究重点主要集中在农产品物流与电子商务物流两个方面。在农产品物流研究方面，Barkema（1993）、Kliebenstein 和 Lawrence（1995）、Barth（2000）进行了深入研究。[①] 其中，Barkema（1993）以食品行业为例进行研究，认为要全方位多角度地掌握顾客的需求，需要强化行业间的纵向合作；Kliebenstein 和 Lawrence（1995）认为，要让农业供应链中各链条充分发挥协调作用，需要强化对所有权的整合，需要高度重视各种契约协议作用的发挥，最为关键的是要确保农业产业中各参与者的公平合法竞争地位；Barth（2000）首次将农业供应链的相关理论研究应用于国际贸易中，有力地促进了相关理论的交叉研究，拓

---

① 具体参见 Barkema, A. , "Reaching Consumers in the Twenty-First Century: The Short Way Round Barn," *Decision Support Systems*, 1993, 12（3）: 1126-1131；Kliebenstein, J. B. , Lawrence, J. D. , "Contracting and Vertical Coordination in the United States Pork Industry," *American Journal of Agricultural Economics*, 1995, 77（5）: 1213-1218；Barth, J. R. , "Supply Chain Management and Production Agriculture," *The International Journal of Logistics Management*, 2000（10）: 257-263. 需要特别说明的是，下文涉及相同文献，不再做说明。

展了农产品物流理论的应用空间。在电子商务物流研究方面，Gourdin（2001）认为，科学合理的物流配送可以为企业节约成本，企业不重视物流配送，将会在电子商务环境下处于不利的竞争地位；① Chun 和 Kim（2005）认为，价格战略对于电子商务物流具有重要的影响，完美的价格战略与科学合理的物流安排能够有效促进电子商务物流的发展；②Mesut et al.（2014）认为，电子商务物流对中小企业来说既是机遇也是挑战，其不仅有利于中小企业节约生产运输成本，还有利于中小企业寻找适合自己的差异化发展战略并逐步壮大自己；当然，面对理性消费者用脚投票的行为，中小企业也有可能在竞争中彻底失败，直至破产或被兼并。③

与国外学者不同的是，国内学者虽然鲜有研究农产品电商融资问题的，但是，对农产品电商的相关研究成果则极为丰硕。比如，关海玲等（2010）对电商环境下农产品网上流通的 B2B、B2C、C2C 三种模式进行了比较，认为这三种模式都具有各自的比较优势，只要政府强化良好的环境建设，加强信息化基础设施建设，有意识地引导企业和农户融入电子商务交易活动中，农产品电商发展前景光明。④ 张胜军等（2011）深入研究了中国农产品电商平台建设问题，认为建设农产品电子商务平台需要做好四个方面的工作，即农村信息基础设施、农产品商务信息服务、农产品电子商务交易和农产品电子商务人才培养等。⑤ 赵苹和骆毅（2011）以上海"菜管家"和纽约 Freshdirect 两家专门的农产品电商公司为例，研究其对中国农产品电商发展的启示，认为中国农产品电商的

---

① 具体参见 Gourdin，K. N. ，*Global Logistics Management：A Competitive Advantage for the New Millennium*，Blackwell Publishers Ltd. ，2001（3）：317-320.

② 具体参见 Se-Hak Chun, Jae-Cheol Kim, "Pricing Strategies in B2C Electronic Commerce：Analytical and Empirical Approaches," *Decision Support Systems*,2005,40（2）：375-388.

③ 具体参见 Mesut Savrul, Ahmet Incekara, Sefer Sener, "The Potential of E-commerce for SMEs in a Globalizing Business Environment," *Procedia-Social and Behavioral Sciences*, 2014, 150（15）：35-45.

④ 具体参见关海玲、陈建成、钱一武《电子商务环境下农产品交易模式及发展研究》，《中国流通经济》2010 年第 1 期。

⑤ 具体参见张胜军、路征、邓翔《我国农产品电子商务平台建设的评价及建议》，《农村经济》2011 年第 10 期。

发展需要注重产销对接，实施区域差异化政策。[①] 何德华等（2014）、林家宝等（2015）分别研究了电商背景下消费者购买意愿与消费者信任的影响因素问题，认为农产品电商交易的成功开展关键取决于农产品供给者与农产品消费者之间的信任，供需双方信任程度的强弱直接关系到交易活动能否顺利开展。[②] 洪涛等（2014，2015）在回顾 2014 年中国农产品电商发展的基础上，对中国农产品电商发展中存在的问题进行了归纳总结，对农产品电商的发展趋势、发展模式等问题进行了全面深入的系统研究。[③]

随着互联网技术的迅速发展和互联网理念的深入人心，农产品电商的发展必然会越来越快，农产品电商将成为农村新的经济增长点，解决农产品电商融资问题迫在眉睫。到底农产品电商会选择哪种融资方式，或者说，哪些因素会影响农产品电商融资方式的选择，从上述文献的梳理中不难看出，鲜有学者对此进行全面研究；而在"互联网＋"时代，农产品电商又是理论界和实务界不得不面对的重大现实问题。基于此，本节拟在问卷调查的基础上，通过定量分析的研究方法，探究农产品电商不同融资方式选择的影响因素，力求为农产品电商的健康、稳定、可持续发展提供新的经验证据。

二 数据来源与变量说明

本节使用的数据来源于"互联网＋时代农产品电商促进农业可持续发展的对策研究"项目组，研究的样本包括北京市、上海市、浙江省、广东省、福建省、江苏省、山东省、辽宁省、安徽省、湖北省、湖南省、河南省、四川省、云南省和新疆维吾尔自治区 15 个省级单位，研究采取随机发放调查问卷的方式进行，问卷发放时间为 2015 年 5—8

---

① 具体参见赵苹、骆毅《发展农产品电子商务的案例分析与启示：以"菜管家"和 Freshdirect 为例》，《商业经济与管理》2011 年第 7 期。

② 具体参见何德华、韩晓宇、李优柱《生鲜农产品电子商务消费者购买意愿研究》，《西北农林科技大学学报》（社会科学版）2014 年第 4 期；林家宝、万俊毅、鲁耀斌《生鲜农产品电子商务消费者信任影响因素分析：以水果为例》，《商业经济与管理》2015 年第 5 期。

③ 具体参见洪涛、张传林、李春晓《我国农产品电子商务模式发展研究》（下），《商业经济研究》2014 年第 17 期；洪涛、张传林《2014—2015 年我国农产品电子商务发展报告》，《中国商贸》2015 年第 5 期。

月。项目组在所确定的每一个省级单位发放调查问卷150份，累计发放问卷2250份，实际回收问卷2180份，剔除缺乏关键信息的调查问卷49份，实际回收的有效问卷为2131份，有效率为94.71%。本节将回归方程设定为基于单个农产品电商层面的 *probit* 模型，假定单个农产品电商选择某种融资方式的概率由如下方程决定：

$$\Pr(rzfsxz_i = 1) = \beta_0 + \beta_j \sum_{j=1}^{K} X_{ji} + Dummy_i + \varepsilon_i \qquad (5-1)$$

在（5-1）式中，下标 i 表示第 i 个农产品电商，下标 j 表示影响农产品电商选择不同融资方式的第 j 个因素；j 的取值范围为1到 K，K 取正整数。被解释变量 $rzfsxz$ 是一个关于农产品电商对不同融资方式选择的哑变量，如果农产品电商选择从 P2P 等非正规金融机构融资，则对其赋值1；如果农产品电商选择从农村信用社等正规金融机构融资，则对其赋值0。X_{ji} 为控制变量，表示影响农产品电商选择不同融资方式的因素。β 为待估参数。$Dummy$ 为地区虚拟变量。ε 为随机误差项。

在本节研究中，（5-1）式中的控制变量 X_{ji} 具体包括三组变量，分别是户主禀赋变量、家庭特征变量和区域特征变量。在户主禀赋变量方面，本节设计的具体变量包括性别（X_1）、年龄（X_2）、户籍状况（X_3）、婚姻状况（X_4）、健康状况（X_5）和文化程度（X_6）。在家庭特征变量方面，本节设计的具体变量包括家庭经济类型（X_7）、家庭整体氛围（X_8）、农产品电商偿债能力（X_9）、农产品电商营运能力（X_{10}）、农产品电商盈利能力（X_{11}）、家中是否有大学生（X_{12}）、家中是否有村民代表（X_{13}）、亲戚中是否有公务员（X_{14}）、是否有亲戚开办企业（X_{15}）和是否有城市亲戚关系（X_{16}）。在区域特征变量方面，本节设计的具体变量包括网络安装情况（X_{17}）、网络通畅情况（X_{18}）、金融机构对 P2P 宣传（X_{19}）、基层政府对 P2P 宣传（X_{20}）、农业生产条件状况（X_{21}）、农业技术培训状况（X_{22}）、农技人员服务状况（X_{23}）、名优特产推介状况（X_{24}）、农村普法教育状况（X_{25}）和农村治安实际状况（X_{26}）。各变量的定义、赋值及其描述性统计分析结果如表5.1所示。

表 5.1　　　　　　　　　　变量定义及其描述性统计分析

变量	变量类型	变量赋值	均值	标准差
Y（融资方式选择意愿）	因变量	从 P2P 等非正规金融机构融资 = 1；从农村信用社等正规金融机构融资 = 0	0.4257	0.1267
X_1（性别）	户主禀赋变量	男 = 1，女 = 0	0.5015	0.1011
X_2（年龄）	户主禀赋变量	30 岁以下 = 1，30—39 岁 = 2，40 岁及以上 = 3	2.5715	0.2217
X_3（户籍状况）	户主禀赋变量	城镇 = 1，农业和非城镇蓝印户籍 = 0	0.5745	0.2022
X_4（婚姻状况）	户主禀赋变量	未婚 = 1，已婚 = 2，丧偶 = 3，离异 = 4	2.1123	0.1019
X_5（健康状况）	户主禀赋变量	良好 = 1，一般 = 2，差 = 3	2.5217	0.2022
X_6（文化程度）	户主禀赋变量	小学及以下 = 1，初中 = 2，高中及以上 = 3	2.4715	0.1197
X_7（家庭经济类型）	家庭特征变量	专职农产品电商 = 0，兼职农产品电商 = 1	0.5017	0.1125
X_8（家庭整体氛围）	家庭特征变量	民主型 = 1，独裁型 = 0	0.4217	0.1022
X_9（农产品电商偿债能力）	家庭特征变量	减弱 = 1，一般 = 2，增强 = 3	2.1615	0.3786
X_{10}（农产品电商营运能力）	家庭特征变量	减弱 = 1，一般 = 2，增强 = 3	2.2217	0.2219
X_{11}（农产品电商盈利能力）	家庭特征变量	减弱 = 1，一般 = 2，增强 = 3	2.0235	0.2745
X_{12}（家中是否有大学生）	家庭特征变量	有 = 1，无 = 0	0.5417	0.1763
X_{13}（家中是否有村民代表）	家庭特征变量	有 = 1，无 = 0	0.2152	0.1257
X_{14}（亲戚中是否有公务员）	家庭特征变量	有 = 1，无 = 0	0.2745	0.0236
X_{15}（是否有亲戚开办企业）	家庭特征变量	有 = 1，无 = 0	0.1985	0.0097
X_{16}（是否有城市亲戚关系）	家庭特征变量	有 = 1，无 = 0	0.2247	0.1145
X_{17}（网络安装情况）	区域特征变量	已安装 = 1，未安装 = 0	0.4598	0.1126

续表

变量	变量类型	变量赋值	均值	标准差
X_{18}（网络通畅情况）	区域特征变量	通畅 = 1，不通畅 = 0	0.3985	0.1106
X_{19}（金融机构对 P2P 宣传）	区域特征变量	宣传 = 1，不宣传 = 0	0.2587	0.0029
X_{20}（基层政府对 P2P 宣传）	区域特征变量	宣传 = 1，不宣传 = 0	0.3217	0.0992
X_{21}（农业生产条件状况）	区域特征变量	不满意 = 1，一般 = 2，满意 = 3	1.9857	0.1257
X_{22}（农业技术培训状况）	区域特征变量	不满意 = 1，一般 = 2，满意 = 3	1.9745	0.2115
X_{23}（农技人员服务状况）	区域特征变量	不满意 = 1，一般 = 2，满意 = 3	1.8765	0.2027
X_{24}（名优特产推介状况）	区域特征变量	推介 = 1，不推介 = 0	0.2571	0.1007
X_{25}（农村普法教育状况）	区域特征变量	不满意 = 1，一般 = 2，满意 = 3	2.1117	0.3013
X_{26}（农村治安实际状况）	区域特征变量	不满意 = 1，一般 = 2，满意 = 3	1.6217	0.0217

三　实证结果及分析

在前面分析的基础上，采用 Stata13.0 软件对农产品电商不同融资方式选择的影响因素进行了有序 Probit 模型估计，估计结果如表 5.2 所示。其中，模型 I 是纳入了所有的控制变量后的估计结果，模型 II 则是在模型 I 的基础上，经过进一步的优化检验、剔除对被解释变量影响不显著的变量后，重新估计所得到的结果。通过对比模型 I 和模型 II 的对数似然比（Log likelihood）、伪判决系数（Pseudo R^2）不难看出：虽然模型 I 的整体拟合优度较好，但是，模型 II 的拟合优度相对更高。

表 5.2　　农产品电商不同融资方式选择影响因素的 Probit 模型估计结果

解释变量	模型 I			模型 II		
	系数	Z 值	P 值	系数	Z 值	P 值
X_1（性别）	0.1725	0.9251	0.4217			
X_2（年龄）	0.1127	2.0327	0.0000	0.1325	2.0328	0.0017
X_3（户籍状况）	0.1367	2.1051	0.0137	0.1458	2.1571	0.0057
X_4（婚姻状况）	0.1616	0.8771	0.3968			
X_5（健康状况）	0.1025	0.7527	0.6851			
X_6（文化程度）	0.1169	1.9857	0.0000	0.1268	2.2027	0.0157
X_7（家庭经济类型）	0.1028	0.6751	0.6851			
X_8（家庭整体氛围）	0.3037	2.0367	0.0000	0.3217	2.9871	0.0000
X_9（农产品电商偿债能力）	0.2125	2.2127	0.0000	0.2226	2.5651	0.0017
X_{10}（农产品电商营运能力）	0.2027	2.2298	0.0125	0.2128	3.3021	0.0000
X_{11}（农产品电商盈利能力）	0.2217	2.3217	0.0021	0.2451	2.2557	0.0000
X_{12}（家中是否有大学生）	0.0986	1.9985	0.0069	0.1007	2.0071	0.0119
X_{13}（家中是否有村民代表）	0.1557	0.3687	0.4587			
X_{14}（亲戚中是否有公务员）	0.1427	0.5217	0.6321			
X_{15}（是否有亲戚开办企业）	0.1524	0.6521	0.5179			
X_{16}（是否有城市亲戚关系）	0.0987	2.2101	0.0000	0.1027	2.3621	0.0000
X_{17}（网络安装情况）	0.3657	2.2327	0.0028	0.4015	2.2621	0.0000
X_{18}（网络通畅情况）	0.1987	2.1107	0.0027	0.2027	2.0337	0.0125
X_{19}（金融机构对 P2P 宣传）	0.2517	3.3621	0.0125	0.2729	2.0157	0.0000
X_{20}（基层政府对 P2P 宣传）	0.2428	3.0321	0.0167	0.2521	2.3687	0.0167
X_{21}（农业生产条件状况）	0.1007	1.9857	0.0000	0.1117	3.0157	0.0161
X_{22}（农业技术培训状况）	0.0687	2.2321	0.0000	0.0987	2.6987	0.0157
X_{23}（农技人员服务状况）	0.1007	2.2621	0.0168	0.1029	2.7521	0.0000
X_{24}（名优特产推介状况）	0.0995	1.9985	0.0000	0.1039	2.0367	0.0000
X_{25}（农村普法教育状况）	0.1658	0.5872	0.6981			
X_{26}（农村治安实际状况）	0.1987	2.2028	0.0000	0.2026	2.2321	0.0119
观测数值（Number of obs）	2131			2131		
对数似然比（Log likelihood）	−269.6521			−258.6851		
伪判决系数（Pseudo R^2）	0.0911			0.0875		
Prob〉chi2	0.0000			0.0000		

（一）户主禀赋变量的影响

1. 年龄对农产品电商不同融资方式的选择具有显著的正向影响。年龄变量在模型 I 和模型 II 中都通过了 1% 统计水平的显著性检验且其系数为正。这表明，在控制其他变量的情况下，青年农产品电商比中老年农产品电商更乐于从 P2P 等非正规金融机构获得融资，而不是从农村信用社等正规金融机构获得融资。根据调查数据，在 30 岁及以下的样本群体中，93.27% 的更倾向于从 P2P 等非正规金融机构获得融资，只有 6.73% 的更愿意从农村信用合作社等正规金融机构获得融资；与之相对的是，对 40 岁及以上的样本群体来说，85.37% 的倾向于从农村信用合作社等正规金融机构获得融资，仅有 14.63% 的愿意尝试通过 P2P 网络借贷获得融资。其原因在于：第一，与中老年农产品电商相比，青年农产品电商大多拥有一定的电脑基础，可以通过网络更好地了解 P2P 等新型的融资方式。第二，中老年农产品电商大多思想较为保守，对新鲜事物接受程度较慢，更倾向于通过农村信用合作社等传统实体金融机构获得融资。[①]

2. 户籍状况对农产品电商不同融资方式的选择具有显著的正向影响。户籍状况变量在模型 I 和模型 II 中均通过了显著性检验，其系数在 1% 显著性水平上为正，这说明，在控制其他变量的情况下，与农业和非城镇蓝印户籍农产品电商相比，城镇户籍农产品电商更倾向于通过 P2P 等非正规金融机构获得贷款，而不是选择从农村信用合作社等正规金融机构获得融资。通过对调查问卷的分析发现，在所有拥有城镇户籍的农产品电商中，高达 91.27% 的愿意选择通过 P2P 等非正规金融机构获得融资，而在农业和非城镇蓝印户籍农产品电商中，这一比例则仅为 15.47%，两者之间的差距是非常明显的。其原因在于：第一，与农业和非城镇蓝印户籍农产品电商相比，城镇户籍的农产品电商绝大多数在城镇拥有可以作为抵押的商品房，他们在选择不同种类的融资方式方面具有一定的优势，以快捷便利为显著特点的 P2P 等非正规金融机构往

[①]　具体参见王会娟、廖理《中国 P2P 网络借贷平台信用认证机制研究：来自"人人贷"的经验证据》，《中国工业经济》2014 年第 4 期；肖曼君、欧缘媛、李颖《我国 P2P 网络借贷信用风险影响因素研究：基于排序选择模型的实证分析》，《财经理论与实践》2015 年第 1 期。

往会成为他们融资的第一选择；第二，城镇户籍的农产品电商往往可以更多地接触以 P2P 等为代表的非正规金融机构，对 P2P 等非正规金融机构有更为客观的认识，这为他们积极拓展新的融资渠道提供了新的思路。

3. 文化程度对农产品电商不同融资方式的选择具有显著的正向影响。在模型 I 和模型 II 中，文化程度变量均通过了 1% 显著性水平的显著性检验且其系数为正。这表明在控制其他变量的条件下，文化程度高的农产品电商比文化程度低的农产品电商更愿意尝试通过 P2P 等非正规金融机构获得融资，而不是选择从农村信用合作社等正规金融机构获得融资。调查结果显示：高中及以上学历的农产品电商有 76.57% 的愿意通过 P2P 等非正规金融机构获得融资，仅有 23.43% 的倾向于通过农村信用合作社等正规金融机构获得融资；与之相对的是，小学及以下学历的农产品电商在这两个指标方面的比例分别为 18.25% 和 81.75%，两者之间的差距尤为突出。原因主要在于：第一，文化程度低的农产品电商，因自身专业知识的欠缺，对 P2P 等非正规金融机构缺乏足够的认识，更多地倾向于从农村信用合作社等正规金融机构获得融资；第二，文化程度高的农产品电商，往往融资视野比较开阔，更有可能抓住一切便捷的融资渠道来缓解自身融资的困境，即便是新鲜事物，P2P 等亦会成为他们融资时优先考虑的对象。

4. 性别、婚姻状况、健康状况等变量未通过显著性检验，不是影响农产品电商融资方式选择的显著因素。在模型 I 中可以看出，性别、婚姻状况、健康状况等变量未能通过显著性检验，这说明，这些变量不会对农产品电商选择不同融资方式产生显著影响。原因在于：无论是从 P2P 等非正规金融机构来看，还是从农村信用合作社等正规金融机构来看，他们在审批与发放贷款的过程中，均没有性别歧视、婚姻状况以及健康状况方面的规定，这些因素并不是他们所最为看重的，他们最为看重的依然是农产品电商是否具有及时足额的可持续还款能力，以及发生违约风险时如何最小限度地降低自身损失。

（二）家庭特征变量的影响

1. 家庭整体氛围对农产品电商不同融资方式的选择具有显著的正向影响。从模型 I 和模型 II 的估计结果来看，家庭氛围变量通过了 1%

显著性水平上的显著性检验，且其系数为正。这说明在控制其他变量的情况下，与独裁家庭相比，民主家庭往往更倾向于尝试通过 P2P 等非正规金融机构融资，而不会选择通过农村信用合作社等正规金融机构融资。问卷调查结果显示：在到底是选择从 P2P 等非正规金融机构融资还是从农村信用社等正规金融机构融资方面，87.15% 的民主家庭倾向于选择从 P2P 等非正规金融机构融资，83.46% 的独裁家庭倾向于从农村信用社等正规金融机构融资，差别非常明显。原因主要在于：对民主家庭来说，从哪种具体的融资渠道融资的决定是家庭成员共同决定的，即便产生风险，家庭成员也必定会同舟共济，渡过难关，单个成员所承受的压力相对要小，因此，他们往往愿意尝试通过新的融资渠道即 P2P 等非正规金融机构来获得融资；而独裁家庭则不一样，因为具体融资渠道选择体现的是个体的意愿，当发生风险时，个体所承受的压力较大，因此，他们更倾向于通过相对保守的农村信用合作社等正规金融机构来获得融资。

2. 农产品电商偿债能力、营运能力和盈利能力对农产品电商不同融资方式的选择具有显著的正向影响。从模型 I 和模型 II 的估计结果来看，测度农产品电商发展的指标诸如农产品电商的偿债能力、营运能力和盈利能力等变量均通过 1% 显著性水平上的显著性检验，且其系数均为正。这说明在控制其他变量的情况下，农产品电商的发展有利于农产品电商选择通过 P2P 等非正规金融机构融资。问卷调查结果显示：67.38% 的偿债能力显著增强的、72.15% 的营运能力增强的和 64.57% 的盈利能力显著增强的农产品电商更倾向于从 P2P 等非正规金融机构获得融资，这主要是因为：发展得好的农产品电商，也就是偿债能力强、营运能力强和盈利能力强的农产品电商，往往会花费更多的时间和精力研究与网络经济学相关的专业知识，不仅懂得如何通过网络销售的方式更好地销售农产品，还会对网络销售中的利润点等有较为清晰的判断；P2P 等非正规金融，不仅是网络经济时代的重要融资渠道，还是网络经济时代投资的重要方式；因此，基于对网络经济的多方面认识，充分考虑到 P2P 等非正规金融自身的独特优势，他们往往更倾向于通过 P2P 等非正规金融机构获得相应的融资。

3. 家中是否有大学生对农产品电商不同融资方式的选择具有显著

的正向影响。从模型 I 和模型 II 的估计结果来看，家中是否有大学生等变量的系数为正，且在 1% 显著性水平上显著。这说明在控制其他变量的情况下，家中是否有大学生等变量会显著影响农产品电商不同融资方式的选择。调查问卷显示：与家中没有大学生的农产品电商相比，87.36% 的家中有大学生的农产品电商倾向于通过 P2P 等非正规金融机构获得融资，仅有 12.64% 的倾向于从农村信用合作社等正规金融机构获得融资。理由在于：在农村家庭里，受过高等教育的子女往往对父母的投融资决定有重要的影响；作为大学生，他们思想都较为开放，比较容易接受新鲜的事物，当面对农村信用合作社等正规金融机构在贷款时的诸多限制时，他们更有可能直接建议父母通过 P2P 等非正规金融机构获得融资。

4. 是否有城市亲戚关系对农产品电商不同融资方式的选择具有显著的正向影响。从模型 I 和模型 II 的估计结果来看，是否有城市亲戚关系变量的系数为正，且在 1% 显著性水平上显著。这说明在控制其他变量的情况下，是否有城市亲戚关系变量会直接影响农产品电商不同融资方式的选择。理由在于：在相对闭塞的农村地区，相当部分农产品电商对外界新鲜事物（比如 P2P 网络借贷等）缺乏足够的认识和了解，多是通过农村信用合作社等正规金融机构获得融资；但是，城市与农村不一样，对 P2P 等非正规金融有所认识的群体较多。若农村农产品电商拥有城市亲戚关系的话，当他们面临融资困境时，城市亲戚极有可能会为他们融资提供新的思路，甚至直接引导他们通过 P2P 等非正规金融机构获得融资。

5. 家庭经济类型、家中是否有村民代表、亲戚中是否有公务员、是否有亲戚开办企业等变量未通过显著性检验，不是影响农产品电商融资方式选择的显著因素。从模型 I 估计结果来看，家庭经济类型、家中是否有村民代表、亲戚中是否有公务员、是否有亲戚开办企业等变量均未通过显著性检验。这说明，在控制其他变量的情况下，这些变量并不会显著影响农产品电商不同融资方式的选择。理由在于：在农产品电商融资的过程中，他们往往优先考虑的是通过何种渠道及时足额地获得融资，而不是自身家庭经济类型、家中是否有村民代表、亲戚中是否有公务员、是否有亲戚开办企业等因素；在市场经济条件下，若农产品电商自身无持续的还款来源的话，即便其自身是村民代表、有亲戚是公务员、有亲戚开办企业，他们也不可能及时足额地获得融资，这与他们选择何种融资方式融资并无直接的关系。

（三）区域特征变量的影响

1. 网络安装与通畅情况对农产品电商不同融资方式的选择具有显著的正向影响。网络安装与通畅变量在模型 I 和模型 II 中，其系数均为正，且在 1% 显著性水平上显著。这说明在控制其他变量的情况下，网络安装与通畅变量会直接影响农产品电商对不同融资方式的选择。问卷调查结果显示：在没有安装网络的区域，仅有 1.38% 的农产品电商倾向于通过 P2P 等非正规金融机构获得融资；在网络通畅情况欠佳的区域，只有 5.15% 的农产品电商倾向于尝试从 P2P 等非正规金融机构获得融资；相反，在网络已经安装且长期保持畅通的区域，76.25% 的农产品电商倾向于通过 P2P 等非正规金融机构获得融资。理由在于：在相对闭塞的农村地区，网络的安装与通畅情况不仅直接制约着农产品电商自身的发展，对农产品电商及时了解外部世界亦有重要的影响；若无网络的支持，农产品电商是难以全面科学地认识 P2P 等非正规金融机构的，借助网络，农产品电商不仅可以通过 P2P 等非正规金融机构获得融资，还可以通过 P2P 等非正规金融机构投资理财。

2. 金融机构与基层政府对 P2P 的宣传力度对农产品电商不同融资方式的选择具有显著的正向影响。通过分析模型 I 和模型 II 的估计结果，不难发现：金融机构和基层政府对 P2P 宣传力度变量在 1% 显著性水平上显著，且其系数均为正。这说明在控制其他变量的情况下，金融机构和基层政府对 P2P 的宣传力度会显著影响农产品电商对不同融资方式的选择。调查问卷显示，金融机构和基层政府在实际工作中对 P2P 网络贷款进行介绍过的地区，其农产品电商有高达 86.15% 的倾向于尝试从 P2P 等非正规金融机构获得融资；与之相对的是，在金融机构和基层政府未对 P2P 进行介绍的地区，部分农产品电商甚至将 P2P 网络借贷与非法融资等混为一体，对 P2P 网络借贷持反对态度，仅有 2.56% 的农产品电商愿意尝试通过 P2P 等非正规金融机构获得融资。理由在于：随着近些年来国家对非法集资等金融领域违法乱纪行为的查处，城乡居民对金融风险高度重视，对 P2P 等非正规金融也多持比较谨慎的态度，金融机构和基层政府对 P2P 等非正规金融机构的宣传，可以消除城乡居民对其的误会，有利于农产品电商尝试通过 P2P 等非正规金融机构进行融资。

3. 农业生产条件状况、农业技术培训状况、农技人员服务状况和名优特产推介状况对农产品电商不同融资方式的选择具有显著的正向影响。从模型 I 和模型 II 的估计结果来看，农业生产条件状况、农业技术培训状况、农技人员服务状况和名优特产推介状况等变量均通过1% 显著性水平上的显著性检验，且其系数均为正。这说明在控制其他变量的情况下，这些变量会显著影响农产品电商对不同融资方式的选择。理由在于：农业生产条件的改善、农业技术培训的强化、农技人员服务质量的提升和名优特产推介力度的加大，可以极大地促进农业生产的发展，有利于农业生产经营活动的扩大，这必然会倒逼农产品产—供—销一体化链条上各利益主体不断开拓创新，自然也会对其资金投入提出新的要求。在当前中国"三农"融资困境并未从根本上得到有效解决的前提下，作为农产品产—供—销一体化链条上重要利益主体的农产品电商必然会选择通过新型的融资渠道如 P2P 等非正规金融机构获得融资。

4. 农村普法教育状况未通过显著性检验，不是影响农产品电商融资方式选择的显著因素。从农村普法教育状况变量来看，其在模型 I 中未能通过显著性检验，这说明在控制其他变量的情况下，农村普法教育状况变量对农产品电商融资方式选择不会产生显著影响。理由在于：从中国的实际情况来看，无论是以 P2P 等为代表的非正规金融机构，还是以农村信用合作社等为代表的正规金融机构，在发放贷款的过程中，都高度重视对各级各类融资主体自身资质及其抵押品的考察，对融资过程中的违法乱纪行为也会协同政府部门进行严厉打击，这显然不是农村普法教育所能决定的，因此，农村普法教育对农产品电商到底选择何种融资方式进行融资并不产生显著影响。

5. 农村治安实际状况对农产品电商不同融资方式的选择具有显著的正向影响。从模型 I 和模型 II 的估计结果来看，农村治安实际状况变量通过了 1% 显著性水平上的显著性检验，且其系数为正。这说明在控制其他变量的情况下，农村治安实际状况变量会影响农产品电商对不同融资方式的选择。调查问卷显示，凡是农村治安状况良好的地区，P2P网络借贷业务开展迅速，农村经济增长较快，农民增收成效显著；而在农村治安状况欠佳的地区，无论是P2P等非正规金融机构业务还是农村信用合作社等正规金融机构业务都开展得不理想，农村经济增长缓慢，农民增收成效不显著。理由在于：无论是以P2P为代表的非正规金融机构，还是以农村信用社为代表的正规金融机构，任何金融机构在发放贷款的过程中都会存在风险，如何面对因贷款中的风险所带来的纠纷是农产品电商不得不面对的现实问题。若农村治安状况良好，即便是农产品电商发生违约风险，也无须过度担心因无法还款而带来的人身安全等现实问题，且与农村信用合作社等正规金融机构相比，P2P等非正规金融机构具有快捷便利的优势；因此，只要农村治安状况良好，农产品电商还是会倾向于尝试通过P2P等非正规金融机构来获得融资。毕竟，在农产品电商融资过程中，融资效率仍然是农产品电商所高度重视的问题。

四　研究结论及对策

以15个省级单位的2131份有效调查问卷数据为例，研究农产品电商不同融资方式选择的影响因素，结果发现：农产品电商到底选择从P2P等非正规金融机构融资，还是从农村信用社等正规金融机构融资，受多方面因素的影响。比如，户主禀赋变量（年龄、户籍状况、文化程度）、家庭特征变量（家庭整体氛围、农产品电商偿债能力、营运能力和盈利能力、家中是否有大学生、是否有城市亲戚关系）以及区域特征变量（网络安装与通畅情况、金融机构与基层政府对P2P的宣传力度、农业生产条件状况、农业技术培训状况、农技人员服务状况、名优特产推介状况、农村治安实际状况）对农产品电商到底选择哪种融资方式具有显著影响，而户主禀赋变量中的性别、婚姻状况、健康状况和家庭特征变量中的家庭经济类型、家中是否有村民代表、亲戚中是否有公务员、是否有亲戚开办企业以及区域特征变量中的农村普法教育状况则不会对农产品电商具体融资方式的选择产生显著影响。

基于以上研究结论，提出以下政策启示：第一，强化农产品电商融资意识教育。要让农产品电商充分认识到是从非正规金融机构融资，还是从正规金融机构融资，需要根据自身的实际情况选择适合自己的融资方式。要强化农产品电商的金融安全意识，提高农产品电商识别基本金融风险的能力，避免因认识不到位而陷入非法投融资的陷阱。要以农产品电商的征信体系建设为核心，构建农产品电商的自我评价系统，强化农产品电商交易中的信任机制，为金融机构向农产品电商提供贷款创造条件。第二，科学引导 P2P 等非正规金融机构服务农产品电商发展的意识。支持、鼓励和引导 P2P 等非正规金融机构的资金更多地流向农业，为农产品电商融资提供新的渠道。要针对地区经济社会发展的差异，有意识地引导 P2P 等非正规金融机构更好地服务中西部欠发达地区农产品电商的发展；在必要的时候，可以通过税收减免、财政贴息等方式引导 P2P 等非正规金融机构在中西部欠发达地区布点工作。第三，加大正规金融机构改革的力度，通过引导资金回流的方式支持农业发展，为农产品电商融资提供便利。充分考虑到农产品电商绝大部分抵押品缺失、抵押品不足值以及抵押品难变现等现实问题，可以针对具有一定资质的农产品电商开展信用贷款，也可以尝试通过农产品电商之间的相互担保来发放贷款，还可以探索农产品产供销一体化利益链条上各利益主体之间的联保来发放贷款。

第二节　农产品电商发展的融资选择：P2P 网络借贷融资的视角

随着近些年来互联网技术的迅速发展，电子商务的发展也日新月异；相应地，电子商务交易总额也快速增长，已经成为国民经济的重要增长点。2014 年，中国电子商务交易总额为 16.39 万亿元，同比增长 28.64%；其中，企业自建的电商平台交易额为 8.72 万亿元，同比增长 65.9%；第三方电商平台交易额为 7.01 万亿元，同比增长 53.8%；既有第三方又有自营的混营平台实现交易额 0.66 万亿元，同比增长 41.1%。在此大背景下，农产品电子商务（简称"农产品电商"）的发展也非常迅速，2014 年，农产品电商交易额高达 870 亿元，农产品电商成为继图书、服装、3C 电商之后的新热点。① 当然，这一切成就的取得离不开国家的大力支持。除 2014 年中央"一号文件"国家明确表示要大力发展农产品电商外，进入 2015 年，国家支持农产品电商发展的相关政策文件密集出台。比如，在 2015 年的中央"一号文件"中，国家明确表示要加大支持涉农电子商务平台建设，扶持电子商务进农村；随后，5 月 7 日，国务院发布了《关于大力发展电子商务，加快培育经济新动力的意见》，5 月 15 日，商务部对外公布了《"互联网＋流通"行动计划》，8 月 21 日，商务部等 19 个部委联合印发了《关于加快发展农村电子商务的意见》，9 月 25 日，农业部、发改委、商务部又联合印发了《推进农业电子商务发展行动计划》，11 月 2 日，中共中央办公厅和国务院办公厅印发了《深化农村改革综合性实施方案》。这一系列政策文件的出台，必将推动中国农产品电商的发展，这也说明了在当前时代背景下，研究农产品电商问题具有重大的现实意义。

虽然农产品电商发展迅速，但在农产品电商发展过程中仍存在诸多现实问题。比如，同质化农产品电商交易网站过多，恶性竞争屡见不鲜，甚至相当部分农产品电商交易网站倒闭；② 比如，高昂的运输成本直接导致农产品价格的上涨，涉农电商的大部分利润被物流成本吞噬，企业发展举步维艰，在目前国内农产品电商交易的 4000 家企业中，仅有 1% 的盈利，7% 的巨亏，88% 的略亏，4% 的持平；③ 再比如，农产品品质的标准难以统一，对于什么是绿色产品、什么是无公害产品、什么是有机产品以及什么是地理标识的名优产品等，生产者和消费者存在认识上的偏差，可能会因为认识的偏差而导致交易过程中出现种种纠纷。④ 除这些因素外，还有很多因素会直接影响农产品电商的发展。特别是近些年来随着以 P2P 网络借贷为代表的互联网金融的发展，其对经济社会的影响是全方位和多角度的，自然也会对农产品电商的发展产

---

① 中国经济周刊官方网站，http：//www. ceweekly. cn/2015/0810/123195. shtml。

② 具体参见骆毅《我国发展农产品电子商务的若干思考：基于一组多案例的研究》，《中国流通经济》2012 年第 9 期。

③ 具体参见洪涛、张传林《2014—2015 年我国农产品电子商务发展报告》，《中国商贸》2015 年第 5 期。

④ 具体参见林家宝、万俊毅、鲁耀斌《生鲜农产品电子商务消费者信任影响因素分析：以水果为例》，《商业经济与管理》2015 年第 5 期。

生影响。张晓玮（2015）认为，随着 P2P 网络借贷平台逐步将目光投向"三农"领域，农村金融服务也成为其业务发展的方向之一，涉农的各级各类融资主体自然会成为 P2P 网络借贷平台的服务对象，农产品电商无形中也会受到 P2P 网络借贷的影响。①

从现有文献资料来看，无论是对 P2P 网络借贷的研究，还是对农产品电商的研究，定性分析居多，定量分析相对较少，且鲜有学者直接将两者结合起来进行研究。基于此，本节拟以问卷调查数据为基础，实证分析 P2P 网络借贷对农产品电商发展的影响。与既有研究相比，本节的可能创新之处主要体现在以下几个方面：第一，研究的内容具有创新性。随着互联网技术的进一步发展，互联网金融发展尤为迅速，作为互联网金融的典型代表 P2P 网络借贷对经济社会的影响是全方位多角度的，研究 P2P 网络借贷对农产品电商发展的影响无疑具有很强的创新性。第二，研究的数据和研究的方法具有创新性。从政府公开的数据资料来看，P2P 网络借贷和农产品电商发展方面数据资料较少，以致相关研究无法从定量分析的角度来开展。本节拟以问卷调查数据为基础，从定量分析的视角出发，实证分析 P2P 网络借贷对农产品电商发展的影响，在研究的数据和研究的方法方面具有创新性。

一　文献综述

从现有文献资料来看，除 Wen（2007）和 Dariusz（2015）外，国外专门研究农产品电商的成果并不多见，更多的是从宏观视角研究电商交易中的信任问题。② Wen（2007）设计出农产品智能电商交易系统（KIES 系统），并将其与基于电子地图的 GPS 结合起来，为农产品电商交易提供产—供—销一体化的管理服务。Dariusz（2015）认为，随着信息技术的飞速发展，农产品电商交易在波兰拥有广阔的发展前景，它不仅直接引导着农产品交易市场的发展，还在很大程度上

---

① 具体参见张晓玮《P2P 的乡村布局》，《农村金融时报》2015 年 2 月 2 日。

② 具体参见 Dariusz Strzębicki, "The Development of Electronic Commerce in Agribusiness-The Polish Example," *Procedia Economics and Finance*, 2015,（23）：1314-1320；W. Wen, "A Knowledge-Based Intelligent Electronic Commerce System for Selling Agricultural Products," *Computers and Electronics in Agriculture*, 2007,57（1）:33-46.

直接改变了农产品交易的市场结构；与传统的农产品交易方式相比，农产品电商交易可以有效规避诸如地域限制、价格高昂等问题。在电商交易信任问题研究方面，Mayer et al.（1995）、McKnight 和 Chervany（2002）、Gefen et al.（2003）重点研究了电商信任的属性与维度问题，都认为信任是电商交易顺利开展的关键因素；[①] Hong 和 Cha（2013）、Karimov 和 Brengman（2014）重点研究了电商信任影响因素问题，认为电商信任会受到诸多内外在因素的影响，供货者的信誉、商品自身的品质、购货者的风险偏好程度、商品交易保障机制等都会影响电商交易的信任度。[②]

与国外学者不同的是，针对近些年来农产品电商的迅速发展，国内学者在农产品电商方面进行了多方面的研究。在农产品电商发展的前景预测方面，洪涛和张传林（2015）在总结 2014 年中国农产品电商发展特点及问题时指出，2015 年，中国农产品电商会呈现出 12 个主要的发展趋势，农产品电商必定会在国家的大力支持下进一步蓬勃发展，与农产品电商相关的诸多新业态也将迎来新的发展机遇；[③] 陈亮（2015）认为，农产品电子商务会呈现出无线化、全球化、娱乐化、线上线下一体化、农村发力、大数据作用凸显等新趋势。[④] 在农产品电商迅速发展的原因研究方面，李隽波和陈薇（2015）认为，城乡居民消费观念的转变和食品安全意识的增强、大量农村劳动者加入农产品电商领域以及国

①　具体参见 Mayer, R. C., Davis, J. H., Schoorman, F. D., "An Integrative Model of Organization Trust," *Academy of Management Review*, 1995, 20（3）: 709-734; McKnight, D. H., Chervany, N. L., "What Trust Means in E-commerce Customer Relationships: An Interdisciplinary Conceptual Typology," *International Journal of Electronic Commerce*, 2002, 6（2）: 35-29; Gefen, D., Karahanna, E., Straub, D. W., "Trust and TAM in Online Shopping: An Integrated Model," *MIS Quarterly*, 2003, 27（1）: 51-90.

②　具体参见 Hong, I. B., Cha, H. S., "The Mediating Role of Consumer Trust in an Online Merchant in Predicting Purchase Intention," *International Journal of Information Management*, 2013, 33（6）: 927-939; Karimov, F., Brengman, M., "An Examination of Trust Assurances Adopted by Top Internet Retailers: Unveiling Some Critical Determinants," *Electronic Commerce Reaearch*, 2014, 14（1）: 1-38.

③　具体参见洪涛、张传林《2014—2015 年我国农产品电子商务发展报告》，《中国商贸》2015 年第 5 期。

④　具体参见陈亮《从阿里平台看农产品电子商务发展趋势》，《中国流通经济》2015 年第 6 期。

家政策的大力支持，是导致农产品电商迅速发展的重要原因；① 刘一江等人（2015）则认为，农产品电商在降低农产品价格方面的独特优势是导致农产品电商迅速发展的关键因素。② 在农产品电商发展中存在的问题研究方面，骆毅（2012）、洪涛和张传林（2015）全面系统地归纳、总结了农产品电商发展中所存在的问题，认为农产品电子商务交易网站建设的不够完备、物流体系的不够健全、交易双方对农产品标准认识的差异以及政府监管力度的大小等方面的原因直接影响了农产品电商的发展。③ 在农产品电商发展模式研究方面，胡俊波（2011）、樊西峰（2013）、洪涛等（2014）分别对农产品电商发展的模式进行了归纳和总结，一致认为农产品电商的发展并没有统一、固定的模式，应根据农产品品种、销售方式、支付方式、售后保障方式等的不同来选择不同的发展模式。④ 在支持农产品电商发展对策研究方面，郭海霞（2010）从法律保障的角度、赵志田等人（2014）从物流体系构建的角度、林家宝等人（2015）从消费者信任的角度分别提出了促进农产品电商健康稳定可持续发展的对策。⑤

很显然，虽然学者们对农产品电商发展问题进行了多方面的研究，但是，鲜有学者研究 P2P 网络借贷对农产品电商发展的影响。P2P 网络借贷的迅猛发展已经引起全社会的广泛关注和高度重视，充分考虑了 P2P 网络借贷对经济社会的全方位多角度影响，有必要研究 P2P 网络借

---

① 具体参见李隽波、陈薇《我国农产品电商迅猛发展的原因》，《经济研究参考》2015年第 12 期。

② 具体参见刘一江、王录安、冯璐、石密艳《降低农产品价格的新探索：构建生鲜农产品电子商务模式》，《现代管理科学》2015 年第 3 期。

③ 具体参见骆毅《我国发展农产品电子商务的若干思考：基于一组多案例的研究》，《中国流通经济》2012 年第 9 期；洪涛、张传林《2014—2015 年我国农产品电子商务发展报告》，《中国商贸》2015 年第 5 期。

④ 具体参见胡俊波《农产品电子商务发展模式研究：一个模式构想》，《农村经济》2011 年第 11 期；樊西峰《鲜活农产品流通电子商务模式构想》，《中国流通经济》2013 年第 4 期；洪涛、张传林、李春晓《我国农产品电子商务模式发展研究》（下），《商业经济研究》2014 年第 17 期。

⑤ 具体参见郭海霞《农产品电子商务发展的法律保障》，《学术交流》2010 年第 5 期；赵志田、何永达、杨坚争《农产品电子商务物流理论构建及实证分析》，《商业经济与管理》2014 年第 7 期；林家宝、万俊毅、鲁耀斌《生鲜农产品电子商务消费者信任影响因素分析：以水果为例》，《商业经济与管理》2015 年第 5 期。

贷对农产品电商发展的影响，本节研究可能是此类研究的首篇文献。本节研究不仅有助于深化对 P2P 网络借贷的认识，还有助于科学合理地引导 P2P 网络借贷以促进农产品电商的发展。

二　P2P 网络借贷影响农产品电商发展的理论分析

要科学研究 P2P 网络借贷对农产品电商发展的影响，首先必须明确 P2P 网络借贷和农产品电商的概念内涵。作为民间借贷在现代网络信息技术支持下的新发展，P2P 网络借贷虽然出现的时间较短，但其发展速度却尤为迅速，必将成为未来十年最重要的金融服务创新方式。[①]尽管如此，在 P2P 网络借贷概念内涵方面，学者们并未取得一致的意见，本节在借鉴 Bachmann et al.（2011）、Lin et al.（2013）、廖理等人（2015）研究成果基础上，认为 P2P 网络借贷指的是贷款人和投资者之间通过互联网平台而不是金融机构所产生的无抵押贷款。[②]作为传统金融体系的重要补充，P2P 网络借贷平台能够为借贷双方提供从信息发布、信息搜索到最终完成交易的全链条金融借贷服务。与 P2P 网络借贷相比，农产品电商的概念内涵则更为丰富。本节认为，从动态的角度来看，农产品电商既可以指以互联网信息技术为手段，以农产品交换为中心的商务活动，也可以指传统农产品产供销一体化各环节的电子化、网络化和信息化；从静态的角度来看，农产品电商则有狭义和广义上的概念。狭义上的农产品电商指的就是借助互联网信息技术从事农产品销售的个人或企业；而广义上的农产品电商指的则是借助互联网信息技术，从事农产品产—供—销一体化利益链条上所有的个人或企业。从中国的实际情况来看，P2P 网络借贷对农产品电商发展的影响，主要体现在提供融资需求、提供理财渠道和理财产品以及提供个性化的服务等

---

① 具体参见 Eunkyoung,L., Byungtae,L., Herding Behavior in Online P2P Lending: An Empirical Investigation,"*Electronic Commerce Research and Applications*,2012,11（5）:495-503.

② 具体参见 Bachmann, A., A. Becker, D. Buerckner, M. Hilker, M. Lehmann, and P. Tiburtius, "Online Peer-to-peer Lending: A Literature Review," *Journal of Internet Banking and Commerce*,2011,（16）:1-18;Lin, M., N. R. Prabhala, and S. Viswanathan, "Judging Borrowers by the Company:They Keep Social Networks and Adverse Selection in Online Peer-to-peer Lending," *Management Science*,2013,（59）:17-35;廖理、李梦然、王正位、贺裴菲《观察中学习：P2P 网络投资中信息传递与羊群行为》，《清华大学学报》（哲学社会科学版）2015 年第 1 期。

方面。

第一，作为一种新的金融业态，P2P 网络借贷能够在一定程度上满足相当部分游离于农村正规金融服务范围之外的农产品电商发展的融资需求，进而促进农产品电商的发展。从实际来看，中国金融机构所发放的贷款绝大多数都是抵押贷款，信用贷款并不多见。对抵押贷款而言，抵押品的有无问题、是否足值的问题以及是否容易变现等问题，直接决定着贷款能否发放。在农村，各级各类融资主体大多在抵押品方面存在问题，因此，他们的融资诉求往往难以有效得到满足，长期被排斥在农村正规金融服务的边缘，这在一定程度上为农村非正规金融的发展夯实了基础，导致了农村正规金融机构与非正规金融机构的并存；① 当然，这也为 P2P 网络借贷在农村的发展创造了条件。作为一种新的金融业态，P2P 网络借贷具有贷款额度小、期限相对较短、对抵押品无要求或要求不高等显著特点，在很多时候，P2P 网络借贷是一种纯信用贷款。② 很显然，随着 P2P 网络借贷在农村市场业务的拓展，有融资诉求而在抵押品方面存在问题的农产品电商自然成为他们的服务对象。也就是说，在现行农村正规金融机构贷款管理模式下，P2P 网络借贷在农村的发展必然会在一定程度上缓解农产品电商的融资困境问题。当然，这也与农产品电商自身的特点密切相关。虽然相当部分农产品电商是由个体农户直接演化而来的，但农产品电商具有个体农户所没有的发展潜力；与个体农户相比，农产品电商只要能够将农产品销售出来，就能够在较短的时间内实现资金的回笼，相对来说，他们具有较强的偿债能力；在同等条件下，他们往往成为 P2P 网络借贷的优先服务对象。笔者曾经于 2015 年 6 月对四川省双

---

① 具体参见 Bell, C., T. N. Sinivasan and C. Udry, "Rationing, Spillover and Interlinking in Credit Markets: The Case of Rural Punjub," *Oxford Economic Papers*, 1997, (4): 325-339; Floro, M. S. and D. Ray, "Vertical Links Between Formal and Informal Financial Institutions," *Review of Development Economics*, 1997, (1): 34 – 56; Hoff, K. and J. E. Sriglitz, "Moneylenders and Bankers: Price-Increasing Subsidies in a Monopolistically Competitive Credit Markets," *Journal of Development Economics*, 1998, (55): 485-518; 温铁军《三农问题与世纪反思》，三联书店 2005 年版；张杰《中国农村金融制度调整的绩效》，中国人民大学出版社 2007 年版；韩俊、罗丹、程郁《中国农村金融调查》，上海远东出版社 2007 年版。

② 具体参见刘征驰、赖明勇《虚拟抵押品、软信息约束与 P2P 互联网金融》，《中国软科学》2015 年第 1 期。

流县、2015 年 9 月对黑龙江省哈尔滨市双城区进行实地调研，结果发现：98％以上的农产品电商对 P2P 网络借贷平台都有较为全面的了解，65％的农产品电商曾从 P2P 网络借贷平台获得过贷款，93％的农产品电商曾通过 P2P 网络借贷平台进行短期放贷，23％的农产品电商是在 P2P 网络借贷平台的直接扶持下进一步发展壮大的。与此同时，P2P 网络借贷平台对农产品电商也尤为偏爱，绝大多数 P2P 网络借贷平台更为看重农产品电商创业者的创业前景，对农产品电商创业者更多的是提供信用贷款；在农产品电商发展壮大的过程中，P2P 网络借贷平台也不断地及时提供足额的资金支持。也就是说，P2P 网络借贷平台能够为农产品电商的发展提供资金支持。

　　第二，作为一种新的金融业态，P2P 网络借贷能够为农产品电商提供便捷的投资理财渠道和多样化的投资理财产品，进而促进农产品电商的发展。改革开放以来，中国经济建设取得了举世瞩目的成就，但与此同时，城乡间经济金融差距却表现得尤为明显。与城镇相比，农村金融机构网点少，布局不合理，仅有的金融机构所提供的也主要是存、贷、汇老三样金融服务，这显然无法满足日益成长壮大的农产品电商群体的需求。[①] 对农产品电商来说，如何高效科学地使用闲置的资金是他们无法回避的难题。作为新金融业态的 P2P 网络借贷平台不仅可以在一定程度上满足农产品电商的融资诉求，还可以拓展他们的投资理财渠道，为他们提供丰富的投资理财产品，且让他们获得更多的收益。从目前的实际情况来看，绝大部分农村金融机构网点的最主要业务是吸收存款，发放贷款数量少，所能够提供的理财产品也往往局限于国库券等；在不考虑存款利息税的前提条件下，1 年及 1 年以下不同时段定期存款利率绝大多数银行都在 2％以下；而 P2P 网络借贷平台则不一样，不仅各大 P2P 网络借贷平台能够提供不同期限的丰富理财产品，而且其收益也较为客观，P2P 网络借贷平台所提供的

---

① 具体参见陈鹏、刘锡良《中国农户融资选择意愿研究：来自 10 省 2 万家农户借贷调查的证据》，《金融研究》2011 年第 7 期；钱水土、陆会《农村非正规金融的发展与农户融资行为研究：基于温州农村地区的调查分析》，《金融研究》2008 年第 10 期。

理财产品的年化收益率在 8%—10% 之间的比较正常。① 很显然，P2P 网络借贷平台在农村的发展，对于农产品电商来说无疑具有很强的吸引力。笔者于 2015 年 6 月对四川省双流县进行实地调研发现：几乎所有的农产品电商都有数额不等的闲置资金，25% 左右的农产品电商闲置资金额度都在 5 万元以上，如何通过短、平、快的方式来投资理财是他们尤为关心的话题。P2P 网络借贷平台所提供的理财产品丰富，收益高，交易成本低，这在一定程度上可以确保农产品电商家庭财富的增值保值，85% 以上的农产品电商选择 P2P 网络借贷平台作为家庭投资理财的重要渠道。在实地调研中，笔者也对 P2P 网络借贷平台的风险问题进行过调研，"不要把所有的鸡蛋放在一个篮子里"的观念深入人心，农产品电商在选择 P2P 网络借贷平台投资时，比较重视将资金投入不同平台不同品种不同期限的理财产品中。很显然，P2P 网络借贷平台自身的独特优势，不仅可以有效满足农产品电商的融资诉求，还可以为农产品电商的投资理财提供保障，对促进农产品电商自身的进一步发展大有裨益。

第三，作为一种新的金融业态，部分 P2P 网络借贷公司能够为符合资质的农产品电商提供个性化的服务，这对于促进农产品电商的发展具有积极意义。从目前国内 P2P 网络借贷平台发展模式来看，除了以有利网为代表的担保机构担保交易模式、以宜信为代表的债权合同转让模式、以平安陆金所为代表的大型金融集团推出的互联网服务平台外，以交易参数为基点、结合 O2O（Online to Offline，将线下商务的机会与互联网结合）的综合交易模式也较为突出。综合交易模式能够充分利用其自身平台在客户资源、电商交易数据以及产品结构方面的优势，为优质客户提供个性化的服务。通过个性化服务，不仅有利于进一步巩固 P2P 网络借贷平台与农产品电商之间的关系，还在很大程度上可以直接促进农产品电商的发展壮大。比如，阿里小贷在实际过程中就高度重视为农产品电商提供个性化服务。对农产品电商来说，均衡稳定的农产品供应是确保农产品电商健康发展的关键，因为过量的农产品供应不仅会

---

① 具体参见卢馨、李慧敏《P2P 网络借贷的运行模式与风险管控》，《改革》2015 年第 2 期。

直接导致农产品价格的大幅度畸形波动，还会直接加重农产品电商在存储方面的成本，而短缺的农产品供应则会直接影响农产品电商平台的正常运行。通过平台提供的个性化服务，农产品电商能够及时掌握市场行情的变化，这有利于他们有条不紊地安排农产品的生产、加工和销售，对他们规避市场风险具有显著的促进作用，有利于他们自身的健康发展。2015 年 11 月，笔者实地调研了重庆秀山武陵生活馆，结果发现：几乎每一家在秀山开展 P2P 网络借贷的平台都高度重视为农产品电商提供个性化的服务，甚至可以说，相当部分 P2P 网络借贷平台是把自身的发展与当地农产品电商的发展紧密结合在一起的。通过 P2P 网络借贷平台所提供的服务，进驻武陵生活馆的每一个农产品电商都能够及时准确地掌握农产品的市场行情，了解市场上消费者对特色农产品的喜好，对未来农产品的产销都有较为准确的认识，这有利于农产品电商自身根据实际情况及时组织农产品的生产和加工，这对于农产品电商自身的发展来说具有显著的促进作用。

基于上述分析可以认为，P2P 网络借贷对于农产品电商的发展具有显著的促进作用。但是，P2P 网络借贷毕竟是新的金融业态，在发展的过程中会存在风险，甚至有学者认为，作为互联网金融的典型代表，P2P 网络借贷无论是在功能上、体制上，还是在发展上，都存在显著的缺陷，无法成为金融未来发展的主流运作方式。[①] 尽管如此，本节认为，无论以 P2P 网络借贷为典型代表的互联网金融是否能成为未来金融发展的主流，P2P 网络借贷对农产品电商发展的影响都是实实在在的，这种影响在短期之内不可能完全消除，且在新常态背景下，国家对农村电商发展的支持力度不可能减弱，对农产品电商的发展亦会采取扶持态度。[②] 因此，在当前"互联网＋"时代，研究 P2P 网络借贷对农产品电商发展的影响仍然有其必要性。

---

① 具体参见闫春英、张佳睿《完善我国 P2P 网络借贷平台风险控制体系的策略研究》，《经济学家》2015 年第 10 期；吴晓求《互联网金融：成长的逻辑》，《财贸经济》2015 年第 2 期；王国刚、张扬《互联网金融之辨析》，《财贸经济》2015 年第 1 期。
② 具体参见洪涛《农产品电商发展在中国》，《新农业》2015 年第 22 期；王丘、徐珍玉《农业电子商务应用手册》，化学工业出版社 2015 年版。

三 P2P 网络借贷影响农产品电商发展的实证分析

上文的理论分析表明，P2P 网络借贷对农产品电商的发展具有显著的促进作用，但是，这种促进作用到底如何，定性分析无法给出准确的答案。特别是充分考虑到中国不同地区之间经济社会发展的巨大差异，P2P 网络借贷对农产品电商发展的影响到底如何的问题会变得更加复杂。基于此，本节拟以中国 15 个省级单位的 2131 份有效问卷数据为例来进一步实证分析 P2P 网络借贷对农产品电商发展的影响。

（一）变量选择与模型设定

要实证分析 P2P 网络借贷对农产品电商发展的影响，首先必须测度作为被解释变量的农产品电商的发展状况。尽管从中国的实际来看，绝大多数农产品电商并没有在工商行政管理部门登记注册，也不需要纳税，算不上真正意义上的企业，但是，作为特殊的实体，农产品电商具备企业的组织性、经济性、商品性、营利性和独立性等特性，可以看作是企业。因此，对农产品电商的发展状况，可以采用衡量企业发展的三个指标来进行测度，这三个指标分别是农产品电商的偿债能力、营运能力和盈利能力。对农产品电商的偿债能力、营运能力和盈利能力，本节分别记为 Y_1、Y_2 和 Y_3。在实际操作过程中，对 Y_1 赋值分别为 -1、0 和 1，分别表示农产品电商偿债能力减弱、一般和增强；相应地，对 Y_2 和 Y_3 的赋值与对 Y_1 的赋值相类似；当 Y_2 和 Y_3 分别取值 -1、0 和 1 时，表示农产品电商营运能力和盈利能力的减弱、一般和增强。

从现实来看，影响农产品电商发展的因素除 P2P 网络借贷外，还有其他的因素，这些因素总体上可以分为三个大的方面，即户主禀赋变量、家庭特征变量和区域特征变量。在户主禀赋变量方面，本节设计的指标有性别（X_1）、年龄（X_2）、户籍状况（X_3）、婚姻状况（X_4）、健康状况（X_5）和文化程度（X_6）。在家庭特征变量方面，本节设计的指标有家庭经济类型（X_7）、家庭经济收入（X_8）、家庭经济支出（X_9）、家庭外出务工人数（X_{10}）、家庭 P2P 借贷情况（X_{11}）、家中是否有大学生（X_{12}）、亲戚中是否有公务员（X_{13}）、是否有亲戚开办企业（X_{14}）和是否有城市亲戚关系（X_{15}）。在区域特征变量方面，本节设计的指标有第一产业发展水平（X_{16}）、第二产业发展水平（X_{17}）、第三产业发展水平（X_{18}）、农业技术培训状况（X_{19}）、农技人员服务状况（X_{20}）、农村普法教育状况（X_{21}）和农村治安实际状况（X_{22}）。各变量的赋值情况及其描述性统计分析结果如表 5.3 所示。

在对变量进行界定的基础上，本节将 P2P 网络借贷影响农产品电商发展的模型设定如下：

$$Y_{iz} = \beta_0 + \beta_i O_n + \beta_j \sum_{j=1}^{K} X_{ji} + \varepsilon_i \qquad (5-2)$$

在模型（5-2）中，Y 表示农产品电商发展。下标 i 表示第 i 个农产品电商。下标 z 表示农产品电商发展的三个维度；当 z 取 1 时，表示农产品电商的偿债能力；当 z 取 2 时，表示农产品电商的营运能力；当 z 取 3 时，表示农产品电商的盈利能力。β 为待估参数。O_n 为虚拟变量，也就是表 5.1 中的 X_{11}，表示农产品电商是否通过 P2P 网络借贷的情况；当 n 取 0 时，表示农产品电商通过 P2P 网络借贷获得贷款；当 n 取 1 时，表示农产品电商没有通过 P2P 网络借贷获得贷款。下标 j 表示影响农产品电商发展的第 j 个因素，j 的取值范围为 1 到 K，K 取正整数。X_{ji} 为控制变量，表示影响农产品电商发展的其他因素。ε 为随机误差项。

（二）数据来源及说明

作为一种特殊的商品，市场上农产品同质化问题表现得尤为明显，要通过电商交易的方式将农产品卖出去，需要卓有成效地将农产品自身的特色彰显出来，农产品自身的这种特色往往在很大程度上直接决定着农产品的销售情况。从现实来看，农产品自身的特色具有显著的地域性，这种地域性既包括地域的农业生产要素条件，也包括诸如地域的农产品供需状况、地域的农业经营主体竞争力、地域内与农业相关的产业发展状况等。根据陈卫平和赵彦云（2005）、游士兵和肖加元（2005）关于农业综合竞争力的研究成果，可以认为农产品自身特色的地域性在很大程度上直接体现在地域自身的农业综合竞争力上。[①] 同时，从现有文献资料来看，还没有学者直接研究各省市农产品电商的综合竞争力，相关数据资料极为匮乏，在借鉴张瑞东和蒋

---

① 具体参见陈卫平、赵彦云《中国区域农业竞争力评价与分析：农业产业竞争力综合评价方法及其应用》，《管理世界》2005 年第 3 期；游士兵、肖加元《农业竞争力的测度及实证研究》，《中国软科学》2005 年第 7 期。

正伟（2015）的研究成果基础上，本节拟以各省市农产品电商的交易额来衡量各省市农产品电商的综合竞争力。[①] 基于此，"互联网 +时代农产品电商促进农业可持续发展的对策研究"课题组在东、中、西部地区选择农业综合竞争力和农产品电商综合竞争力排名都靠前的15 个省级单位作为研究样本，这 15 个省级单位分别是北京市、上海市、浙江省、广东省、福建省、江苏省、山东省、辽宁省、安徽省、湖北省、湖南省、河南省、四川省、云南省和新疆维吾尔自治区。[②]课题组于 2015 年 5—8 月对样本区域进行问卷调查。课题组在每个省级单位发放问卷 150 份，累计发放问卷 2250 份，实际回收问卷 2180份，剔除缺乏关键信息的调查问卷 49 份，实际回收的有效问卷为2131 份，有效率为 94.71%。需要特别说明的是，涉及区（县）层面的数据来自中经网统计数据库。

表 5.3 变量赋值表及其描述性统计分析结果

变量	变量类型	变量赋值	均值	标准差
Y_1（农产品电商偿债能力）	因变量	减弱 = −1，一般 = 0，增强 = 1	0.7025	0.2561
Y_2（农产品电商营运能力）	因变量	减弱 = −1，一般 = 0，增强 = 1	0.7219	0.2367
Y_3（农产品电商盈利能力）	因变量	减弱 = −1，一般 = 0，增强 = 1	0.7172	0.2219
X_1（性别）	户主禀赋变量	男 = 1，女 = 0	0.5015	0.1011
X_2（年龄）	户主禀赋变量	30 岁及以下 = 1，30—39 岁 = 2，40 岁以上 = 3	2.5715	0.2217

[①] 具体参见张瑞东、蒋正伟《阿里农产品电子商务白皮书（2014）》，阿里研究院，2015 年。

[②] 需要特别说明的是，在确定需要调研的省级单位后，课题组依据 2014 年各省级单位下属的地级市地区生产总值排名情况，选择排名居中的地级市作为问卷发放区域；进一步采用同样的方法，最终确定问卷发放的具体区（县）。如果某省级单位下属的地级市个数是奇数的话，则选择排名居中的三个地级市为问卷发放区域；如果某省级单位下属的地级市个数是偶数的话，则选择排名居中的四个地级市为问卷发放区域；对具体区（县）亦采用同样的办法进行确定。

续表

变量	变量类型	变量赋值	均值	标准差
X_3（户籍状况）	户主禀赋变量	城镇＝1，农业和非城镇蓝印户籍＝0	0.5745	0.2022
X_4（婚姻状况）	户主禀赋变量	未婚＝1，已婚＝2，丧偶＝3，离异＝4	2.1123	0.1019
X_5（健康状况）	户主禀赋变量	良好＝1，一般＝2，差＝3	2.5217	0.2022
X_6（文化程度）	户主禀赋变量	小学及以下＝1，初中＝2，高中及以上＝3	2.4715	0.1197
X_7（家庭经济类型）	家庭特征变量	普通农户＝1，兼业农户＝0	0.5017	0.1125
X_8（家庭经济收入）	家庭特征变量	实际收入	49800	22.1725
X_9（家庭经济支出）	家庭特征变量	实际支出	19500	18.7645
X_{10}（家庭外出务工人数）	家庭特征变量	1人及以下＝1，2人＝2，3人及以上＝3	2.0271	0.1125
X_{11}（家庭 P2P 借贷情况）	家庭特征变量	借贷＝1，不借贷＝0	0.5518	0.1946
X_{12}（家中是否有大学生）	家庭特征变量	有＝1，无＝0	0.5417	0.1763
X_{13}（亲戚中是否有公务员）	家庭特征变量	有＝1，无＝0	0.2745	0.0236
X_{14}（是否有亲戚开办企业）	家庭特征变量	有＝1，无＝0	0.1985	0.0097
X_{15}（是否有城市亲戚关系）	家庭特征变量	有＝1，无＝0	0.2247	0.1145
X_{16}（第一产业发展水平）	区域特征变量	第一产业产值水平	25 亿	15.6515
X_{17}（第二产业发展水平）	区域特征变量	第二产业产值水平	37 亿	22.1117
X_{18}（第三产业发展水平）	区域特征变量	第三产业产值水平	19 亿	29.1765
X_{19}（农业技术培训状况）	区域特征变量	不满意＝1，一般＝2，满意＝3	1.9745	0.2115

变量	变量类型	变量赋值	均值	标准差
X_{20}（农技人员服务状况）	区域特征变量	不满意 = 1，一般 = 2，满意 = 3	1.8765	0.2027
X_{21}（农村普法教育状况）	区域特征变量	不满意 = 1，一般 = 2，满意 = 3	2.1117	0.3013
X_{22}（农村治安实际状况）	区域特征变量	不满意 = 1，一般 = 2，满意 = 3	1.6217	0.0217

注：在对 2131 份有效问卷进行统计分析时发现，表中 X_{11}（家庭 P2P 借贷情况）的均值为 0.5518，这与课题组实地调研情况相差较大。为弄清楚原因，课题组在留有联系方式的 1872 份有效问卷中随机抽取 468 份进行电话回访，结果发现：98% 的问卷填写者认为，农村口头上所说的"借贷"更多地指的是借款，没有考虑过贷款；实际上，将短期闲置资金在 P2P 网络借贷平台上进行投资，是绝大部分农产品电商的普遍做法。因此，如果考虑贷款因素的话，农产品电商通过 P2P 网络借贷的比例应该在 90% 以上，这与课题组实地调研情况大体上是一致的。

（三）实证检验及结果分析

按照不纳入所有控制变量和纳入所有控制变量的方式，本节就 P2P 网络借贷对农产品电商发展的影响进行实证分析，结果如表 5.4 所示。[①] 从表 5.4 的 OLS 回归结果来看，无论是否纳入控制变量，当被解释变量分别取农产品电商的偿债能力、营运能力和盈利能力时，核心解释变量 P2P 网络借贷的系数在 1% 显著性水平上为正，这似乎说明 P2P 网络借贷可以有效地促进农产品电商的发展。当然，得出这一结论的前提条件是核心解释变量 P2P 网络借贷是非内生变量；如果核心解释变量 P2P 网络借贷是内生变量的话，则参数 OLS 估计量的无偏性和一致性是无法保证的，实证结论极有可能是不可信的。事实上，本节研究的核心解释变量 P2P 网络借贷确实是一个内生变量。一方面，作为一种新的融资方式，P2P 网络借贷可以为农产品电商提供新的融资方式，解

---

① 需要特别说明的是，在实证过程中，本节发现不纳入所有控制变量和纳入所有控制变量的核心解释变量系数正负及其显著性水平并无实证性的变化，受篇幅限制，表 5.4 中只列出纳入所有控制变量后的回归结果；分析时，仍然按不纳入所有控制变量和纳入所有控制变量的回归结果同时进行分析。

决农产品电商发展的资金困境问题，促进农产品电商的快速发展；另一方面，农产品电商的发展，可以极大地拓展农产品电商自身及其相关行业从业者的视野，为他们更广泛地接触和了解 P2P 网络借贷夯实基础，因为 P2P 网络借贷不仅是一条新型的融资渠道，还是一条重要的投资渠道，这有利于促进 P2P 网络借贷的进一步发展。也就是说，P2P 网络借贷与农产品电商之间的这种反向因果关系，必然会导致 P2P 网络借贷与随机扰动项相关。为了有效地克服核心解释变量 P2P 网络借贷的内生性问题，需要寻找工具变量。工具变量既需要与被替代变量密切相关，又要与随机扰动项以及模型中的其他解释变量不相关。① 基于研究的实际需要，通过对调查问卷设计的所有问题的梳理，本节拟采用调查问卷中农产品电商每天通过网络查看财经信息的时间作为工具变量。② 之所以选择该工具变量，主要是因为农产品电商为获取 P2P 网络借贷的信息必然会依赖于网络，而且农产品电商在做出是通过 P2P 网络借贷融资还是 P2P 网络借贷理财的决定时，更多地会通过搜集财经信息、比对相关的收益率。对于确定的工具变量，本节拟先后采用 LR 统计量和 Hansen's J 统计量进行检验，以确保工具变量既不会识别不足，也不会识别过度。③ 通过分析 LR 统计量和 Hansen's J 统计量可知：本章节所选择的工具变量是合理的。

在确定了合理的工具变量后，本节采用 2SLS 对模型进行重新估计，结果如表5.4所示。通过对比 OLS 的回归结果和 2SLS 的回归结果，不难发现：无论是采用 OLS 进行回归，还是采用 2SLS 进行回归，核心解释变量 P2P 网络借贷的系数都在 1% 显著性水平上为正，这说明 P2P 网络借贷对于农产品电商的发展具有显著的促进作用；同时还发现，2SLS 回归结果的核心解释变量的系数要比 OLS 回归结果的核心解释变

①　具体参见陈飞、赵昕东、高铁梅《我国货币政策工具变量效应的实证分析》，《金融研究》2002 年第 10 期；叶阿忠、李子奈《非参数计量经济联立模型的局部线性工具变量估计》，《清华大学学报》（自然科学版）2002 年第 6 期。

②　农产品电商每天通过网络查看财经信息的时间赋值情况如下：1 小时及以下 =1，1—2 小时（含 2 小时）=2，2—3 小时（含 3 小时）=3，3—4 小时（含 4 小时）=4，4 小时以上 =5。

③　具体参见陈宗胜、宗振利《二元经济条件下中国劳动收入占比影响因素研究：基于中国省际面板数据的实证分析》，《财经研究》2014 年第 2 期。

量的系数大，这说明在消除内生性问题后，P2P网络借贷对农产品电商发展的促进作用较之以往更为显著。

进一步分析表5.4中的回归结果发现：性别、户籍、家庭收支状况、是否有亲戚开办企业、农业技术培训状况和农技人员服务状况等变量未通过显著性检验，其他变量均通过显著性检验，这是与现实相吻合的。作为通过网络销售农产品的重要方式，农产品电商对从业者的性别、户籍及其家庭收支情况无任何限制，性别、户籍及相关从业者的家庭收支情况不会影响农产品电商的发展。[①] 作为新型的销售模式，绝大部分农产品电商的运转是独立自主的，既可以是农产品生产者自产自销，也可以是产地从业者的经销代销，这与从业者家中是否有亲戚开办企业、产地农业技术培训状况以及产地农技人员服务状况是没有必然联系的。农产品电商商店从注册成立到正式运营，需要专职服务人员从网站维护、货源供应、货物配送等方面予以配合，考虑到消费者咨询问题时间的不固定性和下单时间的不确定性，从长期来看，整个农产品电商商店都是满负荷运转的；因此，从事农产品电商，年轻人比老年人更有优势，夫妻相互配合比单身者更有优势，身体健康的比身体差的更有优势，掌握相关知识的专业人士比非专业人士更有优势。与普通农户相比，兼业农户往往对商机敏感性更强，在从事农产品电商方面更具优势。通过虚幻的网络到底能否把农产品卖出去，这需要农民自身转变思想观念，与农民外出务工增长见识、家中培养大学生反过来影响家庭成员思想、家中当公务员的亲戚的宣传以及城里亲戚的影响是紧密相关的。第一产业的发展可以确保农产品的供给，第二产业的发展可以增加农产品的附加值，第三产业的发展可以保证农产品能够及时送达消费者手中，也就是说，第一、二、三产业的发展直接影响农产品电商的发展。[②] 任何商业活动的开展都离不开法律制度的保障，农产品电商的发展与农村普法教育、治安状况紧密相关，前者可以确保农产品电商从业者诚实守信、合法经营，后者可以确保农产品电商获得健康、稳定、可

---

① 具体参见陈亮《从阿里平台看农产品电子商务发展趋势》，《中国流通经济》2015年第6期。

② 具体参见何德华、韩晓宇、李优柱《生鲜农产品电子商务消费者购买意愿影响因素研究》，《西北农林科技大学学报》（社会科学版）2014年第4期。

持续发展。①

表 5.4　　　　P2P 网络借贷对农产品电商发展影响的回归结果

	偿债能力		营运能力		盈利能力	
	OLS	2SLS	OLS	2SLS	OLS	2SLS
X_1（性别）	-0.3637 (0.1411)	-0.4012 (0.3365)	-0.2027 (0.1557)	-0.2365 (0.2625)	-0.2327 (0.3031)	-0.2548 (0.3326)
X_2（年龄）	0.1112*** (0.0027)	0.1245*** (0.0019)	0.1017*** (0.0000)	0.1156*** (0.0000)	0.1225*** (0.0011)	0.1207*** (0.0067)
X_3（户籍状况）	0.3021 (0.1367)	0.3227 (0.4125)	0.2527 (0.2256)	0.2426 (0.1559)	0.2126 (0.4117)	0.2247 (0.4225)
X_4（婚姻状况）	0.0036** (0.0367)	0.0045** (0.0425)	0.0029* (0.0763)	0.0038* (0.0628)	0.0015*** (0.0049)	0.0046*** (0.0052)
X_5（健康状况）	0.0132*** (0.0021)	0.0145*** (0.0036)	0.0136*** (0.0042)	0.0152*** (0.0012)	0.0251*** (0.0059)	0.0365*** (0.0068)
X_6（文化程度）	0.2025*** (0.0036)	0.2336*** (0.0017)	0.2132*** (0.0029)	0.2229*** (0.0042)	0.2365*** (0.0027)	0.2447*** (0.0035)
X_7（家庭经济类型）	0.1221*** (0.0009)	0.1306*** (0.0027)	0.1402*** (0.0036)	0.1457*** (0.0018)	0.1511*** (0.0022)	0.1621*** (0.0037)
X_8（家庭经济收入）	0.4721 (0.2326)	0.4647 (0.1968)	0.4369 (0.1025)	0.4547 (0.3026)	0.5117 (0.3317)	0.5269 (0.3325)
X_9（家庭经济支出）	0.3032 (0.1517)	0.3412 (0.1345)	0.3031 (0.1167)	0.3449 (0.1547)	0.2628 (0.1632)	0.2851 (0.1625)
X_{10}（家庭外出务工人数）	0.0037*** (0.0025)	0.0049*** (0.0019)	0.0042*** (0.0036)	0.0057*** (0.0000)	0.0036*** (0.0015)	0.0074*** (0.0016)
X_{11}（家庭 P2P 借贷情况）	0.1325*** (0.0000)	0.1349*** (0.0041)	0.1217*** (0.0056)	0.1254*** (0.0023)	0.1125*** (0.0037)	0.1327*** (0.0017)
X_{12}（家中是否有大学生）	0.1127*** (0.0036)	0.1229*** (0.0014)	0.1116*** (0.0021)	0.1215*** (0.0015)	0.1301*** (0.0017)	0.1345*** (0.0022)

---

① 具体参见郭海霞《农产品电子商务发展的法律保障》,《学术交流》2010 年第 5 期。

续表

	偿债能力		营运能力		盈利能力	
	OLS	2SLS	OLS	2SLS	OLS	2SLS
X_{13}（亲戚中是否有公务员）	0.1145 *** (0.0025)	0.1129 *** (0.0067)	0.1203 *** (0.0036)	0.1227 *** (0.0041)	0.1311 *** (0.0051)	0.1359 *** (0.0056)
X_{14}（是否有亲戚开办企业）	0.3031 (0.3015)	0.3225 (0.3316)	0.3317 (0.1125)	0.3545 (0.6785)	0.3216 (0.5451)	0.3319 (0.6062)
X_{15}（是否有城市亲戚关系）	0.1301 *** (0.0012)	0.1349 *** (0.0045)	0.1275 *** (0.0019)	0.1321 *** (0.0026)	0.1126 *** (0.0021)	0.1315 *** (0.0056)
X_{16}（第一产业发展水平）	0.2561 *** (0.0037)	0.2611 *** (0.0048)	0.1346 *** (0.0031)	0.1411 *** (0.0049)	0.1415 *** (0.0052)	0.1522 *** (0.0067)
X_{17}（第二产业发展水平）	0.2119 *** (0.0047)	0.2245 *** (0.0009)	0.1079 *** (0.0035)	0.1143 *** (0.0047)	0.1557 *** (0.0016)	0.1636 *** (0.0021)
X_{18}（第三产业发展水平）	0.2145 *** (0.0045)	0.2236 *** (0.0039)	0.1425 *** (0.0032)	0.1521 *** (0.0012)	0.1412 *** (0.0047)	0.1529 *** (0.0036)
X_{19}（农业技术培训状况）	0.2211 (0.1425)	0.2375 (0.3631)	0.2257 (0.2227)	0.2315 (0.3415)	0.2541 (0.2011)	0.2557 (0.2216)
X_{20}（农技人员服务状况）	0.1965 (0.1036)	0.1997 (0.1136)	0.1021 (0.1632)	0.1211 (0.1547)	0.2065 (0.1362)	0.2411 (0.1557)
X_{21}（农村普法教育状况）	0.0051 *** (0.0025)	0.0064 *** (0.0037)	0.0012 *** (0.0068)	0.0036 *** (0.0072)	0.0041 *** (0.0047)	0.0069 *** (0.0058)
X_{22}（农村治安实际状况）	0.0111 *** (0.0012)	0.0123 *** (0.0035)	0.0145 *** (0.0041)	0.0166 *** (0.0052)	0.0157 *** (0.0025)	0.0175 *** (0.0041)
地区变量	YES	YES	YES	YES	YES	YES
R^2	0.1825	0.18825	0.1801	0.1827	0.1819	0.1899
F 统计量	31.6257	40.3621	29.1215	41.6025	35.7651	52.1217
观测值	2131	2131	2131	2131	2131	2131

注：①需要特别说明的是，当解释变量中只纳入家庭 P2P 网络借贷而被解释变量分别为农产品电商的偿债能力、营运能力和盈利能力时，解释变量的系数及其显著性水平与纳入所有控制变量的回归方程估计结果是基本一致的。受篇幅限制，解释变量仅纳入家庭 P2P 网络借贷的回归结果。表中省略了常数项的回归结果。有兴趣的读者可以向作者索取。②*、**、*** 分别表示 10%、5% 和 1% 的显著性水平。③括号中的数值是稳健性标准差，2SLS 估计中汇报的 R^2 指的是中心 R^2。

（四）稳健性检验结果及分析

本节研究样本涉及中国 15 个省级单位，这些省级单位涵盖了中国东、中、西部地区。在前文的实证过程中，本节采用的是全样本数据检验，为了进一步检验前文的实证结果，本节按照所研究的省级单位所在的具体地区，对样本数据进行分割，从东部、中部和西部的视角出发，进一步实证 P2P 网络借贷对农产品电商发展的影响，结果如表 5.5 所示。从表 5.5 中不难看出，即便是分拆样本，核心解释变量的系数正负及其相应的显著性水平与前文实证结果相比，并没有发生本质性的变化；也就是说，P2P 网络借贷对农产品电商发展具有显著的促进作用这一研究结论依然是成立的，特别是在消除了内生性问题后，P2P 网络借贷对农产品电商发展的促进作用表现得更为明显。

表 5.5　　　　　P2P 网络借贷对农产品电商发展影响的稳健性检验

东部地区 P2P 网络借贷对农产品电商发展的回归结果						
	偿债能力		营运能力		盈利能力	
	OLS	2SLS	OLS	2SLS	OLS	2SLS
X_{11}（家庭 P2P 借贷情况）	0.1121 *** (0.0059)	0.1301 *** (0.0068)	0.1321 *** (0.0032)	0.1455 *** (0.0047)	0.1207 *** (0.0009)	0.1367 *** (0.0012)
地区变量	YES	YES	YES	YES	YES	YES
R^2	0.1762	0.1801	0.1785	0.1847	0.1811	0.1898
F 统计量	22.1156	34.3231	26.1157	28.3755	30.0125	37.4517
观测值	1119	1119	1119	1119	1119	1119
中部地区 P2P 网络借贷对农产品电商发展的回归结果						
	偿债能力		营运能力		盈利能力	
	OLS	2SLS	OLS	2SLS	OLS	2SLS
X_{11}（家庭 P2P 借贷情况）	0.1321 *** (0.0025)	0.1369 *** (0.0039)	0.1412 *** (0.0017)	0.1515 *** (0.0019)	0.1112 *** (0.0027)	0.1367 *** (0.0047)
地区变量	YES	YES	YES	YES	YES	YES
R^2	0.1799	0.1802	0.1796	0.1802	0.1725	0.1767
F 统计量	51.3639	68.3604	36.3637	59.6217	27.2317	41.2317
观测值	594	594	594	594	594	594

续表

西部地区 P2P 网络借贷对农产品电商发展的回归结果

	偿债能力		营运能力		盈利能力	
	OLS	2SLS	OLS	2SLS	OLS	2SLS
X_{11}（家庭 P2P 借贷情况）	0.1112 *** (0.0039)	0.1311 *** (0.0028)	0.1341 *** (0.0031)	0.1369 *** (0.0027)	0.1411 *** (0.0012)	0.1522 *** (0.0045)
地区变量	YES	YES	YES	YES	YES	YES
R^2	0.1711	0.1798	0.1711	0.1789	0.1762	0.1802
F 统计量	56.6351	70.2317	40.2317	56.3627	41.2317	59.3627
观测值	418	418	418	418	418	418

注：相关说明同上表①②③。受篇幅限制，表中回归结果未展示控制变量的系数及其显著性水平。有兴趣的读者，可以向笔者索取。

四　研究结论及对策

本节基于 15 个省级单位、2131 份有效问卷，实证分析了 P2P 网络借贷对农产品电商发展的影响。实证结果发现，P2P 网络借贷可以有效促进农产品电商的发展，即便是在控制了 P2P 网络借贷的内生性后，P2P 网络借贷对农产品电商的促进作用也进一步加强。同时还发现：户主禀赋变量中的年龄、婚姻状况、健康状况和文化程度等会显著影响农产品电商的发展，而户主禀赋变量中的性别、户籍状况等对农产品电商发展的影响则不显著；家庭特征变量中的家庭经济类型、家庭外出务工人数、家中是否有大学生、亲戚中是否有公务员、是否有城市亲戚关系等对农产品电商发展的影响显著，而家庭特征变量中的是否有亲戚开办企业对农产品电商发展的影响并不显著；区域特征变量中的第一、二、三产业发展水平，农村普法教育状况，农村治安实际状况会显著影响农产品电商的发展，而区域特征变量中的农业技术培训状况和农技人员服务状况则不会显著影响农产品电商的发展。

基于以上研究结论，本节认为，要稳步推进农产品电商的发展，第一，需要科学引导 P2P 网络借贷支持农产品电商的发展。在坚持商业性金融、合作性金融和政策性金融紧密结合的同时，尝试将 P2P 网络借贷纳入普惠金融体系中，加快建立多层次、广覆盖、可持续、适度竞争和风险可控的现代农村金融体系；在进一步规范 P2P 网络借贷平台农村金融服务业务的同时，切实支持、鼓励和引导 P2P 网络借贷服务于抵押品存在问题的农产品电商，为农产品电商融资困境的缓解创造条件，为农产品电商投资理财渠道的拓展提供保障。第二，要对农产品电商从业者及其家庭进行创业创新再教育，全方位多角度地为他们的发展创造条件，为农产品电商的健康、稳定、可持续发展夯实基础。要将农产品电商的发展与农村职业农民队伍的培育、农民专业合作社的规范化建设以及农村扶贫开发体制机制的创新紧密结合，拓展农民融资与就业方面的视野，培养和造就大批立足农村、服务农村的农产品电商；创新农业社会化服务机制，通过大力培育农产品电商从业者，强化个体农户识别、抵御市场风险的能力，减少直至杜绝农村"谷贱伤农"现象的发生，确保农产品电商的可持续发展。第三，地方政府要强化农产品电商作为农产品流通新业态的科学认识，要把农产品电商的发展提高到地区经济发展的战略地位。要将农产品电商发展与地区产业结构转型升级紧密结合起来，尝试通过以供销社改革为契机、以信息化为支撑、以农产品电商发展为纽带，通过农产品电商的发展来畅通"农产品进城"和"工业品下乡"的渠道。此外，还需要通过法律法规的完善为农产品电商的发展提供保障。

第六章　新常态下农产品电商
发展的影响效应分析

从中国的实际情况来看，政府之所以大力支持、鼓励和引导农产品电商的发展，主要是因为农产品电商的发展具有显著的溢出效应。基于农产品产—供—销一体化视角不难看出，农产品电商的发展首先对于农产品的生产者具有重要的影响，不仅在一定程度上有利于农产品生产者就业，还对农产品生产者的增收具有显著成效。其次，农产品电商的发展，对于促进农村物流服务业的发展也具有显著成效，因为农产品的运输必然会涉及农村物流体系建设。此外，农产品电商的发展对于增加农产品销售者的实际收入、解决城镇居民实际生活支出也具有一定的影响。基于研究的实际需要和实际数据资料的可得性，本章将从就业和增收两个维度出发，实证分析农产品电商发展的影响效应。①

第一节　新常态下农产品电商发展的创业效应分析

在新常态背景下，中国经济增长速度将由高速增长转变为中高速增长，经济结构将不断优化升级，经济增长的动力将由要素驱动、投资驱动转向创新驱动。受此影响，社会的就业问题将变得更为严峻，作为解决就业问题重要途径之一的创业也得到了前所未有的重视。以大学毕业

---

① 有关农产品电商发展的创业就业效应，作者已经发表于《中国软科学》2016 年第 5 期，具体参见鲁钊阳、廖杉杉《农产品电商发展的区域创业效应研究》，《中国软科学》2016 年第 5 期。

生为例，2001 年，中国大学毕业生人数为 114 万人，2004 年这一数字则为 280 万人，2008 年高达 559 万人，随后大学生毕业人数每年都在快速增长，2015 年大学毕业生人数为 749 万人，快速增长的大学毕业生人数进一步加剧了社会就业的压力。① 为此，2014 年教育部正式颁布《关于做好 2015 年全国普通高等学校毕业生就业创业工作的通知》，支持、鼓励和引导大学生尝试诸如开设网店等多种形式的创业活动。不仅如此，国务院办公厅在 2015 年 3 月颁发了《关于发展众创空间，推进大众创新创业的指导意见》，支持、鼓励和引导社会大众的创业热潮；2015 年 6 月，国务院下发的《关于大力推进大众创业万众创新若干政策措施的意见》，进一步推动社会大众创业活动的深入；在 2016 年的《政府工作报告》中，李克强总理更是明确提出要发挥大众创业、万众创新和"互联网 +"集众智汇众力的乘数效应，激发社会大众的创业活力，打造经济发展新引擎，确保经济社会的健康、稳定、可持续发展。

从现实来看，创业的方式具有多样性的特征，特别是随着网络技术的发展，借助网络创业的群体越来越多，规模越来越大，成果也越来越显著。截至 2014 年底，中国电子商务企业直接从业人员超过 250 万人，由电子商务间接带动的就业人数超过 1800 万人，电子商务交易额也从 2010 年的 4.5 万亿元，增加到 2011 年的 6 万亿元、2012 年的 7.85 万亿元、2013 年的 10.2 万亿元；② 与 2013 年相比，2014 年电子商务交易额快速增长，高达 16.39 万亿元。③ 在此大的背景下，农产品电子商务的发展也是十分迅速的。2010 年至今，中国著名的电商平台阿里巴巴农产品销售额年均增长速度超过 10%，农产品销售额也从 2010 年的 37 亿元增长到 2014 年的 800 亿元；其中，2014 年，中国涉农交易类电商接近 4000 家，农产品物流额高达 3.3 万亿元。从国内整个电子商务的

---

① 参见 http://data. stats. gov. cn/search. htm? s = % E6% AF% 95% E4% B8% 9A% E7% 94% 9F。

② 参见 http://www. 56ec. org. cn/news/hyzx/2015 – 04 – 08/1357. html。

③ 参见 http://www. stats. gov. cn/tjsj/sjjd/201603/t20160307_1327678. html。虽然国家统计局公布的数据显示，2014 年，中国电子商务交易额为 16.39 万亿元，但是，考虑到中国电子商务交易的实际发展情况，国内著名的电商研究专家洪涛教授认为，中国电子商务实际交易额应该超过 16.39 万亿元。感谢洪涛教授在数据方面提出的宝贵意见。

发展历程来看，农产品电商已经成为继图书、服装、3C（3C 是 Computer、Communication 和 Consumer Electronic 的简称）之后的第四个电商热潮。[①]

从现有文献资料来看，虽然学者们对电子商务问题进行了多方面的研究，但是，鲜有学者研究农产品电商发展的区域创业效应问题；实际上，对农产品电商区域创业效应的研究具有重要意义。从理论上看，虽然学者们对电商问题进行了多方面的研究，但有关农产品电商的研究还有待进一步深入，特别是农产品电商方面的定量分析成果较为少见，也没有学者的研究直接涉及农产品电商发展的区域创业效应问题，本节研究可以充实农产品电商方面的理论。从现实来看，农产品电商的发展，不仅有利于解决农村富余劳动力的就业问题，直接增加农村的就业机会，真正实现农民"离土不离乡、经商不进城"的目标，还能够在一定程度上规避"谷贱伤农"现象的发生，解决个体农户"农产品卖难"的现实问题。为促进农产品电商的发展，国家先后出台了相关的政策文件，[②] 但遗憾的是，鲜有学者深入研究农产品电商发展的区域创业效应问题，本节研究可以为国家相关政策文件的出台提供进一步的理论支撑。与既有研究相比，本章的创新之处在于：第一，本节可能是首篇实证考察农产品电商发展区域创业效应的文献。这可能不仅有助于我们更全面和准确地计量农产品电商发展的区域创业效应，还可以为国家大力支持和发展农产品电商提供理论支撑。第二，本节基于新常态背景，运用问卷调查数据，尝试从定量分析的角度研究新型农产品电商发展的区域创业效应，这在研究视角和研究方法的选择方面具有一定的创新性。

一 文献综述

从现有文献来看，国外学者 Wen 设计出基于农产品销售、财务分

---

① 具体参见洪涛《智能物流已是无法回避的新趋势》，《中国商报》2013 年 4 月 19 日第 15 版。

② 比如，商务部《关于促进电子商务应用的实施意见》《国家新型城镇化（2014—2020）》，国务院办公厅《关于促进内贸流通健康发展的若干意见》以及中共中央、国务院《关于加大改革创新力度，加快农业现代化建设的若干意见》等。在这些政策文件中，国家都高度重视农产品电商的发展。不仅国家层面如此，各地政府也都出台了相关的支持、鼓励和引导农产品电商发展的政策。

析与预测分析的农产品智能电商交易系统（KIES系统），并将其与基于电子地图的GPS结合起来，为农产品电商交易提供产—供—销一体化的管理服务，认为农产品的销售是农产品产—供—销一体化诸环节的中心环节，不仅可以指导上游农产品的生产和采购，还可以指导下游农产品物流运输企业的生产活动；① Dariusz以波兰农产品电商发展为例进行研究，认为农产品电商不仅引导着农产品交易市场的发展，还在很大程度上直接改变着农产品交易的市场结构；与传统的农产品交易方式相比，农产品电商交易可以有效规避诸如地域限制、价格高昂等问题；虽然波兰农产品电子商务发展尚处于起步阶段，但在充分考虑到农产品电子商务自身的独特优势后，波兰的农产品电子商务发展前景广阔。②

除上述成果外，国外学者很少有直接研究农产品电商的，但相关研究成果则较多。比如，在电商交易信任方面，部分学者研究了电商信任的属性与维度问题，认为信任是电商交易顺利开展的关键因素；③ 也有学者研究了电商信任的影响因素问题，认为电商信任会受到诸多内外在因素的影响，供货者的信誉、商品自身的品质、购货者的风险偏好程度、商品交易保障机制等都会影响电商交易的信任度。④ 在电商交易的

---

① 具体参见 Wen,W.,"A Knowledge-based Intelligent Electronic Commerce System for Selling Agricultural Products,"*Computers and Electronics in Agriculture*,2007,57(1):33-46.

② 具体参见 Dariusz,S.,"The Development of Electronic Commerce in Agribusiness：The Polish Example,"*Procedia Economics and Finance*,2015,(23):1314-1320.

③ 具体参见 Mayer,R. C.,Davis,J. H.,Schoorman,F. D.,"An Integrative Model of Organization trust,"*Academy of Management Review*,1995,20(3):709-734；McKnight,D. H.,Chervany,N. L.,"What Trust Means in E-commerce Customer Relationships：An Interdisciplinary Conceptual Typology,"*International Journal of Electronic Commerce*,2002,6(2):35-29；Gefen,D.,Karahanna,E.,Straub,D. W.,"Trust and TAM in Online Shopping：An Integrated Model,"*MIS Quarterly*,2003,27(1):51-90.

④ 具体参见 Helander,M. G.,Khalid,H. M.,"Modeling the Customer in Electronic Commerce,"*Applied Ergonomics*,2000,31(6):609-619；Yoo,C. W.,Sanders,G. L.,Moon,J.,"Exploring the Effect of e-WOM Participation on E-Loyalty in E-commerce,"*Decision Support Systems*,2013,55(3):669－678；Hong,I. B.,Cha,H. S.,"The Mediating Role of Consumer Trust in an Online Merchant in Predicting Purchase Intention,"*International Journal of Information Management*,2013,33(6):927-939；Karimov,F.,Brengman,M.,"An Examination of Trust Assurances Adopted by Top Internet Retailers：Unveiling Some Critical Determinants,"*Electronic Commerce Reaearch*,2014,14(1):1-38.

物流配送方面，有学者研究了供应链理论在电子商务配送中的运用，认为物流配送对企业生存发展至关重要，特别是在电子商务的环境下，重视物流配送将会为企业的发展带来新的机遇；① 甚至还有学者认为，物流配送是电子商务活动的最后一个步骤，是制约企业生存和发展的"最后一公里问题"②；即便是虚拟的物流网络，一样可以使跨国企业在其业务覆盖范围内最大限度地降低生产成本，最优化配置生产要素，电商商务活动对跨国企业来说一样极其重要。③

与国外学者不同的是，国内学者在农产品电商发展方面进行了多方面的研究。虽然学者们并未直接研究农产品电商发展的区域创业效应，但是，相关研究成果则较多。学者们都认为，狭义的农产品电商就是通过电子商务交易的方式把农产品销售出去，而广义的农产品电商则是通过农产品电子商务交易的方式将农产品生产、运输与消费者消费等农产品产—供—销一体化的所有环节紧密结合起来，进而实现农民增收、从业者获利、消费者获益的目标。④ 换句话说，若从农产品电商概念的广义角度来看，农产品电商自身是一个复杂的生态系统，具有开放互动、多元共生、协同共进和动态演化的特征。⑤ 很显然，无论是狭义上的农产品电商，还是广义上的农产品电商，农产品电商的健康、稳定、可持续发展必然会为农产品产—供—销一体化链条上的各利益主体带来实实在在的利益，农产品电商发展的福利效应显著。对农产品生产者而言，持续扩大的农产品电商，可以直接突破农产品销售的地域限制，可以为

---

① 具体参见 Lee，H. L. ，Whang，S. ，"Winning the Last Mile of E-commerce，" *MIT Sloan Management Review*，2001，42（4）：54-62；Gourdin，K. N. ，"*Global Logistics Management：A Competitive Advantage for the New Millennium.*（London：Blackwell Publishers Ltd. ，2001）pp. 317-320.

② 具体参见 Michael，J. ，"World-class Logistics：Managing Continuous Change，" *Industrial Engineer*，2007（12）：48-53.

③ 具体参见 Gregory，M. ，"Virtual logistics，" *International Business*，2009（11）：36-40.

④ 具体参见胡天石、傅铁信《中国农产品电子商务发展分析》，《农业经济问题》2005年第5期；关海玲、陈建成、钱一武《电子商务环境下农产品交易模式及发展研究》，《中国流通经济》2010年第1期；赵志田、何永达、杨坚争《农产品电子商务物流理论构建及实证分析》，《商业经济与管理》2014年第7期；洪涛、张传林《2014—2015年我国农产品电子商务发展报告》，《中国商贸》2015年第5期。

⑤ 具体参见王胜、丁忠兵《农产品电商生态系统：一个理论分析框架》，《中国农村观察》2015年第4期。

农产品拓展更广阔的销售市场，有利于农民增收；对农产品电商从业者而言，迅猛发展的农产品电商，不仅可以为从业者赚取财富提供机遇，还有利于为从业者提供更多的就业机会（如与电商相伴而生的快递行业发展速度尤为惊人），更有利于从业者不断扩大自身的生产经营规模，逐步发展壮大；对消费者来说，农产品电商的发展，有助于他们通过网络购买物美价廉的农产品，解决他们因地域限制而无法购买某些特定农产品的困境。[①] 特别是在新常态背景下，农产品电商的发展对于培育农村新的经济增长点，在增加农民收入的同时竭力开拓农村消费市场也都具有显著的意义。[②] 也就是说，农产品电商发展所带来的效应是全方位多角度的，不同的利益主体均可以从农产品电商发展中获得实实在在的利益。

[①] 具体参见胡俊波《农产品电子商务发展模式研究：一个模式构想》，《农村经济》2011 年第 11 期；王珂、李震、周建《电子商务参与下的农产品供应链渠道分析：以"菜管家"为例》，《华东经济管理》2014 年第 12 期；何德华、韩晓宇、李优柱《生鲜农产品电子商务消费者购买意愿研究》，《西北农林科技大学学报》（社会科学版）2014 年第 4 期；陈亮《从阿里平台看农产品电子商务发展趋势》，《中国流通经济》2015 年第 6 期；林家宝、万俊毅、鲁耀斌《生鲜农产品电子商务消费者信任影响因素分析：以水果为例》，《商业经济与管理》2015 年第 5 期；鲁钊阳、郑中伟《经济新常态下新消费增长点培育的逻辑起点、约束条件与路径选择》，《经济问题探索》2016 年第 1 期；洪涛《2014—2015 中国农产品电子商务发展报告》（简版），《中国果蔬》2016 年第 1 期。2015 年国家邮政局、商务部在联合发布的《关于推进"快递向西向下"服务拓展工程的指导意见》中提出，到 2020 年中国要基本上实现"乡乡有网点，村村通快递"。在未来几年里，农产品电商从业者必然会越来越多。参见 http：//www. spb. gov. cn/zcfg/flfgjzc/201505/t20150529_ 486928. html。此处是以阿里研究院公布的各省级单位农产品电商销售情况为评价各省级单位农产品电商综合竞争力的指标。关于各省级单位农产品电商销售情况参见 http：//www. aliresearch. com/blog/article/detail/id/20459. html；游士兵、肖加元《农业竞争力的测度及实证研究》，《中国软科学》2005 年第 7 期；张瑞东、蒋正伟《阿里农产品电子商务白皮书（2014）》，阿里研究院，2015 年；洪涛、张传林、李春晓《我国农产品电子商务模式发展研究》（下），《商业经济研究》2014 年第 17 期；王珂、李震、周建《电子商务参与下的农产品供应链渠道分析：以"菜管家"为例》，《华东经济管理》2014 年第 12 期；何德华、韩晓宇、李优柱《生鲜农产品电子商务消费者购买意愿研究》，《西北农林科技大学学报》（社会科学版）2014 年第 4 期；陈亮《从阿里平台看农产品电子商务发展趋势》，《中国流通经济》2015 年第 6 期；林家宝、万俊毅、鲁耀斌《生鲜农产品电子商务消费者信任影响因素分析：以水果为例》，《商业经济与管理》2015 年第 5 期。

[②] 具体参见鲁钊阳、郑中伟《经济新常态下新消费增长点培育的逻辑起点、约束条件与路径选择》，《经济问题探索》2016 年第 1 期；洪涛《2014—2015 中国农产品电子商务发展报告》（简版），《中国果蔬》2016 年第 1 期。

从上述文献综述不难看出，农产品电商的发展对农产品产—供—销一体化利益链条上的各利益主体均具有显著的积极意义，但是，这种意义到底如何目前还缺乏有力的经验证据。特别是在新常态背景下农产品电商发展如火如荼，农产品电商从业者越来越多，[①] 要科学认识农产品电商发展的区域创业效应，还必须从定量分析的角度进行进一步的研究。基于此，本节拟以问卷调查数据为基础，运用定量分析方法，实证分析农产品电商发展的区域创业效应。与既有文献资料相比，本节可能是首篇从定量分析视角研究农产品电商发展区域创业效应的文献。本节研究不仅有助于我们更全面科学地认识农产品电商发展的区域创业效应，而且对于指导中国今后农产品电商的发展也具有重要的启示意义。

二　数据与变量

（一）数据来源

2015 年 5—8 月，"互联网 + 时代农产品电商促进农业可持续发展的对策研究"课题组，以中国各省市农业综合竞争力和农产品电商综合竞争力[②]排名情况为依据[③]，选定东部地区的北京市、上海市、浙江省、广东省、福建省、江苏省、山东省和辽宁省 8 个省级单位，中部地区的安徽省、湖北省、湖南省和河南省 4 个省级单位以及西部地区的四川省、云南省和新疆维吾尔自治区 3 个省级单位为研究样本，进行问卷调查。需要特别说明的是，对除北京市和上海市外的13 个省级单位，课题组依据 2014 年各省级单位下属的地级市地区生产总值排名情况，选择排名居中的地级市作为问卷发放区域；并进一步采用同样的方法，最终确定问卷发放的具体区县；而对于北京市和

---

① 2015 年，国家邮政局、商务部在联合发布的《关于推进"快递向西向下"服务拓展工程的指导意见》中提出，到 2020 年，中国要基本上实现"乡乡有网点，村村通快递"。在未来几年里，农产品电商从业者必然会越来越多。参见 http：//www. spb. gov. cn/zcfg/flfgjzc/201505/t20150529_ 486928. html。

② 此处是以阿里研究院公布的各省级单位农产品电商销售情况为评价各省级单位农产品电商综合竞争力的指标。关于各省级单位农产品电商销售情况参见 http：//www. aliresearch. com/blog/article/detail/id/20459. html。

③ 游士兵、肖加元：《农业竞争力的测度及实证研究》，《中国软科学》2005 年第 7期；张瑞东、蒋正伟：《阿里农产品电子商务白皮书（2014）》，阿里研究院，2015 年。

上海市，课题组则直接根据其下属的区县 2014 年地区生产总值排名情况，选择地区生产总值排名居中的 2 个区县作为问卷发放地区。本节问卷发放，涉及上述 15 个省级单位下属的共计 50 个区县。在实际操作过程中，课题组在每个省级单位发放问卷 150 份，累计发放问卷 2250 份，实际回收问卷 2180 份，剔除缺乏关键信息的调查问卷 49 份，实际回收的有效问卷为 2131 份，有效率为 94.71%。由于本节研究使用的是调查问卷所涉及的 50 个区县的数据资料，因此，除来自调查问卷的数据外，还使用了 50 个区县的部分宏观经济数据，这部分数据来源于中经网统计数据库。

（二）变量定义

首先，本节拟选择问卷填写者对问卷中的问题 "你从事农产品电商带动了周边多少个体农户创业" 的回答来表示农产品电商发展的区域创业效应，即被解释变量。作为一种新的业态，农产品电商门槛相对较低，对创业的资金量要求不高，极易被模仿。特别是在当前经济形势下，如何才能够快速有效地销售农产品，成为相当部分农户不得不面对的难题；当个别农户通过电子商务的方式有效地解决了农产品销售问题时，周边农户势必会尝试农产品电子商务，也就是说，农产品电商从业者对周边创业者具有示范效应。不仅如此，农产品电商的发展，还会在很大程度上直接促进农村物流服务业的进步，[1] 影响农产品生产者的生产积极性。进一步讲，农产品电商发展的区域创业效应会表现在诸多方面，既可以表现在影响个体农户从事农产品电商方面，也可以表现在影响个体农户直接从事农产品生产和从事与农产品电商紧密相关的行业如农村物流服务业等方面。对上述问题的答案，本节将其记为 Y，并对其赋值 1、2、3、4 和 5，它们分别表示 "1 户及以下" "2 户" "3 户" "4 户" "5 户及以上"。

其次，对核心的解释变量农产品电商发展情况，本节拟选择问卷填写者对问卷中三个问题的回答来表示。这三个问题分别从农产品电商发展的

---

① 具体参见 "农村现代物流研究中心" 课题组《中国农村物流发展报告（2013）》，《中国合作经济》2013 年第 9 期；邹念、李倩兰《国内外农村物流服务现状研究》，《世界农业》2015 年第 1 期。

偿债能力、营运能力和盈利能力方面解释了农产品电商的发展状况。之所以选择这三个方面，主要是因为从中国目前的实际情况来看，农产品电商从业者虽然不需要向国家缴纳相应的税收，但农产品电商自身却具有诸如组织性、经济性、商品性、营利性、独立性等企业的基本属性，因此，在某种意义上可以把农产品电商看作是特殊的企业。[①] 对这三个问题的答案，本节分别记为 X_7、X_8 和 X_9。在实际操作过程中，对 X_7 赋值 1、2 和 3，分别表示农产品电商偿债能力减弱、一般和增强；相应地，对 X_8 和 X_9 的赋值与对 X_7 的赋值相类似；当 X_8 和 X_9 分别赋值 1、2 和 3 时，分别表示农产品电商营运能力和盈利能力的减弱、一般和增强。从实际回收的 2131 份有效问卷来看，认为农产品电商偿债能力减弱、一般和增强的农户比例分别为 20%、22% 和 58%，认为农产品电商营运能力减弱、一般和增强的农户比例分别为 17%、27% 和 56%，认为农产品电商盈利能力减弱、一般和增强的农户比例分别为 25%、20% 和 45%。

最后，影响农产品电商发展区域创业效应发挥的控制变量。从现实来看，农产品电商发展区域创业效应的发挥，还会受到农产品电商户主本人、农产品电商整个家庭以及农产品电商所在区域等多方面的影响。基于此，本节拟将影响农产品电商发展区域创业效应发挥的控制变量概括为三组变量，分别是农产品电商户主禀赋变量、农产品电商家庭特征变量和农产品电商所在区域的特征变量。在户主禀赋变量方面，本节设计的具体指标包括户主的性别（X_1）、年龄（X_2）、户籍状况（X_3）、婚姻状况（X_4）、健康状况（X_5）和文化程度（X_6）。在家庭特征变量方面，本节设计的具体指标除农产品电商发展的偿债能力（X_7）、营运能力（X_8）和盈利能力（X_9）外，还有诸如家庭整体氛围（X_{10}）、亲戚中是否有公务员（X_{11}）和是否有城市亲戚关系（X_{12}）等。在区域特征变量方面，本节设计的具体指标包括金融服务水平状况（X_{13}）、区域社会治安状况（X_{14}）、市场规模和城镇化率。需要特别说明的是，之所以考虑市场规模和城镇化率，主要是因为市场规模是创业者是否会选择创业的重要因素，而城镇化率对创业的影响则

---

① 具体参见鲁钊阳、廖杉杉《P2P 网络借贷对农产品电商发展的影响研究》，《财贸经济》2016 年第 3 期。

极其复杂，可能会促进创业者创业，也有可能阻碍创业者创业，它对创业者创业具有重要影响；[1] 在实际研究中，以人口密度和 GDP 增速测度市场规模，分别记人口密度、GDP 增速、城镇化率为 X_{15}、X_{16} 和 X_{17}。各变量指标的具体赋值情况及其描述性统计分析结果如表 6.1 所示。

表 6.1　　各变量指标的具体赋值情况及其描述性统计分析结果

变量	变量类型	变量赋值	均值	标准差
Y（区域创业效应）	因变量	1 户及以下 = 1，2 户 = 2，3 户 = 3，4 户 = 4，5 户及以上 = 5	4.0217	1.0256
X_1（性别）	户主禀赋变量	男 = 1，女 = 0	0.5015	0.1011
X_2（年龄）	户主禀赋变量	30 岁及以下 = 1，30—39 岁 = 2，40 岁及以上 = 3	2.5715	0.2217
X_3（户籍状况）	户主禀赋变量	城镇 = 1，农业和非城镇蓝印户籍 = 0	0.5745	0.2022
X_4（婚姻状况）	户主禀赋变量	未婚 = 1，已婚 = 2，丧偶 = 3，离异 = 4	2.1123	0.1019
X_5（健康状况）	户主禀赋变量	良好 = 1，一般 = 2，差 = 3	2.5217	0.2022
X_6（文化程度）	户主禀赋变量	小学及以下 = 1，初中 = 2，高中及以上 = 3	2.4715	0.1197
X_7（农产品电商偿债能力）	家庭特征变量	减弱 = 1，一般 = 2，增强 = 3	2.1615	0.3786
X_8（农产品电商营运能力）	家庭特征变量	减弱 = 1，一般 = 2，增强 = 3	2.2217	0.2219
X_9（农产品电商盈利能力）	家庭特征变量	减弱 = 1，一般 = 2，增强 = 3	2.0235	0.2745
X_{10}（家庭整体氛围）	家庭特征变量	民主型 = 1，独裁型 = 0	0.4217	0.1022
X_{11}（亲戚中是否有公务员）	家庭特征变量	有 = 1，无 = 0	0.2745	0.0236

---

[1]　具体参见高兴民、张祥俊《地区创业水平影响因素的空间计量分析》，《中国科技论坛》2015 年第 4 期。

变量	变量类型	变量赋值	均值	标准差
X_{12}（是否有城市亲戚关系）	家庭特征变量	有 =1，无 =0	0.2247	0.1145
X_{13}（金融服务水平状况）	区域特征变量	不满意 =1，一般 =2，满意 =3	1.6557	0.3217
X_{14}（区域社会治安状况）	区域特征变量	良好 =1，一般 =2，差 =3	1.6217	0.0217
X_{15}（人口密度）	区域特征变量	人口总数/区域土地面积	303	10.3217
X_{16}（GDP 增长速度）	区域特征变量	区域 GDP 增长率	7.398	0.5781
X_{17}（城镇化率）	区域特征变量	区域城镇化率	0.5615	3.3775

（三）模型设定

在界定前文各变量的基础上，本节建立如下农产品电商发展的区域创业效应模型：

$$Y_i = \beta_0 + \beta_i O_n + \beta_j \sum_{j=1}^{K} X_{ji} + Dummy_i + \varepsilon_i \qquad (6-1)$$

在模型（6-1）中，Y 为被解释变量区域创业水平。下标 i 表示第 i 个农产品电商。β 为待估参数。O_n 表示农产品电商发展的状况；当 n 取 1 时，表示农产品电商的偿债能力状况；当 n 取 2 时，表示农产品电商的营运能力状况；当 n 取 3 时，表示农产品电商的盈利能力状况。下标 j 表示影响区域创业水平的第 j 个因素，j 的取值范围为 1 到 K，K 取正整数。$Dummy$ 为地区虚拟变量。X_{ji} 为控制变量，表示影响区域创业水平的其他因素。ε 为随机误差项。

三　实证结果及分析

（一）OLS 与 2SLS 回归估计结果

依据前文的分析，本节首先运用 OLS 实证农产品电商发展的区域创业效应。为了更科学地探究核心解释变量及其他控制变量对区域创业效应的影响，本节先只纳入核心解释变量而不纳入控制变量进行实证，然后将所有控制变量一并纳入进行实证，实证回归结果如表6.2所示。① 从表6.2中可以看出，无论实证回归模型中是否加入其他控制变量，核心解释变量农产品电商的偿债能力、营运能力和盈利能力的系数均在1%显著性水平上为正，这说明农产品电商发展的区域创业效应是显著的。

以上OLS的分析并未考虑内生性问题，如果核心解释变量是内生性变量的话，则参数OLS估计量就不再具有无偏性和一致性，研究结论的可靠性也值得怀疑。从实际来看，核心解释变量农产品电商的发展（包括偿债能力、营运能力和盈利能力三个维度）确实是一个内生变量。一方面，农产品电商产业是关联性极强的产业，农产品电商的发展可以有效地激发农产品产—供—销一体化链条上所有从业者的创业激情，从而也会对整个区域的创业带来直接的影响；另一方面，区域创业的整体氛围浓厚，创业的羊群效应明显，也会直接促进更多的城乡居民从事农产品电商，因为与其他的创业相比，农产品电商具有诸如入门门槛不高、所需创业资本较少、可专职可兼职等优势。正是基于农产品电商发展与区域创业之间的反向因果关系考虑，本节认为，核心解释农产品电商发展是内生性变量，与随机扰动项是相关的。要克服内生性问题，需要寻找相应的工具变量。从理论上讲，合适的工具变量，不仅需要与被替代的变量高度相关，还需要与随机扰动项和模型中的其他解释变量不相关；此外，合适的工具变量，还必须通过LR统计量检验（检验工具变量的识别不足问题）和Hansen's J统计量检验（检验工具变量的识别过度问题）。基于研究的实际需要，本节通过对调查问卷的反复梳理，拟采用调查问卷中农产品电商家庭上一年邮资实际支出金额作为工具变量，理由在于，农产品电商的发展严重依赖于区域的物流配送效率，高效率的物流配送可以显著促进农产品物流的发展，而邮资实际支出额作为物流配送的最直接反映，能够很好地替代农产品电商发展这一核心解释变量。运用对工具变量的检验发现：本节研究所选择的工具变

---

① 不纳入所有控制变量与纳入所有控制变量后核心解释变量系数正负符号及其显著性水平未发生实质性的变化，因此，受篇幅限制，表6.2中仅列出纳入所有控制变量后的回归结果，而在分析过程中，仍按照纳入所有控制变量与不纳入所有控制变量的实证结果进行分析。2SLS的回归结果也一样，下文不再另作说明。

量既不存在识别不足问题，也不存在识别过度问题，工具变量的选择是合理的。①

在确定了合适的工具变量后，本节采用 2SLS 对农产品电商发展的区域创业效应进行实证检验，结果如表 6.2 所示。与前文相类似的是，本节先不纳入控制变量进行实证，然后再纳入所有的控制变量进行实证，结果发现：无论纳不纳入控制变量，核心解释变量的系数正负及其显著性水平均未发生本质性的变化。这说明农产品电商的发展具有显著的区域创业效应。特别是在消除内生性之后，在显著性水平不变的情况下，核心解释变量的系数较之未消除内生性时明显增大，这进一步说明了农产品电商发展的区域创业效应是明显的。

从控制变量的角度来看，户籍状况、婚姻状况、是否有城市亲戚关系、城镇化率等变量未通过显著性检验，其他控制变量均通过显著性检验，这与中国的现实是相吻合的。在"大众创业""草根创业"的浪潮中，国家支持创新创业的政策不断出台，符合条件的创业者都可以享受国家的优惠政策，户籍、婚姻状况不再成为创业的制约因素。同时，在这一轮创业浪潮中，农村居民也因地制宜，通过发挥自身的产品优势，积极主动创业，其创业的激情与是否有城市亲戚关系无必然联系。虽然城镇化可能会对创业产生积极影响，但是，如果市民化的农民自身既无专业技能，又无创业的激情与创业的条件，则城镇化并不会对创业产生积极影响。与女性相比，男性更富有创业的激情，更愿意进行创业的尝试，性别对创业具有积极影响。与老年人相比，年轻人充满朝气和活力，对未来充满期盼，更有可能自主创业，年龄对创业影响显著。健康状况是影响创业的重要因素，因为身体不健康的个体更多关心的是自身的身体状况，不可能有更多精力投身于创业。文化程度高的人获取信息的能力相对要强，这对他们做出是否创业、如何创业、创什么业的决定具有重要影响。② 家庭氛围对创业有重要影响，因为创业存在风险，民主的家庭氛围有利于集思广益，规避创业的风险；独裁家庭可能会因为

---

① 检验工具变量的 LR 统计量和 Hansen's J 统计量结果未在文中展示出来，有兴趣的读者可向笔者索取。

② 具体参见高静、贺昌政《信息能力影响农户创业机会识别：基于 456 份调研问卷的分析》，《软科学》2015 年第 3 期。

个人想法而贸然创业，遭受创业风险的可能性更大。公务员对国家政策的掌握程度要超过普通的农户，他们通过对国家农业政策、创业政策等的宣传，可以激发他们亲戚朋友的创业热情，有利于他们的创业。[①] 金融服务会直接影响创业者创业资本的可得性，金融服务水平的稳步提升，可以为区域创业者的创业提供资金保障，缓解制约创业者的资金困境难题，有利于区域创业者的创业。治安状况对于创业者来说至关重要，良好的治安环境不仅有利于保障创业者自身的人身安全，还有利于创业者所创办的企业正常运转。衡量市场规模的人口密度和 GDP 增速测度对创业也有重要影响，因为创业者在创业之前必然会仔细考察实际的市场规模，没有市场规模做保障，理性的创业者不可能选择创业。[②]

表 6.2　　　农产品电商发展区域创业效应的实证回归结果

变量	核心解释变量：偿债能力		核心解释变量：营运能力		核心解释变量：盈利能力	
	OLS	2SLS	OLS	2SLS	OLS	2SLS
X_1（性别）	0.1027 *** (0.0000)	0.1222 *** (0.0000)	0.1321 *** (0.0039)	0.1425 *** (0.0047)	0.1007 *** (0.0000)	0.1111 *** (0.0027)
X_2（年龄）	0.0098 ** (0.0412)	0.0112 ** (0.0375)	0.0125 *** (0.0069)	0.0137 *** (0.0057)	0.0147 *** (0.0000)	0.0167 *** (0.0000)
X_3（户籍状况）	0.1267 (0.1259)	0.1321 (0.4521)	0.1217 (0.5257)	0.1327 (0.5217)	0.1441 (0.3637)	0.1559 (0.4217)
X_4（婚姻状况）	0.2527 (0.1255)	0.2627 (0.1326)	0.2027 (0.1425)	0.2325 (0.1516)	0.2429 (0.1715)	0.2627 (0.1618)
X_5（健康状况）	0.0127 *** (0.0015)	0.0136 *** (0.0000)	0.0147 *** (0.0047)	0.0152 *** (0.0016)	0.0161 *** (0.0009)	0.0175 *** (0.0027)
X_6（文化程度）	0.0111 *** (0.0017)	0.0119 *** (0.0025)	0.0122 *** (0.0039)	0.0157 *** (0.0000)	0.0167 *** (0.0031)	0.0198 *** (0.0000)

---

①　具体参见任胜钢、高欣、赵天宇《中国创业的人脉资源究竟重要吗？——网络跨度与信任的交互效应研究》，《科学学与科学技术管理》2016 年第 3 期；尹苗苗、李秉泽、杨隽萍《中国创业网络关系对新企业成长的影响研究》，《管理科学》2015 年第 6 期。

②　具体参见赵路、李侠《农村创新创业人才培养研究》，《科学管理研究》2015 年第 5 期；辜胜阻、曹冬梅、李睿《让"互联网＋"行动计划引领新一轮创业浪潮》，《科学学研究》2016 年第 2 期。

续表

变量	核心解释变量：偿债能力		核心解释变量：营运能力		核心解释变量：盈利能力	
	OLS	2SLS	OLS	2SLS	OLS	2SLS
X_7（农产品电商偿债能力）	0. 1217 *** (0. 0000)	0. 1527 *** (0. 0000)				
X_8（农产品电商营运能力）			0. 1015 *** (0. 0000)	0. 1117 *** (0. 0000)		
X_9（农产品电商盈利能力）					0. 1217 *** (0. 0000)	0. 1327 *** (0. 0000)
X_{10}（家庭整体氛围）	0. 2127 *** (0. 0000)	0. 2225 *** (0. 0000)	0. 2321 *** (0. 0054)	0. 2421 *** (0. 0000)	0. 2027 *** (0. 000016)	0. 2129 *** (0. 0000)
X_{11}（亲戚中是否有公务员）	0. 1011 *** (0. 0000)	0. 1225 *** (0. 0000)	0. 1117 *** (0. 0000)	0. 1225 *** (0. 0000)	0. 1321 *** (0. 0000)	0. 1411 *** (0. 0000)
X_{12}（是否有城市亲戚关系）	0. 3214 (0. 1217)	0. 3217 (0. 1514)	0. 2217 (0. 1611)	0. 2128 (0. 1517)	0. 2315 (0. 1412)	0. 2527 (0. 1619)
X_{13}（金融服务水平状况）	0. 1625 *** (0. 0049)	0. 1732 *** (0. 0000)	0. 1112 *** (0. 0027)	0. 1321 *** (0. 0000)	0. 1412 *** (0. 0011)	0. 1521 *** (0. 0000)
X_{14}（区域社会治安状况）	0. 2627 *** (0. 0047)	0. 2825 *** (0. 0000)	0. 2527 *** (0. 0000)	0. 2627 *** (0. 0000)	0. 2826 *** (0. 0067)	0. 2935 *** (0. 0071)
X_{15}（人口密度）	0. 1115 *** (0. 0000)	0. 1212 *** (0. 0000)	0. 1012 *** (0. 0000)	0. 1212 *** (0. 0076)	0. 1333 *** (0. 0000)	0. 1441 *** (0. 0082)
X_{16}（GDP 增长速度）	0. 1212 *** (0. 0000)	0. 1267 *** (0. 0038)	0. 1321 *** (0. 0000)	0. 1521 *** (0. 0012)	0. 1421 *** (0. 0000)	0. 1502 *** (0. 0000)
X_{17}（城镇化率）	0. 1011 (0. 5723)	0. 1222 (0. 3036)	0. 1221 (0. 2028)	0. 1267 (0. 1527)	0. 1111 (0. 4115)	0. 1221 (0. 2027)
地区变量	YES	YES	YES	YES	YES	YES
R^2	0. 1762	0. 1821	0. 1621	0. 1725	0. 1662	0. 1726
F 统计量	55. 3621	72. 2321	40. 2317	48. 3217	50. 2319	62. 3217
观测值	2131	2131	2131	2131	2131	2131

注：①当解释变量中只纳入农产品电商的偿债能力、营运能力和盈利能力时，解释变量的系数及其显著性水平与纳入所有控制变量的回归方程估计结果是基本一致的。受篇幅限制，解释变量中仅纳入农产品电商的偿债能力、营运能力和盈利能力的回归结果。地区虚拟变量与常数项回归结果信息未在表中汇报。有兴趣的读者，可以向作者索取。②*、**、*** 分别表示 10%、5% 和 1% 的显著性水平。③括号中的数值是稳健性标准差，2SLS 估计中汇报的 R^2 指的是中心 R^2。

（二）稳健性检验结果分析

前文的研究结论已经表明，农产品电商发展的创业效应是显著的，但是，对这一研究结论是否稳健可信，还有待进一步考察。虽然做稳健性检验的方法较多，但由于本节主要是以问卷调查数据为主，充分考虑到数据资料的可得性，因此，本节采用分拆样本区域的方式来进行稳健性检验。考虑到本节研究样本覆盖了中国东、中、西部不同地区，且中国东、中、西部不同地区之间经济社会发展的差异非常明显，如果前文以整体样本研究得出的结论仍然在东、中、西部各地区分别成立的话，则本节研究的结论无疑是稳健可信的。东、中、西部地区农产品电商发展的区域创业效应结果如表6.3所示。从表6.3的回归结果来看，一方面，即便是分拆样本，核心解释变量系数的正负与显著性水平在新的样本中并未发生显著性变化，这说明前文研究的结论是稳健可靠的。也就是说，农产品电商发展的区域创业效应是显著的，农产品电商的发展有利于促进区域的创业。另一方面，通过仔细对比东、中、西部地区核心解释变量系数的正负、大小以及显著性水平不难发现：农产品电商发展的区域创业效应是存在地区差异的，不

表6.3　　　　农产品电商发展区域创业效应的稳健性检验结果

变量	核心解释变量：偿债能力		核心解释变量：营运能力		核心解释变量：盈利能力	
东部地区农产品电商区域创业效应的回归结果						
	OLS	2SLS	OLS	2SLS	OLS	2SLS
X_7（农产品电商偿债能力）	0.1115 *** (0.0000)	0.1169 *** (0.0000)				
X_8（农产品电商营运能力）			0.1117 *** (0.0000)	0.1212 *** (0.0000)		
X_9（农产品电商盈利能力）					0.1321 *** (0.0000)	0.1417 *** (0.0000)
地区变量	YES	YES	YES	YES	YES	YES
R^2	0.1718	0.1812	0.1765	0.1798	0.1802	0.1825
F 统计量	56.6521	65.6967	75.2317	86.3621	45.5214	52.2517
观测值	1119	1119	1119	1119	1119	1119

中部地区农产品电商区域创业效应的回归结果

变量	核心解释变量：偿债能力		核心解释变量：营运能力		核心解释变量：盈利能力	
	OLS	2SLS	OLS	2SLS	OLS	2SLS
X_7（农产品电商偿债能力）	0.1217***(0.0000)	0.1268***(0.0027)				
X_8（农产品电商营运能力）			0.1222***(0.0000)	0.1245***(0.0000)		
X_9（农产品电商盈利能力）					0.1367***(0.0032)	0.1411***(0.0011)
地区变量	YES	YES	YES	YES	YES	YES
R^2	0.1725	0.1802	0.1698	0.1715	0.1801	0.1825
F 统计量	39.3621	45.5217	50.1217	56.3217	60.3217	75.5217
观测值	594	594	594	594	594	594

西部地区农产品电商区域创业效应的回归结果

变量	核心解释变量：偿债能力		核心解释变量：营运能力		核心解释变量：盈利能力	
	OLS	2SLS	OLS	2SLS	OLS	2SLS
X_7（农产品电商偿债能力）	0.1129***(0.0036)	0.1203***(0.0011)				
X_8（农产品电商营运能力）			0.1028***(0.0011)	0.1117***(0.0047)		
X_9（农产品电商盈利能力）					0.1215***(0.0000)	0.1321***(0.0029)
地区变量	YES	YES	YES	YES	YES	YES
R^2	0.1802	0.1815	0.1821	0.1825	0.1818	0.1819
F 统计量	35.3631	45.2321	50.2317	55.6219	36.3217	45.3621
观测值	418	418	418	418	418	418

注：相关说明与上表一致。受篇幅限制，表中回归结果未展示控制变量的系数及其显著性水平。有兴趣的读者，可以向笔者索取。

同地区农产品电商发展的创业效应显然是不同的。[①]

四　研究结论及对策

本节以中国 15 个省级单位的 2131 份有效问卷调查数据为例，探究农产品电商发展的区域创业效应。实证结果发现：农产品电商发展的区域创业效应显著，且在控制了农产品电商发展的内生性后，农产品电商发展的区域创业效应还会进一步加强，且农产品电商发展的区域创业效应是存在差异的。同时还发现：户主禀赋变量（性别、年龄、健康状况、文化程度）、家庭特征变量（农产品电商偿债能力、营运能力、盈利能力、家庭整体氛围、亲戚中是否有公务员）以及区域特征变量（金融服务水平状况、区域社会治安状况、测度市场规模的人口密度和GDP 增速）也会对区域创业效应带来显著影响，而户主禀赋变量中的户籍状况、婚姻状况和家庭特征变量中是否有城市亲戚关系以及区域特征变量中的城镇化率则不会对区域创业效应产生显著影响。基于以上研究结论，本节提出如下政策建议：

第一，加大对现有农产品电商发展的支持力度，更好地促进农产品电商发展区域创业效应的发挥。在金融方面，不仅要从国家层面出台支持农产品电商发展的信贷扶持政策，还需要从机构层面鼓励金融机构根据农产品电商自身的特点，不断创新农村金融服务，拓展金融机构在农村的业务范围，在卓有成效地解决农产品电商融资困境的同时，也为农产品电商投资理财诉求的满足创造条件，更好地促进农产品电商发展区域创业效应的发挥。[②] 在财税方面，可以尝试按照农产品电商实际销售农产品的数量和金额，由政府对其进行专项的财政补贴，进一步激发现有农产品电商带动更多农户创业来从事农产品电商的积极性；可以尝试强化税收在扶持农产品产—供—销一体化利益链条上各利益主体（主

[①]　对稳健性检验得出的关于农产品电商发展创业效应存在区域差异的研究结论，本节继续用各样本省级单位的数据进行检验，结果发现，该研究结论仍然是成立的；也就是说，关于农产品电商发展创业效应存在区域差异的研究结论是稳健可信的。受篇幅限制，对用各样本省级单位数据进行实证检验的结果此处未提供，有兴趣的读者可以直接向作者索取。

[②]　具体参见鲁钊阳《P2P 网络借贷能解决农户贷款难问题吗?》，《中南财经政法大学学报》2016 年第 2 期。

要是农业龙头企业）的引导作用，通过政府的诱导来加大"农产品触网"的力度；对从事出口贸易的农产品电商（主要是农业龙头企业），政府应该出台专门的文件，提高对其进行出口退税的奖励力度，支持具有中国特色的农产品出口创汇。在物流体系建设方面，要高度重视农产品生产基地周边道路和仓储的建设力度，不仅要确保农产品能够及时快速地外销，还要保证未能及时外销的农产品的质量安全；要加快农村工业化进程，提高农户对农产品加工处理的能力，引导农户高度重视对农产品标准化包装的认识，有意识地按照物流运输的要求来包装农产品，在稳步提升农户实际收益的同时为农产品快速有效地外销创造条件；要加快农村信息化进程，加大农村宽带建设投入，填平农村与城市的"数字鸿沟"，发展物联网，打造智慧物流体系。[①] 在物流体系建设中，彻底解决农产品电商发展的"最前一公里"问题和"最后一公里"问题，扶持现有农产品电商又好又快的发展，更好地促进现有农产品电商发展区域创业效应的发挥。

第二，有效整合地方政府的相关政策，更好地促进农产品电商发展区域创业效应的发挥。比如，可以将地方政府的产业培育政策与农产品电商发展相结合，本着"一村一品""一乡一品"的战略步伐，引导各地在充分发挥自身资源优势的前提下，大力发展具有明显地域特色的优势农产品，让更多符合条件的个体农户自主创业，缩减农产品从田间到餐桌的环节，提高农户在农产品产—供—销一体化过程中的实际收益；[②] 可以将地方政府的精准扶贫政策与农产品电商发展相结合，通过生活补贴和免除学费的方式，强化对农村贫困户的专业技能培训，在符合条件的贫困地区，借鉴国内"淘宝村""淘宝镇"的发展模式，在不同地区逐步形成具有地方特色的农产品电商交易市场，带动贫困户脱贫致富；将地方政府的社区综合治理政策与农产品电商发展相结合，通过对农产品产—供—销一体化过程中各环节的监管，严厉打击影响农产品质量安全、妨碍农产品正常流通、造成农产品价格大幅度畸形波动等违

---

① 参见 http：//news. xinhuanet. com/politics/2016 – 04/08/c_ 1118572723. htm。
② 具体参见汪旭晖、张其林《电子商务破解生鲜农产品流通困局的内在机理：基于天猫生鲜与沱沱工社的双案例比较研究》，《中国软科学》2016 年第 2 期。

法乱纪行为，为农产品电商的发展提供保障；将地方政府的新型城镇化政策与农产品电商发展相结合，支持、鼓励和引导进城农民工依托自身与农村千丝万缕的联系，积极从事农产品电商，将"工业品下乡"和"农产品进城"有机结合，在加快自身发展的同时，进一步促进农村经济的发展。

第二节　新常态下农产品电商发展的增收效应分析

随着互联网技术的快速更新换代，电子商务在经济社会的各个领域得到了快速发展，农产品电子商务的发展也极为迅速。2010 年至今，阿里电商平台农产品销售额年均增长速度为 112.15%，农产品销售额从 2010 年的 37 亿元左右增长到 2014 年的 800 亿元；从全国来看，2014 年，中国涉农类电商企业有 3.1 万家，其中，涉农交易类电商接近 4000 家；农产品物流额高达 3.3 万亿元，占社会物流总额的 1.5%。① 从国内整个电子商务的发展历程来看，农产品电商已经成为继图书、服装、3C 之后的第四个电商热潮。

与国外不同的是，独特的国情决定了中国农产品电商发展的效应极具特殊性。比如，中国城镇化进程比国外要慢，城乡居民居住较为分散，基于电商与快递协同发展的思考，这就决定了中国农产品电商的发展必然能更有效地带动快递行业的发展。比如，中国高品质的大型农产品综合批发市场布点不够科学合理，部分欠发达地区城乡居民消费需求难以得到有效满足，这就决定了农产品电商的发展必然会满足他们的消费需求，增进他们的福利。再比如，农产品电商的快速发展，对于畅通农产品销路，在一定程度上解决"谷贱伤农"问题具有积极意义，对于增加农民收入、发展农业经济、繁荣农村社会均具有重要的促进作用。基于农产品电商发展的积极效应，政府对农产品电商的发展高度重视，先后出台了《商务部关于促进电子商务应用的实施意见》《国家新型城镇化（2014—2020）》《国务院办公厅关于促

①　中国电子商务研究中心官方网站。

进内贸流通健康发展的若干意见》以及《中共中央国务院关于加大改革创新力度，加快农业现代化建设的若干意见》等文件。在这些文件中，政府明确表示要加大力度，进一步支持农产品电商的发展。

从现有文献资料来看，虽然绝大多数学者都认识到农产品电商发展的积极效应，但鲜有学者直接研究农产品电商发展的增收效应。本节的创新之处表现在两个方面：一是紧扣当前国家大力发展互联网产业，高度重视农业发展的背景，重点探讨农产品电商发展的增收效应，在一定程度上为国家进一步加大对农村电子商务发展的力度提供理论依据；二是尝试突破当前学者们在研究农产品电商相关问题时，过多地局限于定性分析的思路，试图用定量分析的方法来分析农产品电商发展的效应问题，为以后相关研究提供新的研究思路。

一　文献综述

从现有文献资料来看，国外学者的研究更多侧重的是农产品电商交易如何顺利进行及其相关影响因素问题。比如，Mayer 等人（1995）、McKnight 和 Chervany（2002）、Gefen 等人（2003）非常重视对信任的研究，认为在电子商务交易的过程中，商品供给者与商品需求者之间的信任至关重要；[1] 如果商品的需求者信任商品的供给者，则在大多数情况下，交易能够顺利完成；否则，交易则无法进行，信任是电子商务交易过程中尤为重要的因素。不仅如此，Hong 和 Cha（2013）、Karimov 和 Brengman（2014）还认为，电子商务交易背景下的商品需求者往往是最理性的经济人，在做出任何购买决定时，往往会对商品自身的品质、同类商品的价格、商品供给者的信誉、商品售后的安全保障等多方面因素进行全面的对比，"物美、价廉、有保障"始终是商品需求者在

---

① 具体参见 Mayer,R. C. , Davis,J. H. , Schoorman,F. D. ,"An Integrative Model of Organization Trust,"*Academy of Management Review*, 1995, 20（3）: 709-734; McKnight, D. H, Chervany, N. L. ,"What Trust Means in E-commerce Customer Relationships: An Interdisciplinary Conceptual Typology,"*International Journal of Electronic Commerce*, 2002, 6（2）: 29-35; Gefen, D. , Karahanna, E. , Straub, D. W. ,"Trust and TAM in Online Shopping: An Integrated Model,"*MIS Quarterly*, 2003, 27（1）: 51-90.

购物时坚持的最基本原则。① 同时，Mesut 等人（2014）还发现，在电子商务交易背景下，中小型供货商与大型供货商相比，竞争劣势表现得并不是十分明显；只要中小型供货商能够发挥自身灵活性的特点，坚守最基本的商业道德，一样可以在市场经济环境下获得生存和发展的机遇。②

与国外学者相比，国内学者对农产品电商发展增收效应的研究是暗含在其他研究中进行的。比如，赵苹和骆毅（2011）以上海"菜管家"和纽约 Freshdirect 两家专业的农产品电子商务公司为例进行研究，认为农产品电子商务的落脚点最终要放在"提高农民收益、服务消费者"方面，农产品电商能否生存、能否发展、能否壮大，关键还取决于其能否给农产品产—供—销一体化链条中各利益主体带来实实在在的利益，是否具有真正意义上的增收效应。③ 洪涛等人（2015）对中国农产品电商发展的诸多方面进行了研究，认为农产品电商的发展不仅对城镇居民生活具有深远的影响，对农村居民收入增长、农业健康稳定可持续发展和农村经济的繁荣兴盛亦具有重要影响，农产品电商将成为新的农村经济增长点，是国家开拓农村消费市场的排头兵；农产品电商的发展，不仅可以直接增加从业者的家庭收入，还可以带动农业生产的发展，为农产品电商产—供—销一体化中各参与者提供大量的就业机会，从某种意义上说，农产品电商的发展更是缓解农村就业困境的重要途径。④ 陈亮（2015）以阿里平台为例进行研究，认为农产品电商的发展，不仅可以增加从业者的实际收入，还可

---

① 具体参见 Hong，I. B，Cha，H. S.，"The Mediating Role of Consumer Trust in an Online Merchant in Predicting Purchase Intention，" *International Journal of Information Management*，2013，33（6）：927-939；Karimov，F.，Brengman，M.，"An Examination of Trust Assurances Adopted by Top Internet Retailers：Unveiling Some Critical Determinants，" *Electronic Commerce Reaearch*，2014，14（1）：1-38.

② 具体参见 Mesut Savrul，Ahmet Incekara，Sefer Sener，"The Potential of E-commerce for SMEs in a Globalizing Business Environment，" *Procedia-Social and Behavioral Sciences*，2014，150（15）：35-45.

③ 具体参见赵苹、骆毅《发展农产品电子商务的案例分析与启示：以"菜管家"和 Freshdirect 为例》，《商业经济与管理》2011 年第 7 期。

④ 具体参见洪涛、张传林《2014—2015 年我国农产品电子商务发展报告》，《中国商贸》2015 年第 5 期。

以带动区域经济的发展，对于丰富城乡居民生活都具有重要意义。①

通过文献梳理不难看出：虽然农产品电商的发展对于农民增收、农业发展和农村繁荣具有重要的意义，但有关农产品电商发展效应研究的文献资料极为匮乏，也鲜有学者的研究直接涉及农产品电商发展的增收效应问题。在"互联网＋"的时代背景下，以问卷调查数据为基础，运用定量分析方法，探究农产品电商发展的增收效应，无疑具有很强的理论意义和现实意义。从理论意义上看，本节研究不仅在一定程度上可以为国家大力发展农村电子商务提供新的理论依据，还可以为网络经济学与农业经济学的交叉研究提供新的研究视角。从现实意义上看，本节研究可以为破解农村"谷贱伤农"现象，稳步增加农民收入提供新的思路。

二　数据来源及变量说明

（一）数据来源

课题组在借鉴陈卫平和赵彦云（2005）、游士兵和肖加元（2005）关于各省市农业综合竞争力基础上，对2014年各省市农业综合竞争力进行测度排名；② 然后，在借鉴张瑞东和蒋正伟（2015）研究成果基础上，对2014年各省市农产品电商竞争力进行排名；③ 接着，按照各省市在东、中、西部区域范围内的排名情况，选择农业综合竞争力和农产品电商竞争力排名都靠前的省级单位作为研究样本。最终，课题组选定的样本有东部地区的北京市、上海市、浙江省、广东省、福建省、江苏省、山东省和辽宁省8个省级单位，中部地区的安徽省、湖北省、湖南省和河南省4个省级单位，西部地区的四川省、云南省和新疆维吾尔自治区3个省级单位。2015年5—8月，课题组采取随机发放问卷的方式，对每个省级样本单位发放调查问卷150份，累计发放问卷2250份，

---

① 具体参见陈亮《从阿里平台看农产品电子商务发展趋势》，《中国流通经济》2015年第6期。

② 具体参见陈卫平、赵彦云《中国区域农业竞争力评价与分析：农业产业竞争力综合评价方法及其应用》，《管理世界》2005年第3期；游士兵、肖加元《农业竞争力的测度及实证研究》，《中国软科学》2005年第7期。

③ 具体参见张瑞东、蒋正伟《阿里农产品电子商务白皮书（2014）》，阿里研究院，2015年。

实际回收问卷 2180 份，剔除缺乏关键信息的调查问卷 49 份，实际回收的有效问卷为 2131 份，有效率为 94.71% 。

（二）变量定义

农产品电商指的是传统农产品商贸活动的电子化、网络化与信息化。与传统农产品商贸活动相比，农产品电商可以在买卖双方未曾谋面的情况下，实现消费者的网上购物、商户之间的网上交易和在线电子支付，与此同时，农产品电商还可以借助网络开展各种商务活动、交易活动、金融活动以及相关的综合服务。作为网络时代农产品交易的重要组织主体，农产品电商仍然是理性的经济人，追逐利润是其开展相关活动的首要原动力；当然，农产品电商在追逐自身利润的同时，也在很大程度上缩减了农产品从田间到餐桌的环节，减少了城镇居民为这些环节所额外支付的费用。农产品电商在方便城镇居民生活的同时，也间接增加了城镇居民的收入。农产品电商发展的增收效应，指的是农产品电商的发展，不仅可以直接增加农产品电商从业者的实际收入，还可以间接增加城镇居民的实际收入。受数据资料来源的限制，本节研究的农产品电商发展的增收效应特指农产品电商发展对从事农产品电商从业者收入增长的效应。从实际来看，在买方市场的条件下，农产品电商的发展更多的是受农产品电商从业者及其所在区域整体状况的影响。相应地，探究农产品电商发展的增收效应，必须考虑农产品电商从业者及其所在区域的整体状况。基于此，本节从户主禀赋变量、户主家庭特征变量和区域特征变量等维度来考察影响农产品电商增收的因素。相关变量设定如下：

首先，被解释变量。本节研究的被解释变量是农产品电商发展的增收效应。由于本节采用问卷调查数据来研究农产品电商发展的增收效应，故本节采用调查问卷中填写者对问题"排除物价上涨等因素，你觉得从事农产品电商对你家庭收入的影响情况如何"的回答作为测度农产品电商发展增收效应的指标；在实际操作过程中，对其分别赋值 1、2、3、4 和 5，分别对应被访问者的回答"没有任何影响""几乎没有影响""影响很小""影响较大"和"影响非常大"。

其次，核心解释变量。本节研究的核心解释变量是农产品电商的发展状况。从中国的实际情况来看，农产品电商从业者虽然不需要向国家

表 6.4　　　　　　　　　　　变量及其描述性统计分析

变量	变量类型	变量赋值	均值	标准差
增收效应	因变量	没有任何影响 = 1，几乎没有影响 = 2，影响很小 = 3，影响较大 = 4，影响非常大 = 5	4.0215	0.0857
性别	户主禀赋变量	男 = 1，女 = 0	0.5015	0.1011
年龄	户主禀赋变量	30 岁以下 = 1，30—39 岁 = 2，40 岁及以上 = 3	2.5715	0.2217
户籍状况	户主禀赋变量	城镇 = 1，农业和非城镇蓝印户籍 = 0	0.5745	0.2022
婚姻状况	户主禀赋变量	未婚 = 1，已婚 = 2，丧偶 = 3，离异 = 4	2.1123	0.1019
健康状况	户主禀赋变量	良好 = 1，一般 = 2，差 = 3	2.5217	0.2022
文化程度	户主禀赋变量	小学及以下 = 1，初中 = 2，高中及以上 = 3	2.4715	0.1197
农产品电商偿债能力	家庭特征变量	减弱 = 1，一般 = 2，增强 = 3	2.1615	0.3786
农产品电商营运能力	家庭特征变量	减弱 = 1，一般 = 2，增强 = 3	2.2217	0.2219
农产品电商盈利能力	家庭特征变量	减弱 = 1，一般 = 2，增强 = 3	2.0235	0.2745
家庭外出务工人数	家庭特征变量	1 人及以下 = 1，2 人 = 2，3 人及以上 = 3	2.0271	0.1125
家中是否有大学生	家庭特征变量	有 = 1，无 = 0	0.5417	0.1763
家中是否有村民代表	家庭特征变量	有 = 1，无 = 0	0.2152	0.1257
亲戚中是否有公务员	家庭特征变量	有 = 1，无 = 0	0.2745	0.0236
基础设施建设状况	区域特征变量	不满意 = 1，一般 = 2，满意 = 3	1.9857	0.2119
金融服务水平状况	区域特征变量	不满意 = 1，一般 = 2，满意 = 3	1.6557	0.3217
农业生产条件状况	区域特征变量	不满意 = 1，一般 = 2，满意 = 3	1.9857	0.1257
农业技术培训状况	区域特征变量	不满意 = 1，一般 = 2，满意 = 3	1.9745	0.2115
农技人员服务状况	区域特征变量	不满意 = 1，一般 = 2，满意 = 3	1.8765	0.2027
名优特产推介状况	区域特征变量	推介 = 1，不推介 = 0	0.2571	0.1007
农村治安实际状况	区域特征变量	不满意 = 1，一般 = 2，满意 = 3	1.6217	0.0217

缴纳相应的税收，但农产品电商自身却具有诸如组织性、经济性、商品性、营利性、独立性等企业的基本属性，因此，在某种意义上可以把农产品电商看作是特殊的企业。基于此，本节拟用学者们通常测度企业发展的做法，从偿债能力、营运能力和盈利能力三个维度来研判农产品电商的发展；在实际操作过程中，本节对其的赋值均为1、2和3，分别对应问卷填写者对农产品电商偿债能力、营运能力和盈利能力减弱、一般和增强的研判。

再次，控制变量。在现实中，影响农产品电商发展增收效应的，还应该包括户主禀赋变量、家庭特征变量以及区域特征变量。在户主禀赋变量方面，本节设计的具体变量有性别、年龄、户籍状况、婚姻状况、健康状况和文化程度。在家庭特征变量方面，除农产品电商发展的变量外，本节设计的具体变量还有家庭外出务工人数、家中是否有大学生、家中是否有村民代表和亲戚中是否有公务员。在区域特征变量方面，本节设计的具体变量有基础设施建设状况、金融服务水平状况、农业生产条件状况、农业技术培训状况、农技人员服务状况、名优特产推介状况和农村治安实际状况。各变量的赋值及其描述性统计结果如表6.4所示。

（三）模型设定

在上述研究基础上，可将农产品电商发展的增收效应模型设定如下：

$$Y_i = \beta_0 + \beta_i O_n + \beta_j \sum_{j=1}^{K} X_{ji} + Dummy_z + \varepsilon_i \qquad (6-2)$$

在（6-2）式中，Y表示农产品电商发展的增收效应。i表示第i个农产品电商。β为待估参数。O_n表示农产品电商发展的三个维度；当n取1时，表示农产品电商的偿债能力；当n取2时，表示农产品电商的营运能力；当n取3时，表示农产品电商的盈利能力。下标j表示影响农产品电商发展增收效应发挥的第j个因素，j的取值范围为1到K，K取正整数。X_{ji}为控制变量，表示农产品电商发展增收效应发挥的其他因素。$Dummy$为地区虚拟变量。z取1和2，分别表示农产品电商i处于东部地区和中部地区。ε为随机误差项。

三 实证结果及分析

（一） OLS 与 2SLS 估计结果及分析

本节采用 OLS 实证农产品电商发展的增收效应，结果如表 6.5 所示。① 无论是否纳入控制变量，核心解释变量农产品电商发展的系数均为正且在 1% 显著性水平上显著，这似乎说明农产品电商发展的增收效应是明显的。对这一研究结论需要持谨慎的态度，因为如果核心解释变量自身是内生性变量的话，那么参数 OLS 的估计量将不再具有无偏性和一致性，研究结论自然就是不可靠的。从现实来看，核心解释变量农产品电商发展在回归模型中确实是内生变量。主要原因在于，一方面，农产品电商的发展，不仅对于增加农民收入具有重要影响，对方便城镇居民生活也有积极意义；另一方面，农民收入的稳步增长，又会进一步扩大对农产品电商的需求，诱导农产品电商稳步提升农产品品质，不断改进农产品的配送方式。农产品电商发展与农民收入增长之间的这种反向因果关系，使得核心解释变量农产品电商发展与随机扰动项之间是相关的。为了克服回归方程的内生性问题，需要寻找工具变量。通过对调查问卷所有问题的筛选，初步发现有四个问题的答案可以作为工具变量，这四个问题分别是"农产品电商家庭上一年邮资实际支出金额""农产品电商每天通过网络查看财经信息的时间""农产品电商对其所在区域物流体系的看法"和"农产品从发货到离开其所在区（县）的时间"。通过运用 LR 统计量检验和 Hansen's J 统计量检验，本节最终确定的工具变量是"农产品从发货到离开其所在区（县）的时间"②。

在确定了合适的工具变量后，本节继续运用 2SLS 对方程进行进一步的估计，结果如表 6.5 所示。与前文相类似，表 6.5 中只列举了纳入

---

① 无论是否纳入所有的控制变量，核心解释变量农产品电商发展系数正负符号及其显著性水平均未发生实质性的变化，因此，受篇幅限制，表 6.5 中仅列入纳入所有控制变量后的回归结果，而在分析过程中，仍然按照纳入所有控制变量与不纳入所有控制变量的实证结果进行分析。2SLS 的回归结果也一样，下文不再另作说明。

② 检验工具变量的 LR 统计量和 Hansen's J 统计量结果未在文中展示出来，有兴趣的读者可向笔者索取。

所有控制变量后的回归结果。从回归结果来看，无论是否纳入控制变量，核心解释变量农产品电商发展的系数在 1% 显著性水平上为正，并且，通过对比 OLS 的 2SLS 回归结果，还发现：在相同的显著性水平上，2SLS 回归结果的核心解释变量系数均比 OLS 回归结果的核心解释变量系数大。这进一步说明，即便是消除内生性的影响，农产品电商发展的增收效应仍然是显著的。

从控制变量的角度来看，性别、婚姻状况、家中是否有村民代表、亲戚中是否有公务员以及基础设施建设状况等变量未通过显著性检验，其他变量均通过显著性检验，这是与中国的现实相吻合的。在现代社会里，随着以男女平等为代表的非制度性歧视的弱化，性别不再是决定个体获得收入高低的重要因素。个体的收入水平与其婚姻状况无关，更多地与其自身所掌握的专业技能相关。能否成为村民代表与个体的收入水平无关，即便被选举为村民代表，其自身的实际收入水平也不会因此而发生改变，村民代表更多的是义务为人民服务，并不领取实际的高额报酬。在当前社会里，即便家中亲戚是公务员，个体自身的收入状况也不会得到显著的改善，因为公务员必须遵纪守法，不能谋求个人私利。基础设施建设的状况在过去会严重影响农民收入的增长，但随着城乡基础设施建设差距的逐步缩小，它在影响农民收入增长方面的作用也在减小。与老年人相比，年轻人拥有更多的就业机会，收入增长的潜力大。与农村居民相比，城镇户籍的居民拥有更多的就业机会，收入增加的可能性大。身体健康的个体，不仅可以节约医疗方面的支出，还有更多的工作机会，其自身收入必然会比身体不健康的个体好。文化程度往往与专业技能正相关，文化程度高，专业技能好，获得更高收入的可能性就大。家庭成员外出务工，可以为家庭带来务工收入，改善家庭的生活状况。家庭培养的大学生，可以通过反哺的方式回馈家庭，间接增加家庭收入。金融服务水平的提升，可以为农民生产经营活动提供资金支持，进而影响农民的家庭收入。农业生产条件的改善、农业技术培训的强化、农技人员服务的改善和名优特产的大力推介，这一切都有利于农业生产经营活动的顺利进行，可以为"农产品进城"提供保障，有利于农民收入的增长。农村治安对农民收入有重要影响，良好的农村治安状况是农民增产增收的重要保障。

表 6.5　　　　　　　　　农产品电商发展的增收效应回归结果

	偿债能力		营运能力		盈利能力	
	OLS	2SLS	OLS	2SLS	OLS	2SLS
性别	0.2011 (0.1115)	0.2112 (0.3027)	0.1017 (0.1148)	0.1098 (0.1501)	0.1297 (0.2229)	0.1315 (0.2625)
年龄	0.0032*** (0.0022)	0.0046*** (0.0015)	0.0022*** (0.0031)	0.0027*** (0.0026)	0.0064*** (0.0042)	0.0081*** (0.0011)
户籍状况	0.1012*** (0.0021)	0.1116*** (0.0001)	0.1309*** (0.0000)	0.1398*** (0.0004)	0.1412*** (0.0022)	0.1546*** (0.0000)
婚姻状况	0.1225 (0.1459)	0.1326 (0.2071)	0.1019 (0.1352)	0.1217 (0.2115)	0.1326 (0.1326)	0.1425 (0.2015)
健康状况	0.2137*** (0.0017)	0.2217*** (0.0041)	0.2116*** (0.0042)	0.2462*** (0.0011)	0.2367*** (0.0041)	0.2511*** (0.0029)
文化程度	0.3157*** (0.0015)	0.3316*** (0.0027)	0.3169*** (0.0023)	0.3215*** (0.0000)	0.3541*** (0.0001)	0.3766*** (0.0028)
农产品电商偿债能力	0.3515*** (0.0021)	0.3657*** (0.0000)				
农产品电商营运能力			0.3565*** (0.0019)	0.3795*** (0.0000)		
农产品电商盈利能力					0.3121*** (0.0012)	0.3245*** (0.0031)
家庭外出务工人数	0.1032*** (0.0017)	0.1225*** (0.0016)	0.1311*** (0.0011)	0.1445*** (0.0026)	0.1019*** (0.0021)	0.1231*** (0.0018)
家中是否有大学生	0.0013*** (0.0011)	0.0029*** (0.0041)	0.0007*** (0.0014)	0.0012*** (0.0021)	0.0029*** (0.0000)	0.0037*** (0.0000)
家中是否有村民代表	0.3121 (0.1211)	0.3336 (0.1529)	0.2127 (0.1125)	0.2401 (0.1539)	0.2115 (0.1365)	0.2397 (0.1517)
亲戚中是否有公务员	0.1016 (0.1537)	0.1519 (0.2039)	0.1319 (0.2136)	0.1422 (0.2675)	0.1231 (0.2639)	0.1336 (0.2026)
基础设施建设状况	0.1311 (0.1421)	0.1369 (0.1547)	0.1427 (0.2116)	0.1545 (0.1511)	0.1227 (0.1716)	0.1367 (0.1639)

续表

	偿债能力		营运能力		盈利能力	
	OLS	2SLS	OLS	2SLS	OLS	2SLS
金融服务水平状况	0.2112 *** (0.0011)	0.2221 *** (0.0026)	0.1897 *** (0.0011)	0.2132 *** (0.0027)	0.2311 *** (0.0014)	0.2412 *** (0.0023)
农业生产条件状况	0.2606 *** (0.0025)	0.3115 *** (0.0036)	0.2117 *** (0.0041)	0.2113 *** (0.0057)	0.2321 *** (0.0056)	0.2417 *** (0.0067)
农业技术培训状况	0.2112 *** (0.0011)	0.2231 *** (0.0023)	0.2207 *** (0.0071)	0.2132 *** (0.0000)	0.2417 *** (0.0017)	0.2517 *** (0.0018)
农技人员服务状况	0.2415 *** (0.0046)	0.2511 *** (0.0011)	0.2312 *** (0.0075)	0.2411 *** (0.0022)	0.2015 *** (0.0024)	0.2119 *** (0.0011)
名优特产推介状况	0.2312 *** (0.0026)	0.2461 *** (0.0024)	0.2021 *** (0.0012)	0.2126 *** (0.0029)	0.2036 *** (0.0023)	0.2221 *** (0.0011)
农村治安实际状况	0.1112 *** (0.0019)	0.1211 *** (0.0035)	0.1016 *** (0.0011)	0.1115 *** (0.0039)	0.1217 *** (0.0011)	0.1311 *** (0.0000)
地区变量	YES	YES	YES	YES	YES	YES
R^2	0.1631	0.1721	0.1641	0.1711	0.1814	0.1825
F 统计量	31.3636	42.6415	51.3211	60.6712	50.3221	77.5611
观测值	2131	2131	2131	2131	2131	2131

注：①需要特别说明的是，当解释变量中只纳入农产品电商的偿债能力、营运能力和盈利能力时，解释变量的系数及其显著性水平与纳入所有控制变量的回归方程估计结果是基本一致的。受篇幅限制，解释变量中仅纳入农产品电商的偿债能力、营运能力和盈利能力的回归结果。表中省略了常数项和地区虚拟变量的回归结果信息。有兴趣的读者，可以向作者索取。②*、**、***分别表示1%、5%和10%的显著性水平。③括号中的数值是稳健性标准差，2SLS 估计中汇报的 R^2 指的是中心 R^2。

（二）稳健性检验结果及分析

本节研究的 15 个省级单位涵盖了中国东、中、西部不同地区，其中，北京市、上海市、浙江省、广东省、福建省、江苏省、山东省和辽宁省 8 个省级单位属于东部地区，安徽省、湖北省、湖南省和河南省 4 个省级单位属于中部地区，四川省、云南省和新疆维吾尔自治区 3 个省级单位属于西部地区。本节前面的实证结果采用 15 个省级单位的全样本数据进行实证，稳健性检验本节将采取分拆样本的方式进行，按照东部地区、中部地区和西部地区的样本分别进行实证检验，检验结果如表6.6所示。从表6.6中可以看出，无论是否纳入控制变量，核心解释变量的系数在1%显著性水平上为正，即便是消除内生性后，核心解释变量的系数除了显著增大外并无其他任何实质性的变化，这说明前文研究结论是稳健可信的，农产品电商发展的增收效应是显著的。

表6.6　　　　　　　农产品电商发展增收效应的稳健性检验结果

东部地区农产品电商发展的增收效应回归结果分析

	偿债能力		营运能力		盈利能力	
	OLS	2SLS	OLS	2SLS	OLS	2SLS
农产品电商偿债能力	0.3321 *** (0.0027)	0.3415 *** (0.0011)				
农产品电商营运能力			0.3523 *** (0.0016)	0.3569 *** (0.0000)		
农产品电商盈利能力					0.3121 *** (0.0071)	0.3225 *** (0.0011)
地区变量	YES	YES	YES	YES	YES	YES
R^2	0.1811	0.1824	0.1711	0.1785	0.1811	0.1836
F 统计量	30.3622	40.5625	55.2212	69.7512	71.2123	79.4125
观测值	1119	1119	1119	1119	1119	1119

中部地区农产品电商发展的增收效应回归结果分析

	偿债能力		营运能力		盈利能力	
	OLS	2SLS	OLS	2SLS	OLS	2SLS
农产品电商偿债能力	0.3411 *** (0.0019)	0.3512 *** (0.0000)				
农产品电商营运能力			0.3012 *** (0.0000)	0.3147 *** (0.0061)		
农产品电商盈利能力					0.3365 *** (0.0042)	0.3547 *** (0.0035)
地区变量	YES	YES	YES	YES	YES	YES

续表

中部地区农产品电商发展的增收效应回归结果分析					
	偿债能力		营运能力		盈利能力	
	OLS	2SLS	OLS	2SLS	OLS	2SLS
R^2	0.1809	0.1812	0.1711	0.1821	0.1678	0.1754
F 统计量	35.5211	46.6524	26.1245	52.2221	65.5332	79.3112
观测值	594	594	594	594	594	594

西部地区农产品电商发展的增收效应回归结果分析					
	偿债能力		营运能力		盈利能力	
	OLS	2SLS	OLS	2SLS	OLS	2SLS
农产品电商偿债能力	0.3111*** (0.0031)	0.3215*** (0.0023)				
农产品电商营运能力			0.3112*** (0.0011)	0.3446*** (0.0021)		
农产品电商盈利能力					0.3112*** (0.0032)	0.3542*** (0.0051)
地区变量	YES	YES	YES	YES	YES	YES
R^2	0.1811	0.1830	0.1751	0.1831	0.1825	0.1829
F 统计量	30.1321	59.3751	46.3512	62.4145	35.4512	62.3217
观测值	418	418	418	418	418	418

注：相关说明与上表①②③一致。受篇幅限制，表中回归结果未展示控制变量的系数及其显著性水平。有兴趣的读者，可以向作者索取。

四　研究结论及对策

本节以 15 个省级单位、2131 份有效调查问卷的数据为例，实证分析了农产品电商发展的增收效应。结果发现：在不解决核心解释变量农产品电商发展的内生性条件下，农产品电商发展的增收效应显著；通过工具变量法，在解决了核心解释变量农产品电商发展的内生性问题后，农产品电商发展的增收效应更为显著。同时，户主禀赋变量中的年龄、户籍状况、健康状况和文化程度会显著影响农产品电商发展增收效应的发挥，而户主禀赋变量中的性别和婚姻状况则不会影响农产品电商发展增收效应的发挥；与之相类似的是，家庭特征变量中的家庭外出务工人数和家中是否有大学生会显著影响农产品电商发展增收效应的发挥，家庭特征变量中的家中是否有村民代表、亲戚中是否有公务员则不会影响农产品电商发展增收效应的发挥；区域特征变量中的金融服务水平状况、农业生产条件状况、农业技术培训状况、农技人员服务状况、名优特产推介状况和农村治安实际状况会显著影响农产品电商发展增收效应的发挥，区域特征变量中的基础设施建设状况则不会影响农产品电商发展增收效应的发挥。

本节研究的政策启示如下：第一，由于农产品电商发展增收效应显著，因此要增加农民收入，就需要继续加快农产品电商的发展。政府不仅要加大财政的投入力度，还需要出台专门的促进农产品电商发展的优惠政策，更需要从完善法律法规的视角保证农产品电商交易的网络安全。政府不仅需要进一步强化各区域、各行业的大型综合性农村信息化网站建设，还需要重视延伸现有网络服务的辐射半径，支持、鼓励和引导农村各级各类创业者参与到农产品电商发展中。政府需要加快区域性物流体系建设的步伐，推动各地区农产品品牌化建设的力度，大力推进农产品的标准化进程，加快培养农产品电商人才，充分发挥各地区名优特色产品在网络销售中的优势。第二，由于农产品电商是农产品生产者和农产品消费者之间的桥梁和纽带，因此，要增加农民收入，就需要采取措施保障农产品产—供—销一体化利益链条上各利益主体的合法权益。加大对农村种养殖大户的扶持力度，引导农民加入农民专业合作社，通过集体的力量来加快农村第一产业的发展，夯实农产品稳定供应的基础，尤其是"一带一路"沿线农村更应该抢抓机遇，快速有效地发展自己。加快农村工业化进程，通过农村工业的发展，提升农产品的附加值，稳步提升从事农产品种植和加工的农户收入。加快农村第三产业的发展，特别是要加快农村物流业的发展，健全农村物流服务网络，尽可能地缩短农产品从田间到餐桌的环节，切实保障农产品产—供—销一体化利益链条上各利益主体的合法权益。

第七章　新常态下农产品电商发展的机制与模式

在前面各章的研究中，已经分析了新常态下农产品电商发展的理论基础、理论框架，剖析了新常态下农产品电商发展的历史与现实，探究了中国农产品电商发展的趋势，对新常态下农产品电商发展的融资问题进行了实证分析，对新常态下农产品电商发展的影响问题进行了剖析；在此基础上，要探究促进新常态下农产品电商健康发展的对策建议，还有必要构建新常态下农产品电商健康发展的机制，明晰新常态下农产品电商健康发展的具体操作模式。只有如此，才能够更好地提出新常态下农产品电商健康发展的对策建议。基于理论和现实的角度考量，新常态下农产品电商发展的机制包括基础设施投入机制、特色产业培育机制、专业人才培养机制、高效激励补偿机制、法律法规保障机制，而新常态下农产品电商发展的模式则包括政府驱动模式、服务商驱动模式、网商驱动模式、产业驱动模式和业务推动模式。

第一节　新常态下农产品电商发展的机制构建

一　新常态下农产品电商发展的基础设施投入机制

所谓新常态下农产品电商发展的基础设施投入机制，指的是在新常态背景下，要促进农产品电商的健康、稳定、可持续发展，充分发挥农产品电商在解决农民就业、农民增收和农业农村经济发展方面的优势，需要在进一步完善、拓展现有农村基础设施功能的前提条件下，根据农产品电商发展的实际需要，科学合理地规划并大力新修能够进一步促进农产品电商发展的基础设施。从概念中不难看出，农产品电商发展的基础设施投入机制具有以下几个方面的显著特点：第一，客观性。是修建农产品电商发展的基础设施建设，还是直接完善农产品电商发展的基础设施建设，不仅涉及政府基础设施建设资金的使用问题，还与农产品电商自身发展的实际密切相关，这需要对区域基础设施建设进行客观公正的评估，然后依据评估结果来安排基础设施建设。第二，科学性。与普通的桥梁、道路等基础设施建设不同的是，农产品电商发展还需要诸如仓储、冷库等基础设施建设。以仓储、冷库为例，到底是在农产品生产基地周边修建，还是在交通枢纽周边修建，这是需要科学规划的；当然，如果两者的位置重合的话，则不会存在这个问题；事实上，两者的位置很少有可能会重合的。第三，差异性。从中国的实际情况来看，不同地区所生产的农产品是存在显著差异的，有些地区是以生产生鲜农产品为主，有些地区是以生产干果类的农产品为主，这就决定了不同的地区需要不同的仓储、冷库等基础设施建设。第四，多样性。随着目前国内 PPP 模式的大量使用，考虑到政府财政资金的有限性，对于与农产品电商发展相关的基础设施建设，可以尝试采取不同的投资方式，换句话说，除了单纯的政府投资外，可以尝试采用 PPP 模式等来筹措基础设施建设所需要的资金。

在弄清楚新常态下农产品电商发展的基础设施投入机制概念内涵的前提下，笔者认为，要构建新常态下农产品电商发展的基础设施投入机制，必须遵循以下几个方面的原则。具体来说，第一，实事求是的原则。这一原则要求与农产品电商发展相关的基础设施建设的修建，需要从实际出发。一方面，要将有限的政府财政资金用到实处，严禁基础设施建设的资金被挤占或挪用；另一方面，对于基础设施建设，要根据实际需要来进行修建，减少直至杜绝人为因素在基础设施建设方面的干扰。第二，放眼未来的原则。基于发展的视角来考虑，农产品电商的发展不可能是一成不变的，而是会随着时代的发展而不断变化的，这就要求在与农产品电商发展相关的基础设施修建方面，需要具有前瞻眼光，不能鼠目寸光。第三，科学规划的原则。科学合理地规划与农产品电商发展直接相关的基础设施建设，不仅对于最大限度地使用政府投入的财政资金具有重要意义，对于合理引导农产品流通也具有重要的影响。比如，在条件不具备的前提下，修建与农产品电商发展相关的基础设施建设，不仅不利于道路、交通等基础设施建设的维护和使用，而且对于农产品电商运输农产品也会造成不利的影响。如果能够科学合理地规划与农产品电商发展密切相关的基础设施建设，不仅可以显著地促进农产品电商的发展，而且对于缓解区域交通堵塞等问题也是具有显著的改善作用的。

在弄清楚了新常态下农产品电商发展的基础设施投入机制概念内涵，明确了新常态下农产品电商发展的基础设施投入机制构建的基本原则后，要真正构建新常态下农产品电商发展的基础设施投入机制，还需要从以下几个方面做出努力。具体来说，第一，构建农村基础设施建设的功能拓展机制。随着近些年来国家对农村基础设施建设投入力度的进一步加大，农村基础设施建设状况有了显著的好转，部分地区农村基础设施建设还存在闲置的状况，要充分利用农产品电商发展的契机，充分拓展现有的、闲置的农村基础设施建设的功能。第二，构建农村基础设施建设的完善新修机制。虽然从整体上来看，中国各地区基础设施建设状况有了显著的好转，但是，区域之间的差距是非常明显的，特别是中、西部地区基础设施建设仍然滞后。为此，国家要从战略的高度，重视中、西部地区农村基础设施建设，完善、新修与农产品电商发展相关的诸如仓储、冷库等设施。第三，构建农村基础设施建设的科学规划机制。各地区要在农村基础设施建设过程中，高度重视规划工作，对确实需要仓储、冷库等设施的地区，加大财政资金的投入力度，而对于仓储、冷库等基础设施完善的地区，则要减少相关资金的投入。科学的规划，需要排除外在人为因素的干扰，要更多地听取农户和规划专家的意见。第四，构建农村基础设施建设的多方投入机制。当政府财政资金投入有限的时候，可以尝试 PPP 模式来解决农村基础设施建设资金短缺的问题。在有条件的地区，还可以尝试其他的融资方式，真正为与农产品电商密切相关的农村基础设施建设筹措资金，为农产品电商的发展夯实基础。

二　新常态下农产品电商发展的特色产业培育机制

所谓的新常态下农产品电商发展的特色产业培育机制，指的是在新常态背景下，要促进农产品电商的健康稳定可持续发展，需要地方政府充分挖掘自身的潜力，紧跟市场步伐，支持、鼓励和引导各级各类新型农业经营主体生产具有地方特色的农产品，夯实具有地方特色的农产品生产基础，进而培育具有鲜明地方特色的产业机制。从概念中不难看出，农产品电商发展的特色产业培育机制具有以下几个方面的显著特点：第一，地域性。与其他产业发展不同的是，农业发展的地域性很强，不同地区出产的农产品是存在显著差异的，这对于特色农产品的发展来说更是如此。以生鲜果蔬为例，南方因为气候条件的限制，根本就无法生产出优质的苹果，而北方同样因为气候条件的限制，无法生产出新鲜的竹笋。正是基于地域性的差异，农业特色产业才能够得到快速发展。第二，引导性。对于特色农业产业的发展来说，政府及其主管部门的引导是非常重要的。从现实来看，即便是具备生产优质农产品的先天条件，在盲目追逐市场利润的情况下，可持续供应的特色农产品也是无法得到保证的。第三，培育性。当具备生产多种特色农产品时，到底该选择生产哪一种，这对政府及其主管部门来说极为重要。要发挥资源优势，集中生产最具地方特色的某一种农产品，需要政府及其主管部门的精心培育，什么都生产，最终的结果是什么都不可能生产出来。第四，专一性。在农产品电商快速发展的过程中，"一村一品""一乡（镇）一品"的做法是值得高度肯定的，因为对于消费者来说，如果不是独具地方特色的农产品，根本没有必要选择网络购物，农产品的特殊性是吸引消费者购买的最重要因素。

上文已经对新常态下农产品电商发展的特色产业培育机制的概念内涵进行了介绍，笔者认为，要构建新常态下农产品电商发展的特色产业培育机制，必须遵循以下几个方面的原则。具体来说，第一，实事求是的原则。特色产业的培育，需要遵循农业发展的基本规律；不遵守规律的话，特色农产品往往是很难被生产出来的。换句话说，某地适合生产苹果，就应该在苹果生产方面做出努力，力求生产出具有鲜明地区特色的苹果；而不能够背道而驰，选择种植柑橘等，因为很显然，苹果和柑橘的自然生产条件是不同的。第二，精心引导的原则。虽然国家高度重视农业生产的发展，各地区政府对农业生产也高度重视，但是，到底应该选择哪些行业作为发展的主攻方向，这显然是存在诀窍的。当某地适合种植苹果、山楂和梨时，到底把哪一个作为主攻方向，就需求在充分分析市场需求和自身特点的基础上做出选择。一旦做出了发展某种农产品的选择后，政府及其主管部门要全方位多角度地为种植户提供相关的技术服务，真正将区域优势转化为产品优势。第三，科学保障的原则。之所以认为科学保障原则也很重要，主要是因为与其他行业的产品不同，农产品的生产周期长，容易遭受多种外在因素的影响。比如，病虫害对于农产品的生产会产生重要影响，单纯依靠个体种植户来抵御病虫害是不现实的，即便是农民专业合作社、大型农产品生产基地，都无法成功抵御病虫害，这需要政府及其主管部门的介入，为病虫害的防御做预防；一旦病虫害爆发，则可以卓有成效地迅速采取措施。

在弄清楚了新常态下农产品电商发展的特色产业培育机制概念内涵，明确了新常态下农产品电商发展的特色产业培育机制构建的基本原则后，要真正构建新常态下农产品电商发展的特色产业培育机制，还需要从以下几个方面做出努力。具体来说，第一，构建农村特色产业培育的协调沟通机制。虽然"一村一品"、"一乡（镇）一品"甚至"一县一品"的特色农产品发展模式得到了广泛认可，但是，对于农产品生产来说，要卓有成效地保证农产品电商的健康、稳定、可持续发展，还必须高度重视区际之间的发展规划问题。如果市场上对苹果的需要量很大，所有的北方地区都将苹果产业的发展作为主业的话，则显然会出现问题，因为市场上苹果产品显著增加，必然会导致不必要的恶性竞争，最终的结果是两败俱伤。要通过区际之间的协调沟通机制，确保各自都能够在充分发挥自身地域特色的前提条件下，共同发展，共同进步，而不是恶性竞争。第二，构建农村特色产业培育的信息引导机制。对于发展什么、如何发展、发展前景如何，政府及其主管部门应该将相关信息及时传导给种植户；在种植过程中，如果出现病虫害的苗头，政府及其主管部门要及时出台专业的应对措施，要将相关情况及时通知种植户；当市场行情可能会出现急剧波动时，政府及其主管部门要通过大众媒体通报相关信息，稳定种植户的种植信心；在必要的时候，针对种植户遭受的损失，政府及其主管部门要通过发展农业保险等多种方式切实保障种植户的切身利益。第三，构建农村特色产业培育的全程跟踪机制。在市场经济的条件下，虽然农产品电商是独立的经营主体，但是，考虑到农产品自身的特殊性，农产品电商的发展仍然离不开政府及其主管部门的支持。在特色农业产业的培育过程中，从确立特色农业产业到特色农产品的种植、运输与销售等所有的环节，都需要强化追踪机制，确保在每一个环节，特色农产品的品质都能够得到保障。第四，构建农村特色产业培育的多方保障机制。比如，为确保农村特色产业的培育，农业保险的发展就显得尤为重要。对于分散的种植户而言，能否获得实际收益是其生产经营的最主要目的；没有实实在在的保障，种植户极有可能面临市场经济的风险，农业保险是确保种植户收益保障的重要方式，在培育农村特色产业过程中，要高度重视农业保险的发展。

三 新常态下农产品电商发展的专业人才培养机制

所谓的新常态下农产品电商发展的专业人才培养机制，指的是在新常态背景下，要促进农产品电商的健康、稳定、可持续发展，需要高度重视农村职业技术教育的发展，创新农村专业技术人才的引进力度，强化对留守农村的中青年农民的培训，全方位、多角度夯实农村农产品电商发展的人才支撑机制。从概念中不难看出，新常态下农产品电商发展的专业人才培养机制具有以下几个方面的显著特点：第一，紧迫性。从目前的实际情况来看，国家层面为促进农产品电商的发展出台了一系列专门政策，各地区政府也出台了相关的配套政策，但是，要将这些政策落到实处，关键在于农产品电商专业人才的培养，培养和造就大批能够留守农村的农产品专业技术人员迫在眉睫。第二，长期性。从农产品电子商务的交易过程来看，整个农产品电商涉及多方面专业技术的综合运用，既包括计算机方面基本专业知识的运用，也包括其他专业软件的运用（如图片制作相关软件），对这些专业知识的全面掌握和综合应用，需要长期的专业培训。进一步讲，在考虑到农村人才流失的前提下，要培养和造就大批坚守农村的农产品电商专业人才，还有很长的路要走。第三，多样性。既需要培养懂计算机硬件的专业人才，也需要培养懂计算机软件的专业人才，还需要加大力度培养精通网络营销的专业人才，人才的培养是多方面的。第四，多元性。要培养和造就支持农产品电商发展的专业人才，不仅要高度重视农村职业高中教育的发展，还需要高度重视对口支援高职院校对新型农民的培训；不仅要支持、鼓励和引导农民外出接受专业技能培训，还要将专家直接引进到农村开展专业技能培训讲座，全面提升农民的综合素质，真正为农产品电商的发展夯实基础。

上文已经对新常态下农产品电商发展的专业人才培养机制的概念内涵进行了介绍，笔者认为，要构建新常态下农产品电商发展的专业人才培养机制，必须遵循以下几个方面的原则。具体来说，第一，高度重视的原则。政府及其主管部门要充分认识到，农产品电商的发展关键取决于专业技术人才的培养；从某种意义上来说，对专业人才培养的重视，要提升到区域农村经济发展的战略高度。如果没有农产品，则可以在网上销售其他地区的农产品；但是，如果没有专业技术人才，即便有大量的农产品，也是无法卖出去的。第二，多方协作的原则。从现实来看，要卓有成效地提升农产品电商的专业技术，不仅需要地方政府在各部门的科学引导，还需要相关教育部门的积极配合，更需要农产品电商自身的高度重视；只有各方共同协作，农产品电商的专业技能才能够得到稳步提升。第三，多方投入的原则。对农产品电商专业技能的培训，需要大量的资金投入，单纯依靠政府的财政资金投入显然是难以满足实际需要的；为此，可以支持、鼓励和引导各级各类新型农业经营主体都充分发挥自身的优势，切实强化对农户的培训力度，稳步提升农产品电商的专业技能。比如，可以强化对农民专业合作社的培训，让接受培训的农民专业合作社充分发挥自身的优势，强化对分散的个体农户的培训力度，进而从整体上提升农产品电商的专业技能；还可以充分发挥农业龙头企业的优势，通过农业龙头企业来培训分散的个体农户，提升个体农户的专业技能，为农产品电商的发展夯实基础。

在弄清楚了新常态下农产品电商发展的专业人才培养机制概念内涵，明确了新常态下农产品电商发展的专业人才培养机制构建的基本原则后，要真正构建新常态下农产品电商发展的专业人才培养机制，还需要从以下几个方面做出努力。具体来说，第一，构建农产品电商发展专业人才的培育开发机制。要从制度上将农产品电商发展专业人才培育提高到战略高度，将农产品电商专业人才培育与农村经济社会的发展紧密结合，将农产品电商专业人才培育作为破解"三农"问题的重要途径，从制度的角度切实保障农产品电商专业人才接受再教育、再培训的机会。第二，构建农产品电商发展专业人才的培养发现机制。比如，可以将当前农村的大学生村官作为农村农产品电商专业人才来源的重要渠道，将确有专业技能的大学生村官配备到农产品电商发展较快的农村，切实带动更多的个体农户从事农产品电商，提升农产品电商的专业技能。第三，构建农产品电商发展专业人才的选拔运用机制。鉴于农产品电商在农村经济社会发展中的极端重要性，对于坚守农村且接受过高等教育的农产品电商，可以采取事业单位或公务员公招的方式，将其纳入体制内进行管理，以充分发挥他们的专业技能，更好地服务于地方经济社会的发展。第四，构建农产品电商发展专业人才的流动配置机制。地方政府及其主管部门要强化与地方高校的密切合作，要千方百计地创造条件，科学引导农产品电商接受在职培训、在职教育，切实提升农产品电商的专业技能；在部分地区，地方政府甚至可以将具备农产品电商专业技能的人才作为紧缺人才，采取措施从外地引进，强化本地农产品电商的专业技能。第五，构建农产品电商发展专业人才的多元投入机制。中央政府、地方政府都应该投入专门的财政资金，为农产品电商专业技能的提升夯实经济基础；有条件的地方政府，还可以与天猫对接，通过淘宝大学来对农产品电商进行直接的专业培训，节约自身在此方面的资金投入。

四 新常态下农产品电商发展的高效激励补偿机制

所谓的新常态下农产品电商发展的高效激励补偿机制，指的是在新常态背景下，要促进农产品电商的健康稳定可持续发展，需要卓有成效地采取措施对遵纪守法的农产品电商进行奖励，对因其他外在原因而造成自身经济损失的农产品电商进行补偿，千方百计培育农产品电商健康发展的机制。从概念中不难看出，新常态下农产品电商发展的高效激励补偿机制具有以下几个方面的显著特点：第一，多样性。单纯的物质激励或者是单纯的精神激励，并不能够最大限度地促进农产品电商的发展；到底选择什么样的激励方式，需要根据农产品电商自身的状况来进行。除物质激励和精神激励外，还可以采取其他农产品电商愿意接受的方式来进行激励。第二，引导性。政府及其主管部门要科学引导激励补偿的正效应，真正发挥奖励补偿机制自身的作用。如果将奖励补偿看作是单纯的物质激励，则不会起到真正的作用。第三，合理性。激励补偿的标准尤为重要，过高的标准会直接加重政府的财政负担，过低的标准又难以发挥正向的奖励作用，只有合适的标准才能够最大限度地发挥实际成效。第四，时效性。从现实来看，每五年奖励补偿一次，显然是不会产生实际成效的；如果每半年奖励一次，实际成效也会大打折扣。也就是说，恰当的奖励补偿频率对于其自身实际成效的发挥具有重要的影响，要在综合考虑多方面因素的前提条件下，确定科学合理的奖励频率。

上文已经对新常态下农产品电商发展的高效激励补偿机制的概念内涵进行了介绍，笔者认为，要构建新常态下农产品电商发展的高效激励补偿机制，必须遵循以下几个方面的原则。具体来说，第一，物质与精神相结合的原则。无论是对于奖励，还是对于补偿，都需要采取物质与精神相结合的原则，单纯的物质激励或者是单纯的精神奖励，都难以发挥实际成效。第二，客观公正的原则。对哪一些农产品电商进行奖励，对哪一些农产品电商进行补偿，需要有一个科学合理的标准；在这个标准范围内，该奖励的奖励，该补偿的补偿，而对于不符合标准的，一律排斥在奖励补偿的范围之外。第三，科学宣传的原则。要卓有成效地发挥奖励补偿的实际成效，需要高度重视宣传工作。对于获得奖励或者是补偿的农产品电商，要在政府的官方媒体予以公示，接受广大人民群众的监督，真正发挥奖励补偿机制的正面导向作用。

在弄清楚了新常态下农产品电商发展的高效激励补偿机制概念内涵，明确了新常态下农产品电商发展的高效激励补偿机制构建的基本原则后，要真正构建新常态下农产品电商发展的高效激励补偿机制，还需要从以下几个方面做出努力。具体来说，第一，构建农产品电商高效激励补偿的科学筛选机制。从现实来看，随着农产品电商在国内的迅速发展，各地农产品电商的数量都较多，对所有的农产品电商进行奖励补偿是不科学的，也是没有必要的。要发挥奖励补偿机制的作用，就必须高度重视对农产品电商的科学筛选，要构建科学合理的且具有可操作性的评选标准。第二，构建农产品电商高效激励补偿的科学评估机制。对于每一次由政府及其主管部门组织实施的奖励补偿，事后都要对其进行科学评估，不仅要评估筛选范围的科学性，还要评估奖励补偿的实际效果；对于成功的经验，要对其进行科学合理的总结归纳；而对于失败的教训，也需要进行科学分析。第三，构建农产品电商高效激励补偿的舆论导向机制。要在全社会营造良好的舆论导向，切实发挥奖励补偿机制的正面作用，引导更多的农产品电商更好地服务于地方经济社会发展的实际需要，切实为农民增收就业夯实基础。对于每一位获得奖励补偿的农产品电商，政府及其主管部门要在官方媒体予以报道，说明奖励补偿的具体理由和客观事实。第四，构建农产品电商高效激励补偿的长效机制。政府及其主管部门不仅要对农产品电商进行奖励补偿，还要用接受奖励补偿的农产品电商的现身说法，从更大的范围激励更多的农产品电商更好地服务于地方经济社会发展的实际需要，对于违法乱纪的农产品电商，政府及其主管部门也要进行严厉打击，以切实保障各级各类消费者的切身利益；当然，这对于确保农产品电商市场的健康、稳定、可持续发展具有重要意义，对于遵纪守法的农产品电商自身也是一种褒奖。

五　新常态下农产品电商发展的法律法规保障机制

所谓的新常态下农产品电商发展的法律法规保障机制，指的是在新常态背景下，要促进农产品电商的健康、稳定、可持续发展，政府及其主管部门需要根据经济社会形势的变化，及时废除难以满足实际需要的法律法规，修订与现实相矛盾的法律法规，重新制定现实生活中缺乏的法律法规，科学引导农产品电商健康发展的机制。从概念中不难看出，新常态下农产品电商发展的法律法规保障机制具有以下几个方面的显著特点：第一，正式性。法律法规是由政府及其主管部门颁布的，是正式的规章制度，具有正式性的特征。第二，规范性。在农产品电商发展的法律法规中，对于哪些行为是违法乱纪的，哪些行为是允许的，都具有明确的规定。第三，尊严性。基于政府及其主管部门的权威性，农产品电商发展的法律法规是神圣不可侵犯的，具有尊严性的显著特点。第四，保障性与惩罚性。在农产品电商发展的法律法规中，对遵守国家法律规定的农产品电商的合法权益是明确保障的，而对于违反国家法律规定的农产品电商，必将对其进行严厉的惩罚。在新常态背景下，农产品电商的发展对于破解"三农"困境，促进农业和农村经济发展具有重要意义；作为确保农产品电商健康、稳定、可持续发展的重要保障，有关农产品电商发展的法律法规必然会受到全社会的高度重视和广泛关注，有关法律法规的显著特点只会更进一步凸显。

上文已经对新常态下农产品电商发展的法律法规保障机制的概念内涵进行了介绍，笔者认为，要构建新常态下农产品电商发展的法律法规保障机制，必须遵循以下几个方面的原则。具体来说，第一，有法可依的原则。前文的分析已经表明，农产品电商在中国的发展历程并不长，有关农产品电商发展方面的法律法规并不健全；为此，要确保农产品电商的健康、稳定、可持续发展，还需要强化此方面的法律法规建设，坚持有法可依的基本原则。第二，有法必依的原则。在农产品电商发展的过程中，为了科学规范和引导农产品电商的健康发展，国家和各地政府专门出台了相关的政策法规，这些政策法规具有显著的正向引导作用，对此必须坚持有法必依的原则；进一步讲，对现有的农产品电商相关的法律法规，需要严格遵守，不能让这些法律法规流于形式。第三，执法必严的原则。要充分彰显法律的尊严，切实维护农产品电子商务交易过程中相关利益主体的合法权益，必须坚持执法必严的基本原则；对于合法利益主体的权益，要切实保障；而对于相关利益主体的违法乱纪行为，要严厉打击，充分体现法律的尊严性。第四，违法必究的原则。要在法律法规面前坚持人人平等的原则，不管是谁，凡是违反农产品电子商务交易法律法规的利益主体，要严厉打击，追究他们的法律责任。

在弄清楚了新常态下农产品电商发展的法律法规保障机制概念内涵，明确了新常态下农产品电商发展的法律法规保障机制构建的基本原则后，要真正构建新常态下农产品电商发展的法律法规保障机制，还需要从以下几个方面做出努力。具体来说，第一，构建农产品电商发展的科学立法机制。立法涉及对农产品电子商务交易各环节的规范和引导，对于科学合理地分配农产品电子商务交易利益链条上各利益主体的利益具有重要的影响。如果立法机制不够科学合理的话，必然会直接损害部分诚实劳动、合法经营主体的利益，对于促进农产品电商市场的发展也会带来负面影响；只有构建科学合理的立法机制，制定出能够体现各方利益的科学法律，农产品电商的发展才会更有保障。第二，构建农产品电商发展的科学用法机制。科学合理的法律法规制定后，如果不能够科学使用的话，农产品电商的发展也是无法得到保障的；因此，在实际过程中，需要高度重视对有关农产品电子商务法律法规的综合运用。不仅需要大力宣传农产品电商发展的法律法规，还需要强化农产品电商对法律法规的实际掌握，要通过现身说法的方式，在全社会全面宣传农产品电商发展的法律法规。事实上，这不仅有利于保障农产品电商的合法权益，而且对于保障消费者的合法权益也具有重要的意义。第三，构建农产品电商发展的科学执法机制。在网络信息高度发达的现代社会，科学执法对于维护法律法规的尊严具有重要的影响作用。要在执法的过程中，亮明执法主体的合法身份，说明执法的理由，指出违法者违法的危害性；不仅如此，在执法后，还要将执法的相关情况及时公之于众，让大多数群众充分认识到违法乱纪的危害性。第四，构建农产品电商发展的科学惩处机制。到底是采取关闭农产品电商网站的方式，还是采取直接罚款的方式，抑或是采取拘役农产品电商的方式来对违法乱纪的农产品电商进行处罚，要科学执法，根据法律法规办事。

第二节　新常态下农产品电商发展的模式选择

一　新常态下农产品电商发展的政府驱动模式

所谓的新常态下农产品电商发展的政府驱动模式，指的是在新常态背景下，基于地方经济发展的实际需要，地方政府及其主管部门直接参与、支持、鼓励和引导农产品电商发展的模式。从中国各地方农产品电商发展的实际来看，浙江桐庐、甘肃成县、陕西武功和福建德化等是典型代表。[①] 从总体上看，这一模式具有以下几个方面的显著特点：第一，合法性。从总体上看，农产品电商的发展离不开政府的支持、引导和鼓励。不仅如此，基于政府自身合法性的考虑，政府驱动农产品电商发展的模式也具有合法性。第二，权威性。从现实来看，合法的政府在社会管理和公共服务过程中，能够得到人民的认同和人民的支持，政府

---

　　① 对各地区农产品电商发展模式，学者们已经进行了多方面的研究，下文对类似问题不再做专门的注释。具体参见淘宝大学、阿里研究院《互联网＋县域：一本书读懂县域电商》，中国工信出版集团、电子工业出版社 2016 年版；魏延安《农村电商：互联网＋三农案例与模式》，中国工信出版集团、电子工业出版社 2016 年版；文丹枫、徐小波《再战农村电商："互联网＋"时代的下一个战场》，中国工信出版集团、人民邮电出版社 2016 年版。

自身具有权威性的特点。因此，政府驱动的农产品电商发展模式也具有权威性的特点。第三，地域性。虽然目前国内农产品电商的发展如火如荼，但是，前文的分析已经表明，不同地区农产品电商的发展是存在显著差异的，有些地方政府发展农产品电商成效显著，而有些地方政府发展农产品电商的成效并不明显；也就是说，政府驱动农产品电商发展的模式具有显著的地域性特点。

　　新常态下农产品电商发展的政府驱动模式，不仅需要政府及其主管部门的积极介入，还需要地方各级各类新型农业经营主体的主动参与，更离不开相关政府主管部门的密切配合。具体来说，第一，地方政府及其主管部门需要在实事求是的基础上，立足区域经济社会发展的实际，高度重视农产品电商的发展。从国家发展战略的角度来看，发展农产品电商在当前经济社会形势下具有历史的必然性，但是，地方在发展农产品电商的过程中，一定要实事求是，稳步推进，要体现出地方自身的特色，不能够一哄而上，更不能够只出政策而不抓落实，将农产品电商的发展作为空洞的口号。农产品电商的发展要不要抓，从哪里抓起才会有成效，如何确保农产品电商的健康、稳定、可持续发展，对这些现实问题地方政府不能够回避。第二，地方各级各类新型农业经营主体要与时俱进，充分认识到农产品电商发展的积极效应，积极投身、主动参与农产品电商的发展。对于农产品电商如何发展，政府更多的是扮演引导者的角色，在农产品电商如何具体发展方面，更多地需要依靠各级各类新型农业经营主体。随着城镇化进程的加快，留守农村的个体农户越来越少，新型农业经营主体在农村经济社会发展中扮演着重要的角色，他们直接介入农产品电子商务交易过程，对于科学合理地引导农产品电商发展具有重要的意义。第三，相关主管部门要对农产品电商发展有客观公正的认识，能够认识到地方政府及其主管部门发展农产品电商的好处，竭力支持农产品电商的发展。前文的分析也已经表明，农产品电商的发展在很大程度上直接受农村软硬条件实际状况的影响，完善农村各方面的软件和硬件条件，单纯依靠地方政府的实力是不现实的，需要上下级政府的通力协作。

　　要创新新常态下农产品电商发展的政府驱动模式，需要从以下几个方面做出努力，具体来说，第一，政府及其主管部门要团结一致，高度重视农产品电商的发展。农产品电商的发展能否成功，直接受多方面条件的制约和影响。从上下级政府关系的角度来看，下级政府大力发展农产品电商，需要上级政府在人力、物力和财力方面加大投入力度。比如，网络信息基础设施的建设，单纯依靠地方政府是无法完成的，需要上级政府及其主管部门在此方面加大投入的力度，并确保网络的通畅。第二，新型农业经营主体要密切配合政府及其主管部门关于农产品电商发展的政策，科学合理地投身农产品电商发展业务。各地新型农业经营主体要有前瞻眼光，要充分认识到在"互联网＋"时代背景下，发展农产品电商具有必然性，抢占农产品电商发展的先机对于促进区域农业和农村经济社会的发展具有重要意义。各级各类新型农业经营主体要在加快自身发展的同时，紧跟时代步伐，加快自身的发展转型，拓展农产品电商的业务。第三，相关政府部门要加大农产品电商发展软件和硬件建设的投入力度。比如，在软件方面，省级政府要将大学生村官的引进与农产品电商的发展紧密结合，加大农村农产品电商专业技术人才的引进力度；要强化对回流的农民工的培训力度，支持、鼓励和引导符合条件的农户立足自身实际，大力开展农产品电商交易，卓有成效地破解"谷贱伤农"现象的发生。在硬件方面，要加大中、西部欠发达地区农村路、水、电等基础设施建设的力度，着力改善农村网络信息工程建设的质量，在降低网络使用费用的同时，确保网络的畅通，夯实农产品电商交易的基础。比如，针对中、西部欠发达山区，政府要加强对网络服务商的监管力度，采取措施确保网络能够进山，确保具有地域特色的农产品能够及时被销售出来，进而保障农产品电商的合法权益。再比如，政府要引导符合条件的快递公司在农村地区布点，强化快递公司在服务农产品电商方面的实际能力，为农产品电子商务交易的顺利实现夯实基础，破解农产品电子商务交易的"最后一公里"问题。

二 新常态下农产品电商发展的服务商驱动模式

所谓的新常态下农产品电商发展的服务商驱动模式，指的是在新常态背景下，受国家和地方政府关于促进农产品电商发展政策的直接刺激，服务商主动引导区域性农产品电商发展的模式。从现实来看，吉林通榆和新疆农产品电商的发展正是这种模式直接作用的结果。总体上来看，这一模式具有以下几个方面的特点：第一，协调性。基于农产品自身的特殊性，农产品电商的发展虽然是市场行为，但是，政府及其主管部门必须强化对农产品电子商务交易的监管；离开政府及其主管部门的监管，农产品电商的健康、稳定、可持续发展难以得到保障。正因为如此，农产品电商发展的服务商驱动模式要取得实际成效，服务商必须强化与政府及其主管部门之间的沟通协调。第二，利益性。在市场经济条件下，企业虽然追求社会责任，但是，获取尽可能多的利润仍然是企业的首要目标。换句话来说，利益性是服务商的首要目标。如果不能够获取足够的利润，服务商不会选择拓展农产品电商业务，丰厚的利润回报是促使服务商不断做出努力的重要内在动力。第三，共生性。如果政府及其主管部门与服务商之间能够各取所需，则农产品电商的发展有保障；如果两者之间的关系无法协调，政府及其主管部门不会支持服务商的发展，服务商也不会继续拓展农产品电商的业务。也就是说，政府及其主管部门与服务商之间共生性特征是明显的。政府及其主管部门支持服务商的发展，主要是为了借助服务商的努力来发展农产品电商，进而促进地方农业和农村经济的发展，确保地方整体经济充满活力。

新常态下农产品电商发展的服务商驱动模式，不仅需要地方政府及其主管部门科学有效地落实国家关于农产品电商发展的政策，还要求服务商自身强化对区域农产品电商发展软硬件的多方面投入，更离不开政府与服务商之间的紧密协作。具体来说，第一，地方政府及其主管部门卓有成效地落实国家关于农产品电商发展的政策。从目前的实际情况来看，最近三年国家为支持农产品电商的发展出台了一系列政策。比如，商务部《关于促进电子商务应用的实施意见》、《国家新型城镇化（2014—2020）》、国务院办公厅《关于促进内贸流通健康发展的若干意见》以及中共中央、国务院《关于加大改革创新力度，加快农业现代化建设的若干意见》等，在这些政策文件中，国家都高度重视农产品电商的发展。地方政府如何卓有成效地吸收国家政策，将国家政策转化为地方政府支持、鼓励和引导农产品电商发展的实际行动，需要紧密结合地方经济社会发展的实际。第二，服务商自身需要强化对区域农产品电商发展软硬件的多方面投入。作为服务商驱动农产品电商发展的模式，需要服务商为推动农产品电商的发展进行实实在在的投入，至少是要紧跟地方政府及其主管部门引导农产品电商发展的步伐，从软件和硬件方面进行配套，加大对农产品电商发展的投入力度。比如，对资金匮乏的农户，服务商可以通过免费提供电脑的方式予以支持；对技术缺乏的农户，服务商可以通过免费提供培训的方式来进行帮扶。第三，地方政府及其主管部门需要强化与服务商之间的合作。无论是地方政府及其主管部门，还是服务商自身，都要密切合作，要通过彼此支持的方式来带动区域性农产品电商的发展，单靠某一方面的投入，往往是很难取得实际成效的；只有两者通力合作，农产品电商的发展才会落到实处。

要创新新常态下农产品电商发展的服务商驱动模式，需要从以下几个方面做出努力，具体来说，第一，政府要背书。服务商毕竟是企业，并不等于政府；从现实来看，分散的个体农户对于服务商不一定十分信任；因此，在加快区域农产品电商快速发展的过程中，政府要敢于背书。对于政府及其主管部门成功引进的服务商，政府在必要的时候要亲自出面，强化服务商的正面形象，为服务商更好地引导区域农产品电商的发展夯实基础。比如，在政府的官方媒体中，政府要对服务商的正面形象进行推介，强调服务商在推动区域性农产品电商发展中的重要作用。当然，背书并不等于不负责任，对于违法乱纪的服务商，政府及其主管部门也需要加大查处打击的力度。第二，基地要支撑。从国内外农产品电商成功的经验来看，任何一个区域性农产品电商的发展壮大都离不开特色农业产业基地的支持；没有基地的支持，即便农产品电商发展得再好，也会陷于无法长久发展的怪圈之中。第三，品牌要统一。从现实来看，农产品电商的品牌具有重要的意义。从农产品的角度来看，面对大量的同质产品，如何突出自身的特点，需要充分发挥农产品品牌的导向性作用，需要引领消费者对农产品品牌的科学认识。从农产品电商的角度来看，到底哪一家农产品电商所卖的农产品是物美价廉的，这也需要塑造农产品电商的品牌。一旦打造了成功的农产品电商品牌，消费者可以直接从农产品电商处购买农产品，可以节省选择农产品所花费的时间，提高交易效率，节约交易成本，这对于农产品电商的健康、稳定、可持续发展具有重要的作用。

表 7.1　　　　　　　　　　分区域电子商务发展指数统计量

指标	区域	平均值	最大值	最小值	标准差	变异系数
电商发展指数	东部	12.549	26.926	5.763	5.212	41.5%
	中部	7.577	11.964	3.970	2.678	35.3%
	西部	7.019	9.691	4.904	1.377	19.6%
	全国	9.966	26.926	3.970	4.765	47.8%
网商发展指数	东部	9.039	24.248	3.924	4.875	53.9%
	中部	4.049	5.995	2.373	1.305	32.2%
	西部	2.879	3.773	2.034	0.573	19.9%
	全国	6.341	24.248	2.034	4.451	70.2%
网购指数	东部	16.060	29.603	6.685	6.091	37.9%
	中部	11.104	18.020	5.566	4.312	38.8%
	西部	11.159	15.876	7.053	2.566	23.0%
	全国	13.591	29.603	5.566	5.592	41.1%

注：变异系数 = 标准差/平均值 ×100%，用来测度数据之间的差异程度。各区域城市电子商务发展指数变异系数越大，说明城市之间电子商务发展水平的差异越大。

资料来源：阿里研究院：《2014 年中国电子商务示范城市发展指数报告》，2015 年 4 月，第 15 页。

三　新常态下农产品电商发展的网商驱动模式

所谓的新常态下农产品电商发展的网商驱动模式，指的是在新常态背景下，政府及其主管部门面对不断发展的农产品电商，需要积极主动投身到支持、鼓励和引导农产品电商发展的过程中，从而使农产品电商得到进一步发展壮大的模式。从现实来看，江苏睢宁、广东揭阳和山东博兴都是这种模式的典型代表。从总体上看，这种模式具有以下几个方面的显著特点：第一，导向性。从中国的实际情况来看，农产品电商在全国各地都得到了一定程度的发展，不同地区农产品电商发展的水平参差不齐。从表 7.1 中不难看出，无论是从电商发展指数、网商发展指数、网购指数来看，不同地区农产品电商发展得水平并不相同，且存在明显的差距。尽管如此，随着互联网经济的日益繁荣，农产品电商发展得越来越快。在城镇化进程不断加快的前提下，农产品电商的发展对于区域整体农村经济的发展具有重要的导向性作用，网商在部分地区越来越多地影响区域农业产业结构的转型升级。第二，效益性。前文的实证分析已经表明，农产品电商发展的就业增收效应是显著的，网商的发展可以显著改善农村经济面貌，对于农村经济社会的发展具有重要的促进作用。第三，外溢性。从现实来看，农产品电商的发展，对于促进农产品产—供—销一体化利益链条上各利益主体的发展具有重要作用。比如，随着农产品电商的发展，农村快递业得到了显著发展，农村物流业的发展对于解决农民增收和农民就业具有重要的影响。从表 7.2 中不难看出，随着农产品电商的快速发展，2004—2014 年，农村物流业发展速度迅猛，以此为职业的农村富余劳动力越来越多，这对于农村经济发展具有明显的促进作用。

表 7.2　　　　　　2004—2014 年中国农产品物流发展情况统计表

年份	农产品物流额（亿元）	社会物流总额（亿元）	农产品物流所占比例（%）	农产品物流同比增长率（以上一年为基准）（%）
2004	11970	383829	3.12	6.30
2005	12748	481983	2.64	6.50
2006	13546	595976	2.27	6.30
2007	15849	752283	2.11	17.00
2008	18638	898978	2.07	17.60
2009	19439	966500	2.01	4.30
2010	22355	1254130	1.78	4.30
2011	23361	1584000	1.47	4.50
2012	24412	1773000	1.38	4.50
2013	25388.48	1978000	1.28	0.40
2014	33000	2135000	1.50	4.10

　　资料来源：洪涛、张传林：《2014—2015 年我国农产品电子商务发展报告》，《中国商贸》2015 年第 5 期。

　　从现实来看，新常态下农产品电商发展的网商驱动模式，首先要求地方上农产品电商有一定的发展；其次要求地方政府及其主管部门具有敏锐的思维，能够对农产品电商的发展予以科学合理的引导；最后还要求网商与政府之间能够开展对话，通过彼此的合作来进一步促进农产电商的发展。具体来说，第一，农产品电商的发展要具有一定的规模。从国内农产品电商发展的实际情况来看，农产品电商的发展具有规模效应。如果农产品电商的数量过少，与农产品电商发展相关的产业并不会得到迅速发展；只有农产品电商的发展达到一定的规模，农产品电商的实际成效才会凸显出来。因此，要发挥网商驱动模式的实际成效，就必须加快对农产品电商自身的培育，确保区域农产品电商规模的不断增长。第二，地方政府对于农产品电商的发展要有正确的认识。农产品电商的发展，并不仅仅是农民就业增收的问题，而是区域农业和农村发展的必然，是卓有成效地解决区域经济协调发展问题的关键所在，地方政府要从全局的视角出发，对农产品电商的发展有科学的判断和认识，要创造条件千方百计地引导农产品电商的发展。第三，农产品电商与政府之间要具有可以沟通的桥梁和纽带。农产品电商发展过程中存在的诸多现实问题如何向政府反馈，政府的相关政策如何向农产品电商传达，要求在农产品电商和政府之间构建可以随时对话沟通的桥梁和纽带；只有畅通彼此之间的联系，才能够加强彼此之间的了解和认识，才能够让农产品电商服务于地方政府经济发展的实际需要，才能够让地方政府扶持农产品电商发展的诸多现实政策落到实处。

创新新常态下农产品电商发展的网商驱动模式，需要从以下几个方面做出努力，具体来说，第一，提供服务。充分考虑到农产品电商作为企业自身的特性，地方政府及其主管部门要做好服务工作。比如，积极贯彻落实国家关于农产品电商的各项政策，让农产品电商得到实实在在的好处；出台促进农产品电商发展的区域性政策，为农产品电商的发展搭建特色产业发展的基础；针对农产品电商发展中出现的现实问题，强化与农产品电商之间的沟通协调，确保农产品电商发展的正确方向。第二，加强监管。在农产品生产领域，地方政府要科学引导生产者的生产行为，加强对生产的监督管理，减少直至杜绝农产品生产中各种违规农药、化肥的使用；在农产品运输领域，地方政府要科学引导快递行业在农村的布点，最大限度地减少农产品输出的阻力，为农产品运输夯实基础；在农产品销售领域，地方政府要强化法律法规意识，严厉打击农产品电商销售过程中可能出现的各种违法乱纪行为。第三，激发活力。针对农产品电商发展过程中可能出现的销售乏力现象，地方政府要采取措施激发农产品电商发展的活力。比如，可以在区域范围内采取"优秀电商"评比活动，对"优秀电商"加大扶持力度，引导更多的农产品电商加快自身的发展；可以与电商巨头合作，引进以冷链物流为代表的先进技术，组建农产品电商销售的区域中心，带动农产品电商的更快发展。

四　新常态下农产品电商发展的产业驱动模式

所谓的新常态下农产品电商发展的产业驱动模式，指的是在新常态背景下，区域产业发展面临诸多现实困境，在政府的引导下，区域产业抓住"互联网＋"的时代机遇，通过互联网来加快自身发展转型的模式。从现实来看，浙江义乌、福建莆田、河北清河、云南元阳、浙江临安等都是这种模式的典型代表。总体上来看，这种模式具有以下几个方面的显著特点：第一，产业基础自身较强。对农产品电商的发展来说，产业是基础；没有产业基础做保障，农产品电商的健康、稳定、可持续发展就无法实现。虽然在网络信息时代，农产品电商可以通过跨区域交易的方式来完成相关的交易业务，但是，没有产业作为基础，农产品电商不可能从根本上保证农产品的品质，对农产品的价格也无法真实有效地掌握。第二，地方政府自身强势。从国内农产品电商发展程度较高的地区来看，这些地方发展农产品电商都得到了地方政府强有力的支持。在农产品电商发展水平较低的情况下，是不是应该发展农产品电商，如何集中优势资源发展农产品电商，对这些问题的认识很难达到高度一致，要强有力地推动农产品电商的发展，抢占市场经济的先机，地方政府自身强而有力的引导是至关重要的。第三，区域商业氛围浓厚。如果区域的商业氛围不够浓厚，农产品电商的发展是难以得到有效保障的；因为只有在浓厚的商业氛围下，分散的个体农户商品意识强，容易受政府的引导，能够在较短的时间内抢抓市场机遇。

从现实来看，新常态下农产品电商发展的产业驱动模式之所以能够取得成功，主要是因为：第一，特色产业驱动电子商务。与工业品不同的是，农产品电子商务对于地区特色产业的依赖性较强；没有雄厚的特色产业作为基础，农产品电商的发展无法取得成功。从某种意义上可以认为，农产品电商的发展是部分地区农业产业转型升级的产物，当然，农产品电商的发展反过来也会进一步促进地区农业产业的转型。第二，专业市场发挥了平台作用。专业市场的发展，对于农产品电商的发展具有显著的促进作用。以浙江义乌市场为例，当市场容量发展到一定程度的时候，迫切需要加快市场自身的转型升级；换句话说，当达到一定程度的时候，就要进一步促进市场的发展，需要新的交易模式来影响市场。作为颠覆以往钱货两清交易模式的典型代表，农产品电商的发展可以很好地促进专业市场的转型升级。第三，政府主导推动产业升级。无论是从理论上来看，还是从现实来看，产业驱动模式的农产品电商发展离不开政府的引导。换句话说，单纯依靠市场行为来推动农产品电商的发展并不现实，前文的分析已经表明，农产品电商的发展需要软硬件各方面的大力投入，这是单纯市场行为所无法解决的现实问题，政府的直接介入可以为农产品电商的发展夯实基础，有利于农产品电商的发展壮大。

表 7.3　　　　　　　　　　　　遂昌县自建的红提标准

项目	指标
果穗	穗重不低于 0.75kg
单粒果重	单粒果重大于等于 14g
颗粒大小	果粒横径大于 23mm，竖径大于等于 26mm，占果穗 95%
着色	红色占到 85%
果品	颜色呈自然红熟色，无病果、伤果、腐烂果、青果、小果、干果、软果
口感	果皮薄厚适中，果肉脆硬，味甜，无涩口感
甜度	甜度须达到 14 度（用甜度计测试）
农药	监测无农药残留
其他	其他标准按特级需要采购，允许有 5% 的果穗品质和果穗大小不符合特级品要求，但符合一级品要求

资料来源：陈亮：《从阿里平台看农产品电子商务发展趋势》，《中国流通经济》2015 年第 6 期。

创新新常态下农产品电商发展的产业驱动模式，需要从以下几个方面做出努力，具体来说，第一，加大农业挖潜改造的力度。随着经济社会的快速发展，消费者对农产品品质提出了更高的要求，农药残留不达标、化肥使用不合理、农产品卖相不好等都会直接影响农产品的销售，即便是通过农产品电商进行销售，消费者在购买农产品时更多的是基于自身的实际需要来考虑。进一步讲，传统的农产品生产模式难以为继，需要加大对农业的挖潜改造力度，确保农产品的品质。比如，可以由政府及其主管部门强化对农户的农产品技术标准的宣传，学习推广遂昌自定农产品标准的做法（如表7.3所示），高标准、严要求，高度重视农产品生产，注重农产品的品质；可以在具备条件的地区，逐步尝试测土配方施肥的方式，减少不必要的化肥、农药的滥用，切实提高农产品的品质；可以尝试对绿色、有机、生态农产品价格的重新定价制度，提高这类农产品的价格，引导更多的农户按此标准从事农业生产。第二，高度重视区域性产业转型与互联网经济的有机结合。在经济新常态背景下，加快经济结构的转型升级势在必行，如何在追求经济高速增长的同时稳步提升经济发展的质量，这是各级政府不得不面对的现实问题。对于区域农村经济发展来说，继续沿袭传统的农业经济发展模式难以为继，需要紧跟互联网发展的脉搏，抢抓互联网经济发展所带来的机遇，将区域农业经济增长和农村经济发展与互联网经济发展相结合，既为农产品电商的发展夯实基础，也为区域经济转型升级夯实基础。第三，地方政府及其各部门特别要做好相关的配套服务工作。要将产业驱动的农产品电商模式落到实处，需要地方政府在金融、税收、物流配套服务等方面做出努力。比如，支持、鼓励和引导金融机构服务于农产品电商，为农产品电商发展融资困境问题的解决夯实基础；对于大型农业龙头企业从事农产品电商业务的，税务机关应该采取税收减免、税收返还等方式对其予以支持；同时，地方政府要高度重视引导快递企业在农村的布点工作，为农产品进城夯实基础，也真正为农产品电商的发展创造条件。

五　新常态下农产品电商发展的业务推动模式

所谓的新常态下农产品电商发展的业务推动模式，指的是在新常态背景下，基于地方政府及其主管部门的推动，农产品电商随着业务的不断发展壮大而出现转型升级的模式。从现实来看，山东寿光、浙江常山和江苏泗洪等是这种模式的典型代表。从总体上看，这种模式具有以下几个方面的显著特点：第一，外在动力强劲。业务推动的农产品电商发展模式，最显著的特点是外在的动力强劲。如果外在动力不够强劲的话，农产品电商不会得到迅速发展并取得实际成效；只有外在的动力足够强大，可以直接推动农产品电商的发展时，这种模式才会真正实现。第二，内在动力爆发。从事物变化发展规律的角度来看，最终决定事物发展变化的是内因，而不是外因；当然，外因对于事物的发展变化具有重要的影响。因此，业务推动型农产品电商发展模式的出现，最根本的还在于农产品电商自身的发展状况，只有当农产品电商发展足够强大时，农产品电商发展的模式才会发生变化。第三，内外动力的共同作用。当农产品电商发展到一定程度时，在国家政府和地方政府的共同推动下，农产品电商的发展会进一步加速，其自身的外溢性会越来越明显。比如，随着农产品电商的发展，与农产品电商发展相关的诸如物流运输业、金融服务业都会得到快速发展。

从现实来看，新常态下农产品电商发展的业务推动模式，既需要政府及其主管部门的高度重视，还需要农产品电商的自身努力，更离不开其他外在因素的共同作用。具体来说，第一，政府及其主管部门的重视是业务推动模式快速发展的关键。比如，当农产品电商的发展初现苗头时，政府及其主管部门要有敏锐的商业意识，能够对农产品电商的发展提供及时有效的支持；当农产品电商发展到一定程度，可能会面临发展瓶颈时，政府及其主管部门能够及时出面引导农产品电商的发展，破解影响农产品电商发展的障碍；当农产品电商的发展具有一定规模时，政府及其主管部门要科学合理地引导农产品电商发展的转型升级。第二，农产品电商自身的不懈努力是业务推动模式快速发展的基础。业务推动型农产品电商发展模式的成功，离不开农产品电商自身的努力。前文的分析已经表明，虽然农产品电商的发展离不开政府及其主管部门的支持，但是，农产品电商自身是企业，政府及其主管部门不能替代企业，农产品电商的发展需要其自身的努力。比如，农产品电商自身强化与农产品种养殖基地的密切合作，直接引导农产品种养殖业的发展，强化区域性农产品的产业培育；农产品电商自身可以强化与政府及其主管部门引导的农村物流业的合作，彻底畅通农产品进城的通道，切实为农民就业、农民增收创造条件。第三，相关外在因素的作用是业务推动模式快速发展的重要条件。从国家的角度来看，为支持、鼓励和引导农产品电商的发展，国家层面出台了一系列政策文件，这些政策文件对于更好地刺激地方政府加快地方农产品电商的发展具有重要的导向性作用。随着地方农产品电商发展扶持政策的落地生根，业务推动型农产品电商发展模式初见成效，山东寿光、浙江常山和江苏泗洪等地农产品电商发展成功的实践充分说明了这一点。

　　创新新常态下农产品电商发展的业务推动模式，需要从以下几个方面做出努力，具体来说，第一，"筑巢引凤"，搭建创新创业的载体。地方政府及其主管部门要高度重视对农产品电商的培育，支持、鼓励和引导符合条件的个体农户和各级各类新型农业经营主体开展农产品电商业务，在区域发展范围内营造重视农产品电商发展的氛围。在有条件的地区，地方政府需要把精准扶贫与农产品电商发展紧密结合，引导电商巨头投身中、西部地区的农产品电商发展中，促进农产品电商的发展，搭建扶持农产品电商发展的创业创新载体。第二，推进"电商换市"，加快线上与线下融合。线上交易具有线上交易的好处，但是，线下采购也具有线下采购的优点；当然，线上与线下也都具有各自的缺陷。要通过线上推广来拓展农产品电商的市场业务，力求将更多的农产品通过线上销售的方式销售出去；但是，也要高度重视线下采购，将线上与线下紧密结合起来，在通过网络销售农产品的同时，带动与农产品电商发展相关产业的发展。第三，打造"全链条服务"，营造一流发展环境。对于成熟的农产品电商来说，产—供—销各个环节是紧密联系在一起的，任何一个环节出现问题都有可能直接影响到农产品电商的发展。要打造"全链条服务"，需要在农产品的生产、运输、销售各个环节做好服务工作，要营造一流的服务环境，真正为消费者服务，为产—供—销各环节电子化的有效运用夯实基础。在生产环节，要高度重视保证农产品品质；在运输环节，要高度重视农产品运输的快捷高效；在销售环节，要高度重视诚实经营，自觉抵制虚假广告，切实维护消费者的合法权益。

第八章 新常态下农产品电商发展的对策建议

在借鉴前人研究成果的基础上，前文夯实了农产品电商发展的理论基础，构建了农产品电商发展的理论框架，在分析新常态、农产品、电子商务、农产品电子商务、农产品电商概念内涵基础上，剖析了新常态下农产品电商发展与农村经济发展的关系原理，构建了农产品电商发展的综合评价指标体系；在结合历史史实和现实调研数据基础上，全面分析了农产品电商发展的历史与现实，指出了农产品电商发展的趋势；紧接着，充分利用问卷调查数据，实证了农产品电商发展的融资偏好与实际效应，并构建了新常态下农产品电商发展的基础设施投入机制、特色产业培育机制、专业人才培养机制、高效激励补偿机制和法律法规保障机制，明晰了新常态下农产品电商发展的政府驱动模式、服务商驱动模式、网商驱动模式、产业驱动模式和业务驱动模式。在此基础上，要促进农产品电商的健康、稳定、可持续发展，还需进一步探究农产品电商发展的对策建议。

第一节 新常态下农产品电商发展的基本原则

在前文分析的基础上，不难得出如下结论：在新常态背景下，农产品电商的健康、稳定、可持续发展，需要坚持因地制宜的原则、与时俱进的原则、科学引导的原则、精心培育的原则和依法办事的原则。从整体上来看，这些原则是环环紧扣的，任何一个原则出现问题都会影响到其他的原则。

第一，新常态下农产品电商发展要坚持因地制宜的原则。地方政府在农产品电商的发展方向选择上，需要坚持因地制宜的原则。从国内农产品电商发展的实践来看，坚持因地制宜的原则，要求根据地区地形地貌和气候条件的变化，选择最符合地方发展的农产品作为主攻方向，从产业基地构建、农产品电商软硬件设施完善再到科学引导农产品电商发展的转型升级，这些都需要因地制宜。在农产品电商发展过程中，要排除盲目攀比的错误做法，一切从当地的实际出发，脚踏实地，一步一个脚印，稳步推进农产品电商的发展；在农产品电商的发展过程中，不断引导农产品电商转型升级。在前面的分析中已经表明，农产品电商发展是需要经过不同的发展阶段的，在不同的发展阶段，政府介入农产品电商的程度是存在差异的。比如，在农产品电商的初步发展时期，政府应该加大农产品电商软硬件基础设施方面的投入；在农产品电商的成熟发展阶段，要高度重视对农产品电商发展转型的引导。

第二，新常态下农产品电商发展要坚持与时俱进的原则。与国外相比，目前中国国民的整体科学文化素质还有待进一步提升，并不是所有的消费者都可以通过网络来购买农产品的；即便是通过网络来购买农产品的消费者，他们的电脑专业技术水平仍然是存在缺陷的。从总体上来看，通过网络来购买农产品的最主要群体是年轻人，这就必然要求农产品电商的发展应与时俱进。与时俱进的原则，不仅要求农产品电商在线上交易过程中高度重视对流行元素的应用，还需要借助互联网销售更多种类的农产品。对于前者而言，农产品电商要在农产品包装设计、外形颜色等方面做出努力，尽可能采用更容易被年轻人接受的方式来从事农产品电子商务交易；对于后者而言，随着年轻消费群体的日益增多，传统的容易邮寄、不容易变质腐败的农产品不再是网络销售的主体，以生鲜农产品为代表的食品类农产品日益引起年轻群体的高度重视和广泛关注，农产品电商应该在此方面做出自己的努力，在此方面竭力拓展相关的业务。

第三，新常态下农产品电商发展要坚持科学引导的原则。在市场经济条件下，政府的角色定位尤为重要，政府不能够"越位"，也不能够"缺位"，更不能够既当运动员又当裁判员。在引导农产品电商发展的过程中，一方面，政府要对作为新鲜事物的农产品电商发展予以高度重视，特别是地方政府要全面贯彻落实国家关于农产品电商发展的各项政策，稳步推进农产品电商的健康、稳定、可持续发展；另一方面，政府在引导农产品电商发展的过程中，要高度重视农产品电商自身作为企业的本质问题，不能够采取行政命令的方式来直接干预农产品电商的发展。对于农产品电商的发展而言，政府扮演的更多的是支持者、引导者、鼓励者的角色，根据农产品电商发展的实际情况，政府可以出台相关的政策文件以引导农产品电商的发展，但是不能够取而代之，直接代替农产品电商的发展。国内部分地区农产品电商发展的成功实践已经表明，政府只有坚持科学引导的原则，才能够又好又快地促进农产品电商的发展；反之，极有可能直接阻碍农产品电商的发展。

第四，新常态下农产品电商发展要坚持精心培育的原则。前文的分析已经表明，农产品电商的发展离不开政府的支持，需要政府的精心培育。从现实来看，精心培育需要从三个方面做出努力：一是要精心培育农产品电商发展的产业基础。产业基础是农产品电商发展的根本，没有产业基础作为支撑的话，农产品电商的健康、稳定、可持续发展很难实现。从目前的实际情况来看，每一个地区都有相关农业产业的发展，到底选择哪一个产业作为最主要的发展主攻方向，这需要政府的精心培育。二是要精心培育农产品电商发展的领头人。考虑到农产品电商发展带头人的示范效应，在农产品电商发展过程中，要高度重视这种示范效应的发挥，需要高度重视对相关带头人的培育。三是要精心培育农产品电商发展的品牌。品牌发展对于农产品电商的发展具有重要的影响作用，不同品牌的同类农产品的价格往往是存在显著差异的，培育品牌可以显著增加农产品电商的实际收入。不仅如此，成功的农产品电商品牌对于农产品电商自身也是极大的鞭策。因此，农产品电商的发展需要注重农产品电商品牌的培育。

第五，新常态下农产品电商发展要坚持依法办事的原则。在市场经济条件下，要确保农产品电商的健康、稳定、可持续发展，需要高度重视维护农产品电商市场的稳定，而这要求坚持依法办事的原则。一方面，对于农产品电商发展过程中的违法乱纪行为，要予以严厉打击，要在市场上形成警示效应，尽可能地引导所有的农产品电商遵纪守法。另一方面，对于农产品电商发展过程中的遵纪守法行为，要予以奖励，要在市场上形成良好的经商氛围。不仅如此，还需要强化对农产品电商发展相关法律法规的宣传，真正为农产品电商的发展营造好的环境。从国内其他地区农产品电商发展的成功实践来看，地方政府对于农产品电商的行为都有明确的规定，对从事假冒伪劣农产品电商交易的要实施严厉打击，以切实保护消费者的合法权益。在农产品电商发展的过程中，政府需要坚持法律面前人人平等的原则，不管是谁，凡是违反法律法规的都应该进行严厉的处罚。只有如此，农产品电商才能够真正敬畏法律，自觉主动地诚实劳动、合法经营，而不是选择通过偷工减料的方式来从事农产品电商，进而直接损害消费者的合法权益，扰乱整个农产品电商市场。

第二节　新常态下农产品电商发展的对策建议

在前文分析的基础上，促进新常态下农产品电商的健康、稳定、可持续发展，需要在坚持因地制宜的原则、与时俱进的原则、科学引导的原则、精心培育的原则和依法办事的原则基础上，从强化农村基础设施建设、夯实农村特色产业基础、实施农村专业技术人才引进计划、高度重视农村社会治安和完善农村其他体制机制等方面做出努力。

第一，强化农村基础设施建设。农村基础设施建设的水平，直接影响和制约着"农产品进城"的通道。高效科学的农村基础设施建设，可以极大地便利"农产品进城"；而发展滞后的农村基础设施建设，则会直接影响"农产品进城"。基于理论和现实的需要，要强化农村基础设施建设，需要在以下几个方面做出努力：一是要高度重视以路、水、电为代表的基础设施建设。虽然经过改革开放以来多年的投入，中国农村基础设施建设整体状况有了显著的改善，但是，在城镇化进程中，随着农村人口的大量外流，农村路、水、电等基础设施建设也开始出现问题。不仅过去已经修建的农村基础设施建设无法得到有效维护，而且继续新修的农村基础设施建设也很难落到实处。要稳步推进农产品电商的发展，需要对农村基础设施建设进行彻底有效的排查梳理，不留农村基础设施建设的任何死角，真正将政府在此方面的财政预算资金落到实处，真正为农产品电商的发展夯实基础。二是要高度重视农田水利设施、高标准农田建设。除了传统的路、水、电等基础设施建设外，需要与时俱进地稳步推进农田水利设施建设，高度重视高标准农田建设。农田水利设施建设，对于农产品的生产具有重要的制约作用，农田水利设施建设难以满足实际发展需要，必将会影响农产品的生产，进而制约农产品电商的发展。高标准农田建设，作为高品质农产品生产供应的重要保障，对农产品电商的发展也具有重要的影响作用。无论是中央政府，还是地方各级政府，都要将农田水利设施建设和高标准农田建设纳入经济社会发展的规划中，并进行大力投入，确保农产品生产的硬件建设。三是要高度重视农村基础设施建设的资金来源。从中国的整体财政实力来看，完全由国家投入农村基础设施建设并不现实，需要创新农村基础设施建设的投入机制。比如，可以尝试采用政府主导、民间资金参与的模式来筹措农村基础设施建设的资金，直接将不涉及国计民生的地区农村基础设施建设承包给各级各类新型农业经营主体来进行投入，还可以适当引导 FDI 投入中、西部地区的农业领域，夯实农村基础设施建设的资金基础。四是要科学合理地规划农村基础设施建设。科学合理地规划农村基础设施建设，不仅可以稳步提升国家在农村基础设施建设方面投入资金的使用效率，还可以直接促进农产品电商的发展。在规划农村基础设施建设过程中，要尽可能多地从地方产业发展的实际出发，在遵从专家意见的基础上，有条不紊地推进农村基础设施建设；在此过程中，要尽量减少直至杜绝长官意志对农村基础设施建设的干扰，严厉打击农村基础设施建设过程中可能出现的违法乱纪行为，真正为农产品电商的发展夯实基础。

第二，夯实农村特色产业基础。作为农产品电商发展的重要基础，农村特色产业的发展对农产品电商的发展具有重要的制约作用，对农业经济增长和农村经济发展意义重大。促进农产品电商的健康、稳定、可持续发展，需要高度重视农村特色产业的培育。基于理论和现实的角度来看，夯实农村特色产业的基础，需要在以下几个方面做出努力：一是要精心选择农村特色产业。从中国不同地区特色农产品的生产情况来看，相当部分地区特色农产品是存在重叠的。比如，中国北方大部分地区都生产苹果、梨等水果，而南方大部分地区都生产柑橘等水果，到底选择哪一类具体的水果作为发展的主攻方向，需要科学规划、精心选择。如果选择的水果并不是地方最具特色的，则不能够最大限度地凸显地区的价值；如果选择的是最具地方特色的水果但市场销路不好的话，即便是大力发展，也不能够促进农产品电商的发展。二是要精心培育农村特色产业。选择了特色产业以后，到底应该如何培育，是一个需要高度重视的问题。比如，为了科学化发展，农产品的良种到底由谁提供，农产品生产的技术保障到底由谁负责，农产品的市场行情到底由谁负责传递，等等，这些都会直接影响农村特色产业的发展，对这些问题也是需要高度重视的。三是要科学引导农村特色产业的发展。科学引导农村特色产业的发展，主要体现在两个方面：一是要高度重视引导各级各类新型农业经营主体的发展，通过他们的发展来带动周边农户从事特色农业产业，因为从现实来看，各级各类新型农业经营主体在特色农产品生产方面具有一定的优势，但分散的个体农户仍然是特色农产品供给的重要主体；二是要引导特色农业产业与时俱进，不断用先进的生产技术来提升自身的品质。随着城乡居民生活水平的稳步提升，农产品的品质日益成为大众关注的重要话题；如果不能够采用先进的农业生产技术来从事农产品的生产，农产品的品质无法得到有效保障，农产品电商的发展必然会受到影响。四是要积极推动农村特色产业的转型升级。比如，要科学引导特色农业产业从事农产品电商业务，借助互联网信息技术，卓有成效地销售农产品，在解决农民就业增收的同时，推动农业经济增长和农村经济发展。要引导农村各级各类新型农业经营主体不断发展壮大，逐步改变分散的个体农户粗放式的农业生产经营模式，支持、鼓励和引导各级各类新型农业经营主体走规模化、集约化的发展道路，在追求农业生产规模的同时，稳步提升农业生产的质量，为农产品电商的发展添砖加瓦。

第三，实施农村专业技术人才引进计划。对于农产品电商的发展而言，农村专业技术人才的引进具有重要的意义。因为对于分散的个体农户而言，地方政府及其主管部门提供及时可靠的技术支持是不现实的，更多的是要依靠坚守农村的专业技术人才提供技术帮助；没有专业技术人才的帮助，个体农户很难卓有成效地从事农产品电子商务，农产品电商的健康、稳定、可持续发展就很难实现。基于理论和现实的角度考虑，实施农村专业技术人才的引进计划，需要在以下几个方面做出努力：一是要创新农村专业技术人才的引进方式。比如，可以尝试将选调生、大学生村官、"三支一扶"等具体工作与农村专业技术人才的引进有机结合，全方位多角度地引进人才，支持农产品电商的发展；可以尝试加大农村乡镇职业中学教师的引进力度，创新农村乡镇农技站的人员引进方式，尽可能地将具有知识外溢性作用的专业技术人才引进到农村，为农产品电商的发展保驾护航；支持、鼓励和引导地方性高校对口支持乡镇农产品电商的发展，将地方性高校的专业技术人才引向农村，为农产品电商的发展夯实基础。二是要创新农村专业技术人才的培养方式。地方政府要在财政预算中专门划拨农民专业技能提升的资金，用于支持有志于从事农产品电商业务的农民到各级各类职业技术院校深造；地方政府要优先录用和提拔长期服务于农村农产品电商业务的选调生、大学生村官、"三支一扶"人员，每年划拨相应的事业单位招聘岗位、公务员招聘、遴选名额支持这部分群体，更好地激发他们服务于农村农产品电商的激情。三是要创新农村专业技术人才的使用方式。充分考虑到农产品电商的发展具有较强的专业性，为更好地促进农村农产品电商的健康、稳定、可持续发展，要高度重视分管农业工作的政府工作人员的综合素质，将懂技术的人员配备到分管农业工作的领域中；对能够带动区域性农产品电商发展的"领头雁"，政府要进行培训，稳步提升他们的综合素质，甚至在某些情况下，可以将他们纳入地方经济社会发展的专业人才培养队伍中，充分调动他们的主观能动性。四是要做好农村专业技术人才引进的配套工作。比如，对于愿意扎根农村的农产品电商专业人才，政府要对其子女入学问题进行有效解决，对其住房、生活等方面的现实问题要予以解决。对于愿意扎根农村的农村大学毕业生，政府对其要进行定期培训，全面提升他们个人的综合素质，采取措施千方百计解决他们的现实生活困难，对有创业意愿的要竭力支持，将他们作为带动、培训个体农户从事农产品电商的重要主体。

第四，高度重视农村社会治安。随着中国城镇化进程的逐步加快，即便是近些年来有大量的农民工回流，但从总体上看，留守农村的青壮年劳动力并不多，这在很大程度上直接导致了农村治安问题的产生。在过去高度集中的计划经济体制时期，大量劳动力留守农村，农村社会治安问题总体较好；而在当前经济形势下，随着农村劳动力的外流，留守农村的最主要群体是老人、妇女和儿童，这一群体自身抵御外来风险的能力较弱。促进农产品电商的健康、稳定、可持续发展，需要高度重视农村社会治安问题。具体来说，一是要加大农村社会治安的投入力度。随着城镇化进程的加快，留守农村的人口虽然总量上在减少，但留守的群体是需要重点关注的对象。在治安方面，要进一步加强对农村社会治安的投入力度，强化乡镇派出所的整体实力，在有条件的地区，可以尝试在农村居民委员会派驻协警，强化农村基层治安。对于经济条件欠发达的中、西部地区，中央政府要在财政预算方面做出相应的安排，加强农村社会治安的力量。二是要创新农村社会治安的管理模式。在继续强化农村乡镇派出所整体实力的同时，发挥留守农村的老党员、离退休干部的作用，强化对农村流动人口的监控。要继续加大对农村刑满释放人员的关怀力度，高度重视对他们专业技能的培训，减少直至杜绝刑满释放人员继续在农村从事违法乱纪的行为。要高度重视对农村闲置房屋的登记管理工作，定期对这些房屋进行巡查，避免无人居住的农村闲置房屋成为犯罪分子的作案场所。要充分发挥村民委员会的功能，强化对留守农村的无业人员的管控力度，将他们作为重点监控对象进行管理。三是要创新农村基层政府的考核方式。将农村治安状况的好坏作为考核乡镇政府政绩的重要依据，深究农村出现的每一例刑事案件，剖析这些案件出现的原因，为减少农村社会治安问题提供新思路。四是要加快农村治安法制的宣传方式。高度重视农村的法制教育工作，提升全社会的法制意识，减少农村刑事案件的发生，为农产品电商的发展营造良好的发展环境。比如，针对农村出现的车匪路霸、非法经营等行为，要特别加强法制教育，让所有的群体都充分认识到影响农产品电商发展的行为是非法的，严重扰乱农产品电商发展的会受到法律的制裁。在分散的农村，要加大法律下乡的力度，创新法律宣传的方式，注重法律宣传的实际成效，确保农村农产品电商发展环境的和谐，为农产品电商的健康、稳定、可持续发展提供保障。

第五，完善农村其他体制机制。作为农业经济增长和农村经济发展的重要载体，农产品电商的发展涉及农村经济社会发展的多个方面。因此，促进农产品电商的健康、稳定、可持续发展，需要对农村其他的体制机制进行全面的改革，从总体上营造农产品电商发展的良好发展环境。具体来说，一是要创新农村金融服务的方式。考虑到农产品电商交易更多采用的是网上支付的方式，因此，要在农村地区大力推广无线支付，为农产品电商的发展提供条件。要针对农产品电商融资的现实特点，创新农村信贷发放的模式，卓有成效地解决农产品电商发展的融资困境。要高度重视农村地区的金融安全教育，支持、鼓励和引导农产品电商更多地选择使用银行卡、信用卡，而不是直接使用现金。二是要引导物流运输业在农村的有序发展。在继续加大邮政服务农村农产品电商发展的同时，科学合理地引导以"四通一达"为代表的民营快递业在农村的布点，为农产品电商的顺利开展夯实基础。加大对农村从事个体运输业务的农户的支持力度，引导他们卓有成效地服务于农产品电商的发展。在特殊的情况下，可以由乡镇政府组织农民专业合作社，采用经销代销的方式将农产品的仓库集中建在城区，确保农产品物流的快捷便利。三是要强化政府对农产品电商业务的新型农业经营主体的科学管理。作为农产品电商业务开展的重要载体，政府要高度重视对各级各类新型农业经营主体的扶持，通过新型农业经营主体来带动周边分散农户开展农产品电商业务，卓有成效地解决好农民的就业增收问题，促进农业经济增长和农村经济发展。四是地方政府要高度重视农产品电商发展过程中的品牌管理问题。为避免农产品电商之间的恶性竞争，地方政府要科学引导农产品电商强化品牌建设，通过品牌建设来提升自身的经营档次，科学发展农产品电商。从现实来看，在某些情况下，地方政府可以直接出面帮助农产品电商注册相关的农产品品牌，支持、鼓励和引导各级各类新型农业经营主体联合打造农产品电商品牌，提升农产品电商的综合竞争力。

参考文献

Bachmann, A. , A. Becker, D. Buerckner, M. Hilker , M. Lehmann, and P. Tiburtius. "Online Peer-to-peer Lending: A Literature Review. "*Journal of Internet Banking and Commerce*,2011,(16):1-18.

Barkcma, A. "Reaching Consumers in the Twenty-First Century: The Short Way Round Barn. "*Decision Support Systems*,1993,12(3):1126-1131.

Barth,J. R. "Supply Chain Management and Production Agriculture. "*The International Journal of Logistics Management*,2000(10) : 257-263.

Bell, C. , T. N. Sinivasan and C. Udry. *Rationing, Spillover and Interlinking in Credit Markets: The Case of Rural Punjub.* Oxford Economic Papers,1997,(4):325-339.

Dariusz Strzębicki. "The Development of Electronic Commerce in Agribusiness-The Polish Example. "*Procedia Economics and Finance*,2015,(23): 1314-1320.

Eunkyoung, L. , Byungtae, L. "Herding Behavior in Online P2P Lending: An Empirical Investigation. "*Electronic Commerce Research and Applications*, 2012,11(5):495-503.

Floro, M. S. and D. Ray. "Vertical Links Between Formal and Informal Financial Institutions. "*Review of Development Economics*,1997,(1):34-56.

Gefen, D. , Karahanna, E. , Straub, D. W. "Trust and TAM in Online Shopping: An Integrated Model. "*MIS Quarterly*, 2003,27(1):51-90.

Gourdin, K. N. Global Logistics Management: A Competitive Advantage for the New Millennium. Blackwell Publishers Ltd. , 2001(3) : 317-320.

Gregory, M. "Virtual Logistics. "*International Business*, 2009(11):36-40.

Helander, M. G. , Khalid, H. M. "Modeling the Customer in Electronic Commerce. "*Applied Ergonomics*, 2000, 31(6): 609-619.

Hoff, K. and J. E. Sriglitz. "Moneylenders and Bankers: Price-Increasing Subsidies in a Monopolistically Competitive Credit Markets. "*Journal of Development Economics*, 1998, (55):485-518.

Hong, I. B. , Cha, H. S. "The Mediating Role of Consumer Trust in an Online Merchant in Predicting Purchase Intention. "*International Journal of Information Management*, 2013, 33(6): 927-939.

Karimov, F. , Brengman, M. "An Examination of Trust Assurances Adopted by Top Internet Retailers: Unveiling Some Critical Determinants. "*Electronic Commerce Reaearch*, 2014, 14(1):1-38.

Kliebenstein, J. B. , Lawrence, J. D. "Contracting and Vertical Coordination in the United States Pork Industry. "*American Journal of Agricultural Economics*, 1995, 77(5):1213-1218.

Lee, H. L. , Whang, S. "Winning the Last Mile of E-commerce. "*MIT Sloan Management Review*, 2001, 42(4):54-62.

Lin, M. , N. R. Prabhala, and S. Viswanathan. "Judging Borrowers by the Company They Keep: Social Networks and Adverse Selection in Online Peer-to-peer Lending. "*Management Science*, 2013, (59):17-35.

Mayer, R. C. , Davis, J. H. , Schoorman, F. D. "An Integrative Model of Organization Trust. "*Academy of Management Review*, 1995, 20(3):709-734.

McKnight, D. H. , Chervany, N. L. "What Trust Means in E-commerce Customer Relationships: An Interdisciplinary Conceptual Typology. "*International Journal of Electronic Commerce*, 2002, 6(2):29-35.

Mesut Savrul, Ahmet Incekara, Sefer Sener. "The Potential of E-commerce for SMEs in a Globalizing Business Environment. "*Procedia-Social and Behavioral Sciences*, 2014, 150(15): 35-45.

Michael, J. "World-class Logistics: Managing Continuous Change. "*Industrial Engineer*, 2007, (12):48-53.

Se-Hak Chun, Jae-Cheol Kim. "Pricing Strategies in B2C Electronic Commerce：Analytical and Empirical Approaches.” *Decision Support Systems*，2005，40（2）：375-388.

Wen，W.“A Knowledge-based Intelligent Electronic Commerce System for Selling Agricultural Products.” *Computers and Electronics in Agriculture*，2007，57（1）：33-46.

Yoo，C. W.，Sanders，G. L.，Moon，J.“Exploring the Effect of E-WOM Participation on E-Loyalty in E-Commerce.” *Decision Support Systems*，2013，55（3）：669-678.

［美］保罗·R. 克鲁格曼（Paul R. Krugman）、茅瑞斯·奥伯斯法尔德（Maurice Obstfeld）：《国际经济学理论与政策：国际贸易部分》上册，黄卫平等译，中国人民大学出版社 2011 年版。

［英］大卫·李嘉图：《政治经济学及赋税原理》，周洁译，华夏出版社 2005 年版。

［美］科斯、诺斯、威廉姆斯等著，［法］克劳德·美纳尔编：《制度、契约和组织：从新制度经济学视角的透视》，经济科学出版社 2003 年版。

［美］肯尼思·劳东、卡罗尔·圭尔乔·特拉弗：《电子商务：商务、技术、社会》，劳帼龄译，中国人民大学出版社 2014 年版。

［英］罗纳德·H. 科斯：《财产权利与制度变迁：产权学派与新制度学派译文集》，刘守英译，格致出版社、上海三联书店 2014 年版。

［英］罗纳德·H. 科斯：《论经济学和经济学家》，陈昕编，罗君丽、茹玉聪译，格致出版社、上海三联书店 2014 年版。

［英］罗纳德·H. 科斯：《企业、市场与法律》，盛洪等译，格致出版社、上海三联书店 2014 年版。

晁钢令、楼尊：《市场营销学》，上海财经大学出版社 2014 年版。

陈飞、赵昕东、高铁梅：《我国货币政策工具变量效应的实证分析》，《金融研究》2002 年第 10 期。

陈亮：《从阿里平台看农产品电子商务发展趋势》，《中国流通经济》2015 年第 6 期。

陈鹏、刘锡良：《中国农户融资选择意愿研究：来自 10 省 2 万家农户借贷调查的证据》，《金融研究》2011 年第 7 期。

陈姝、李雅奇：《京东登陆纳斯达克，成国内第三大互联网上市公司》，《深圳商报》2014 年 5 月 23 日第 6 版。

陈廷煊：《1953—1957 年农村经济体制的变革和农业生产的发展》，《中国经济史研究》2001 年第 1 期。

陈卫平、赵彦云：《中国区域农业竞争力评价与分析：农业产业竞争力综合评价方法及其应用》，《管理世界》2005 年第 3 期。

陈宗胜、宗振利：《二元经济条件下中国劳动收入占比影响因素研究：基于中国省际面板数据的实证分析》，《财经研究》2014 年第 2 期。

崔浩：《比较优势理论研究新进展》，《经济学动态》2003 年第 12 期。

崔丽丽、王骊静、王井泉：《社会创新因素促进"淘宝村"电子商务发展的实证分析：以浙江丽水为例》，《中国农村经济》2014 年第 12 期。

崔宁波、陈石波、矫健：《我国农产品物流主体的发展沿革及培育对策》，《东北农业大学学报》（社会科学版）2008 年第 4 期。

崔秀红：《对现代比较优势理论的三点质疑》，《当代经济研究》2008 年第 4 期。

戴芳、任宇：《论跨国直接电子商务对我国税收管辖权制度的冲击与对策》，《税务研究》2015 年第 10 期。

邓焱：《企业管理概论》，科学出版社 2011 年版。

樊西峰：《鲜活农产品流通电子商务模式构想》，《中国流通经济》2013 年第 4 期。

范鹏飞、焦裕乘、黄卫东：《物联网业务形态研究》，《中国软科学》2011 年第 6 期。

冯然：《我国跨境电子商务关税监管问题的研究》，《国际经贸探索》2015 年第 2 期。

付子堂：《法理学初阶》，法律出版社 2015 年版。

傅京燕：《环境规制、要素禀赋与贸易模式：理论与实证研究》，经济科学出版社 2010 年版。

高静、贺昌政：《信息能力影响农户创业机会识别：基于 456 份调研问卷的分析》，《软科学》2015 年第 3 期。

高兴民、张祥俊：《地区创业水平影响因素的空间计量分析》，《中国科技论坛》2015 年第 4 期。

高志刚：《产业经济学》，中国人民大学出版社 2016 年版。

葛俊、严奉宪、杨承霖：《国外农产品电子商务发展模式对中国的启示》，《世界农业》2013 年第 5 期。

耿大力：《日本韩国农民协会发展及运行模式》，《东方城乡报》，2013 年 8 月 8 日第 B06 版。

辜胜阻、曹冬梅、李睿：《让"互联网＋"行动计划引领新一轮创业浪潮》，《科学学研究》2016 年第 2 期。

关海玲、陈建成、钱一武：《电子商务环境下农产品交易模式及发展研究》，《中国流通经济》2010 年第 1 期。

郭海霞：《农产品电子商务发展的法律保障》，《学术交流》2010 年第 5 期。

郭界秀：《比较优势理论研究新进展》，《国际贸易问题》2013 年第 3 期。

韩俊、罗丹、程郁：《中国农村金融调查》，上海远东出版社 2007 年版。

何德华、韩晓宇、李优柱：《生鲜农产品电子商务消费者购买意愿研究》，《西北农林科技大学》（社会科学版）2014 年第 4 期。

何晴、张斌：《经济新常态下的税收增长：趋势、结构与影响》，《税务研究》2014 年第 12 期。

洪涛、张传林、李春晓：《我国农产品电子商务模式发展研究》（下），《商业经济研究》2014 年第 17 期。

洪涛、张传林：《2014—2015 年我国农产品电子商务发展报告》，《中国商贸》2015 年第 5 期。

洪涛：《2014—2015 中国农产品电子商务发展报告》（简版），《中国果蔬》2016 年第 1 期。

洪涛：《农产品电商发展在中国》，《新农业》2015 年第 22 期。

洪涛：《农产品电商模式创新研究》，《农村金融研究》2015 年第 8 期。

洪银兴：《论中高速增长新常态及其支撑常态》，《经济学动态》2014 年第 11 期。

胡俊波：《农产品电子商务发展模式研究：一个模式构想》，《农村经济》2011 年第 11 期。

胡天石、傅铁信：《中国农产品电子商务发展分析》，《农业经济问题》
2005 年第 5 期。

胡伟：《企业发展模式：协同进化的观点》，经济管理出版社 2011
年版。

黄浩、荆林波、洪勇、李征：《基于五城市的电子商务影响力评价》，
《电子商务》2012 年第 3 期。

黄敏学：《电子商务》，高等教育出版社 2007 年版。

黄鑫、周永刚：《从阿里巴巴上市看中国电子商务的历史、现状与发
展》，《商业研究》2015 年第 12 期。

冀芳、张夏恒：《跨境电子商务物流模式创新与发展趋势》，《中国流通
经济》2015 年第 6 期。

贾康：《把握经济发展"新常态"，打造中国经济升级版》，《国家行政
学院学报》2015 年第 1 期。

来有为、戴建军、田杰棠：《中国电子商务的发展趋势与政策创新》，
中国发展出版社 2014 年版。

李碧珍：《农产品物流模式创新研究》，社会科学文献出版社 2010
年版。

李成勋：《企业发展战略学》，社会科学文献出版社 2012 年版。

李海莲、陈荣红：《跨境电子商务通关制度的国际比较及其完善路径研
究》，《国际商务》2015 年第 3 期。

李红升：《我国电子商务立法面临的挑战：关于两极之间的抉择》，《中
国流通经济》2015 年第 8 期。

李京文：《中国电子商务的发展现状与未来趋势》，《河北学刊》2016
年第 1 期。

李隽波、陈薇：《我国农产品电商迅猛发展的原因》，《经济研究参考》
2015 年第 12 期。

李征：《电子商务影响力的实证研究：来自中国 22 个电子商务示范城
市的证据》，《国际商务》2015 年第 5 期。

李佐军：《引领经济新常态，走向好的新常态》，《国家行政学院学报》
2015 年第 1 期。

廖理、李梦然、王正位、贺裴菲：《观察中学习：P2P 网络投资中信息传递与羊群行为》，《清华大学学报》（哲学社会科学版）2015 年第 1 期。

林家宝、万俊毅、鲁耀斌：《生鲜农产品电子商务消费者信任影响因素分析：以水果为例》，《商业经济与管理》2015 年第 5 期。

林小兰：《电子商务商业模式创新及其发展》，《现代经济探讨》2015 年第 6 期。

刘国峰、马四海：《企业财务报表分析》，机械工业出版社 2010 年版。

刘凯湘、罗男：《论电子商务合同中的消费者反悔权：以〈消费者权益保护法〉第 25 条的理解与司法适用为重点》，《法律适用》2015 年第 6 期。

刘伟：《经济"新常态"对宏观调控的新要求》，《上海行政学院学报》2014 年第 5 期。

刘伟、苏剑：《"新常态"下的中国宏观调控》，《经济科学》2014 年第 4 期。

刘一江、王录安、冯璐、石密艳：《降低农产品价格的新探索：构建生鲜农产品电子商务模式》，《现代管理科学》2015 年第 3 期。

刘永谋、吴林海：《物联网的本质、面临的风险与应对之策》，《中国人民大学学报》2011 年第 4 期。

刘章发：《大数据背景下跨境电子商务信用评价体系构建》，《中国流通经济》2016 年第 6 期。

刘征驰、赖明勇：《虚拟抵押品、软信息约束与 P2P 互联网金融》，《中国软科学》2015 年第 1 期。

刘钻石、张娟：《比较优势理论研究述评》，《经济学家》2009 年第 8 期。

卢涛、董坚峰：《中美电子商务网站评价比较研究》，《情报科学》2008 年第 4 期。

卢馨、李慧敏：《P2P 网络借贷的运行模式与风险管控》，《改革》2015 年第 2 期。

鲁钊阳、廖杉杉：《P2P 网络借贷对农产品电商发展的影响研究》，《财贸经济》2016 年第 3 期。

鲁钊阳、廖杉杉：《农产品电商发展的区域创业效应研究》，《中国软科学》2016 年第 5 期。

鲁钊阳、廖杉杉：《农产品电商发展的增收效应研究》，《经济体制改革》2016 年第 4 期。

鲁钊阳、郑中伟：《经济新常态下新消费增长点培育的逻辑起点、约束条件与路径选择》，《经济问题探索》2016 年第 1 期。

鲁钊阳：《P2P 网络借贷能解决农户贷款难问题吗?》，《中南财经政法大学学报》2016 年第 2 期。

鲁钊阳：《P2P 网络借贷风险规制法律问题研究》，西南政法大学工作论文，2016 年 5 月。

鲁钊阳：《财政支农支出、农业 FDI 对农业科技进步的影响》，《科技管理研究》2016 年第 9 期。

鲁钊阳：《省域视角下农业科技进步对农业碳排放的影响研究》，《科学学研究》2013 年第 5 期。

陆文聪、余新平：《中国农业科技进步与农民收入增长》，《浙江大学学报》（人文社会科学版）2013 年第 4 期。

罗汉洋、马利军、任际范、陆强：《B2C 电子商务中消费者信任演化及其性别差异的跨阶段实证研究》，《系统管理学报》2016 年第 3 期。

骆毅：《我国发展农产品电子商务的若干思考：基于一组多案例的研究》，《中国流通经济》2012 年第 9 期。

马海群、吕红：《C2C 电子商务网站竞争力动态模糊综合评价研究》，《情报科学》2011 年第 10 期。

马晓河：《新常态下的经济形势研判和宏观政策建议》，《国家行政学院学报》2015 年第 1 期。

马晓丽：《国外农产品市场信息服务建设研究及启示》，《农村经济》2010 年第 2 期。

毛彦妮、王菲菲：《基于共链网络分析的国内电子商务网站竞争力探析》，《图书情报工作》2012 年第 18 期。

梅红：《亚太经合组织第五次领导人非正式会议简况》，《国际研究参考》1997 年第 12 期。

孟兆平：《中国电子商务法立法基本问题研究》，《学习与实践》2016

年第 5 期。

牛霞:《企业会计学》,中国农业出版社 2009 年版。

"农村现代物流研究中心"课题组:《中国农村物流发展报告(2013)》,《中国合作经济》2013 年第 9 期。

农业部产品加工局:《农产品加工副产物损失惊人,综合利用效益可期》,《农民日报》2014 年 8 月 9 日第 007 版。

逢锦聚、洪银兴、林岗:《政治经济学》,高等教育出版社 2014 年版。

彭赞文:《中国—东盟自由贸易区电子商务发展对策研究》,《学术论坛》2015 年第 2 期。

钱水土、陆会:《农村非正规金融的发展与农户融资行为研究:基于温州农村地区的调查分析》,《金融研究》2008 年第 10 期。

任胜钢、高欣、赵天宇:《中国创业的人脉资源究竟重要吗?——网络跨度与信任的交互效应研究》,《科学学与科学技术管理》2016 年第 3 期。

邵建利、宋宁、张滟:《电子商务中第三方支付平台欺诈风险识别研究》,《商业研究》2014 年第 11 期。

盛革:《农产品虚拟批发市场协同电子商务平台构建》,《商业研究》2010 年第 3 期。

宋涛、顾学荣、杨干忠:《政治经济学教程》,中国人民大学出版社 2013 年版。

苏东水:《产业经济学》,高等教育出版社 2015 年版。

隋丹丹:《比较优势理论新解》,《学海》2005 年第 5 期。

孙林杰:《中小企业的发展与创新》,经济管理出版社 2014 年版。

淘宝大学、阿里研究院:《互联网＋县域:一本书读懂县域电商》,中国工信出版集团、电子工业出版社 2016 年版。

田秋生:《中国经济发展新常态的深刻内涵》,《广东社会科学》2016 年第 1 期。

吐火加、乌拉尔·沙开赛开:《电子商务市场交易规则的法理分析》,《财经理论与实践》2015 年第 2 期。

汪旭晖、张其林:《电子商务破解生鲜农产品流通困局的内在机理:基于天猫生鲜与沱沱工社的双案例比较研究》,《中国软科学》2016 年第 2 期。

汪勇、魏巍:《电子商务网站的层次分析法评价模型构建》,《湖北大学学报》(自然科学版) 2010 年第 1 期。

王国刚、张扬:《互联网金融之辨析》,《财贸经济》2015 年第 1 期。

王会娟、廖理:《中国 P2P 网络借贷平台信用认证机制研究:来自"人人贷"的经验证据》,《中国工业经济》2014 年第 4 期。

王静:《我国农产品物流电子商务供应链网络结构与运行机制》,《学术论坛》2012 年第 2 期。

王娟娟:《基于电子商务平台的农产品云物流发展》,《中国流通经济》2014 年第 11 期。

王俊宜、李权:《国际贸易》,中国发展出版社 2011 年版。

王珂、李震、周建:《电子商务参与下的农产品供应链渠道分析:以"菜管家"为例》,《华东经济管理》2014 年第 2 期。

王领、胡晓涛:《新经济地理学视角下电子商务对人口流动的影响》,《当代经济科学》2016 年第 3 期。

王诺贝、段愿:《比较优势理论及其政策应用争论述评》,《华东经济管理》2009 年第 6 期。

王丘、徐珍玉:《农业电子商务应用手册》,化学工业出版社 2015 年版。

王胜、丁忠兵:《农产品电商生态系统:一个理论分析框架》,《中国农村观察》2015 年第 4 期。

王伟军:《电子商务网站评价研究与应用分析》,《情报科学》2003 年第 6 期。

魏延安:《农村电商:互联网＋三农案例与模式》,中国工信出版集团、电子工业出版社 2016 年版。

温蕾:《电子商务中的消费者安全权保护》,《中国流通经济》2016 年第 2 期。

温铁军:《三农问题与世纪反思》,三联书店 2005 年版。

文丹枫、徐小波:《再战农村电商:"互联网＋"时代的下一个战场》,中国工信出版集团、人民邮电出版社 2016 年版。

邬建平:《电子商务信用风险评估模型》,《统计与决策》2016 年第

11 期。

吴健安、郭国庆、钟育赣：《市场营销学》，高等教育出版社 2007
  年版。

吴申元：《现代企业制度概论》，首都经济贸易大学出版社 2016 年版。

吴晓求：《互联网金融：成长的逻辑》，《财贸经济》2015 年第 2 期。

肖曼君、欧缘嫒、李颖：《我国 P2P 网络借贷信用风险影响因素研究：
  基于排序选择模型的实证分析》，《财经理论与实践》2015 年第 1 期。

谢勇：《论电子商务立法的理念、框架和重点内容》，《法律适用》2015
  年第 6 期。

徐超、吴一平、王健：《电子商务、资源获取与中国民营企业绩效》，
  《经济社会体制比较》2016 年第 1 期。

徐楠轩：《电子商务领域专利保护协作机制的构建：基于对阿里巴巴集
  团的调研》，《科技管理研究》2015 年第 2 期。

薛源：《跨境电子商务交易全球性网上争议解决体系的构建》，《国际商
  务》2014 年第 4 期。

闫春英、张佳睿：《完善我国 P2P 网络借贷平台风险控制体系的策略研
  究》，《经济学家》2015 年第 10 期。

杨文清、杨和义：《电子商务中的知识产权法律保护》，《上海师范大学
  学报》（哲学社会科学版）2014 年第 5 期。

叶阿忠、李子奈：《非参数计量经济联立模型的局部线性工具变量估
  计》，《清华大学学报》（自然科学版）2002 年第 6 期。

尹苗苗、李秉泽、杨隽萍：《中国创业网络关系对新企业成长的影响研
  究》，《管理科学》2015 年第 6 期。

尤建新、雷星晖：《企业管理概论》，高等教育出版社 2010 年版。

游士兵、肖加元：《农业竞争力的测度及实证研究》，《中国软科学》
  2015 年第 7 期。

余伟萍：《企业持续发展之源：能力法则与策略应用》，清华大学出版
  社、北京交通大学出版社 2005 年版。

袁长军：《新常态是中国经济发展的必然过程》，《红旗文稿》2014 年
  第 24 期。

臧旭恒、杨蕙馨、徐向艺：《产业经济学》，经济科学出版社 2015

年版。

张杰：《中国农村金融制度调整的绩效》，中国人民大学出版社 2007
　　年版。

张瑞东、蒋正伟：《阿里农产品电子商务白皮书（2014）》，阿里研究
　　院，2015 年。

张胜军、路征、邓翔：《我国农产品电子商务平台建设的评价及建议》，
　　《农村经济》2011 年第 10 期。

张思光：《生鲜农产品电子商务研究》，清华大学出版社 2015 年版。

张为华：《美国消费者保护法》，中国法制出版社 2000 年版。

张维：《借鉴国外经验，发展中国农产品物流》，《世界农业》2015 年
　　第 8 期。

张文显：《法理学》，法律出版社 2007 年版。

张夏恒、马天山：《澳大利亚跨境电子商务发展的机遇与困扰》，《中国
　　流通经济》2015 年第 9 期。

张夏恒：《流通新常态下我国电子商务移动趋势研究》，《北京工业大学
　　学报》（社会科学版）2015 年第 6 期。

张晓玮：《P2P 的乡村布局》，《农村金融时报》2015 年 2 月 2 日。

张燕生：《结构调整新常态的特征和前景》，《中国金融》2014 年第
　　14 期。

赵博：《中国电子商务信用法律体系的完善》，《学习与探索》2014 年
　　第 3 期。

赵路、李侠：《农村创新创业人才培养研究》，《科学管理研究》2015
　　年第 5 期。

赵苹、骆毅：《发展农产品电子商务的案例分析与启示：以"菜管家"
　　和 Freshdirect 为例》，《商业经济与管理》2011 年第 7 期。

赵勤：《中国现代农业物流问题研究》，东北林业大学 2006 年博士学位
　　论文。

赵蓉英、杨瑞仙：《我国 C2C 网站的评价指标体系研究与实证分析》，
　　《情报科学》2007 年第 11 期。

赵志田、何永达、杨坚争：《农产品电子商务物流理论构建及实证分
　　析》，《商业经济与管理》2014 年第 7 期。

郑远红：《国外农产品物流模式对我国的借鉴》，《农业经济》2013 年第 3 期。

朱鸿伟：《当代比较优势理论的发展及其启示》，《暨南学报》（哲学社会科学版）2001 年第 2 期。

朱小栋、陈洁、顾骏涛：《基于电子商务企业的云服务平台使用意愿实证研究》，《现代情报》2015 年第 5 期。

邹念、李倩兰：《国内外农村物流服务现状研究》，《世界农业》2015 年第 1 期。